書山有路勤為徑，學海無涯苦作舟。

書山有路勤為徑，學海無涯苦作舟。

誰擁有了貨幣霸權，誰主導了匯率沉浮，誰就統治了世界

匯率戰爭

Wars of Exchange Rate

王暘◎著

在全球化的今天，面對匯率戰爭的威脅，各國既無法超脫也不能迴避，
只能急流勇進，奮力一搏。在強權和霸氣的夾縫中，
唯有用智慧和勇氣，為國家的生存闖出一片自由新天地。

匯率戰爭

引言

匯率——重如泰山的鴻毛

說到匯率，略知時事的人都知道，最近中美之間就因為這個鬧得沸沸揚揚。兩個大國為了匯率爭吵，那麼想必匯率肯定是很重要的了。但這個東西看不見摸不著，究竟為什麼會這麼重要？恐怕能說得出個所以然的人就少了很多。

雖然對匯率不甚瞭解，但這不妨礙眾人產生各種各樣的理論。在美國，每天電視中各種各樣的「磚家」都在說，亂花錢的美國消費者只是這次經濟危機的受害者，真正的罪魁禍首是「中國慢船」帶來的廉價人民幣；中國政府就是透過刻意降低人民幣匯率，從美國剝奪了大量的工作機會和財富。

而中國人則說，美國人就知道亂花錢。而且，當別國辛苦致富後，美國人想的頭一件事就是把人家打趴下，然後瘋狂掠奪他們的錢財。而美國人最喜歡的就是匯率這種兵不血刃的武器，被美國人用匯率打垮的日本就是前車之鑑。

那麼，在這場匯率之戰中，到底孰是孰非，並且最後誰會勝出呢？為了解答這些問題，我們首先需要稍稍瞭解一下，匯率究竟是什麼，對

匯率有個基本認識。之後，我們將綜觀上下五千年，看看匯率究竟從何而來。大概瞭解了匯率後，我們再看看歷史上著名的幾場匯率大戰，看看它們對今天的匯率問題有什麼啟示。最後，我們會把這些知識當作巨人的肩膀，看看匯率現在究竟在我們生活中產生的是什麼作用，中美大戰究竟是怎麼回事，以及未來到底會發生些什麼。

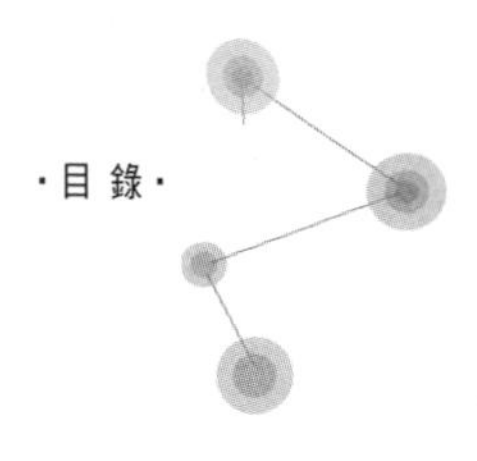

匯率戰爭

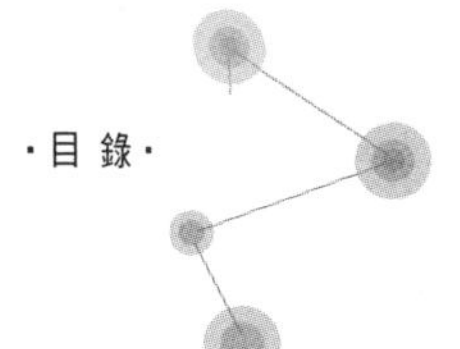

三、為什麼我們的麥當勞比外國的貴——身邊的匯率 / 251

我們會覺得，如果不接觸外國，匯率在我們生活中的影響是極其有限的，而我們對匯率的影響更是微乎其微。然而，匯率實際上在我們生活中無處不在，只是我們感覺不到而已。一個麥當勞巨無霸漢堡賣多少錢、我們掙多少工資、剪一個頭，這些都是被匯率所影響的。仔細分析，我們會發現，實際匯率主要涉及人民的市場生活，主管內；而名義匯率涉及與外國的交往，主管外。

四、誰是下一個貨幣主宰 / 263

現行匯率制度的缺陷是十分明顯的，不然不會一次次的崩潰。在經歷了諸多場匯率亂戰以後，很多人開始對現狀不滿，希望做出改革，避免一次又一次的崩潰讓各地人民受苦受難。但是，新的變革分別有著巨大的缺陷，在很多方面甚至還不如現行體系。如果套用一句邱吉爾的話來說明現在的匯率體系，那就是這個系統毛病多多，但僅就目前形勢而言，卻是最合理的一個。但是，這不代表我們應該放棄對其的改善。

結語 道可道，非常道 / 279

參考文獻 / 280

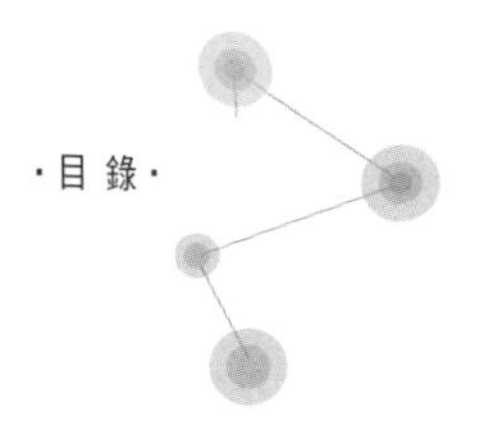

第一章

匯率就是這麼點事兒

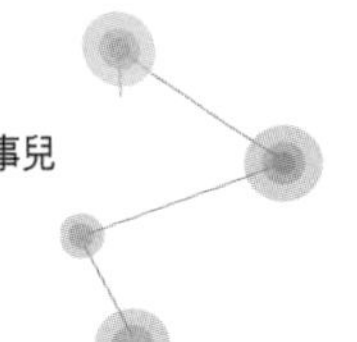

一、貨幣的前世今生

俗話說，錢不是萬能的，但沒有錢是萬萬不能的。這是因為世界上的資源是稀缺的，而如何分配這有限的資源來滿足人類無限的欲望，就成了一門大學問。要想鼓勵大家各盡所能、各取所需，使用貨幣是最有效的方法。

由於世界各國貨幣的名稱不同、幣值不一，所以一國貨幣對其他國家的貨幣要規定一個兌換率，這就是匯率。匯率是一種貨幣兌換另一種貨幣的比率，也可理解為用一種貨幣表示另一種貨幣的價格。由於貨幣是匯率的基礎，因此在瞭解什麼是匯率以前，我們首先要知道，貨幣是什麼？

今天一提到貨幣，我們都有一個直接的印象：我們手裡握著、兜裡揣著的台幣不就是貨幣嗎？在西方國家，他們手裡握著、兜裡揣著的美元、歐元等，也都是貨幣啊。但從本質上來看，這些貨幣不過是紙張而已，是什麼讓它們能夠換來真金白銀呢？

鈔票看得見、摸得著，至少有個實體，但我們現在這個高度發達的社會中，貨幣已經發展到了虛擬的境界，去商場買東西，不用現鈔，刷卡就行。給外地匯款，不用寄錢，直接在銀行填個單子簽個字，千里之外的那個人的帳戶裡就多了些數目，而你的帳戶就少了些數目。也就是

說，在我們的社會裡，只要數目劃來劃去，貨幣就已到位，並能用來換吃喝玩樂的各類東西，甚至可以拿這些數目換金銀珠寶。而你的畢生積蓄，也是用數位顯示。

那麼究竟是藉由怎樣的魔法，讓人們心悅誠服地願意用自己的勞動成果換來一些無影無蹤的數字呢？

***

要解釋貨幣的含義，我們首先要問，為什麼貨幣會存在？要知道人類在最初的時候是不需要貨幣的。這是因為當時沒有交易的需求，大部分的人都自給自足，其理想最多是填飽肚子就行，不需要從別人那裡得到什麼。但人的欲望是無限的，等吃飽了肚子的初級欲望滿足以後，就希望能夠活得更好些。比如吃糧食的可能想吃些肉，吃肉的則想吃點糧食。

但要得到東西，最好的方法就是去交換。

交易的最原始形態，是以物換物。這樣來得最直接，你拿來幾塊獸皮、幾塊肉，我拿來些糧食，雙方都覺得滿意了就進行交換。這樣交易了一陣，大家也發現不靠譜（靠譜的基本意思：如果指人的話就是「靠得住、值得信賴」；指事的話就是「有可行性、值得期待」），易物也沒有效率；你必須有我想要的，我才願意和你換，你也是因為我有你想要的，所以才和我換。但很多時候，雙方的利益沒有銜接得這麼嚴絲合縫。比如，王二有一袋糧食，張三有一張獸皮，李四有一顆寶石；王二想要李四的寶石給他媳婦做個戒指，但李四卻想要一張獸皮做件衣服取暖。因此，兩個人沒法直接交換，必須去找一個有獸皮、又願意用獸皮換糧食的張三，才能滿足各自的需求。如果恰巧找不到張三，或中間又要拐上七八個彎呢？那麼交易就做不成了。

而即使找到張三，生意也未必就能談妥，因為三方之間對貨物的估價可能不同。一開始不知道將來獸皮能換來自己心儀的寶石的王二，不願意用自己的糧食去換不想要的獸皮。就算他知道李四想要獸皮，他也不一定敢要張三的獸皮，因為他生怕自己換來張不好的獸皮，李四不肯接受。

由於這麼換來換去太過不便，大家覺得應該用個什麼東西來代表各類貨品的價值，這樣交易起來會簡單許多。而這個被用來代表各類貨品價值的東西，就是我們現代所說的貨幣。從易物發展而來的貨幣，其用途就是為了讓交易更容易。因此，蘇格蘭18世紀的大哲學家大衛·休謨告訴我們：「嚴格地說，貨幣並不是用來交易的，而是人們共同約定用以便利商品交換的一種工具。它不是貿易機器上的齒輪，而是一種使齒輪的運轉更加平滑自如的潤滑油。」（大衛·休謨，《論貨幣》，1752年）。

有了貨幣，才能有我們所謂的現代社會，因為人類不需要自己生產自己所需要的一切了。每個人可以專精一項，然後根據自己的特長換來自己所需要的一切。只有產生了貨幣的社會，才能出現歐陽修這樣的大文人，專心寫《新五代史》。不然的話，他每寫完數頁，就要想辦法拿手裡的幾張紙去換吃穿用的東西，怎麼作學問？再說如果真是遠古，我想連歐陽修也要專心種地或打獵了，哪裡還有閒情逸致寫書？

***

由於貨幣只是代表了貨物的價值，因此用什麼作為貨幣其實並不重要。在世界各地，牛羊、鯨魚齒、指甲、魚鉤、象尾、珠寶等物，在早期都曾被作為貨幣進行流通。而在所有早期社會中，最酷的怕是太平洋密克羅尼西亞的雅浦島。那裡的人們直接把當地的巨石當作貨幣，而這些巨石最大的直徑有四米。他們不是把這些巨石搬來搬去，而是占山為王，石頭被不同的人們所「擁有」，好像地皮一樣。如果需要進行交易，他們就將巨石進行轉讓，告訴對方：這塊石頭是你的了！等於就把錢付了。

當然，不是所有的東西都能成為貨幣；如果我們指天上的星星是貨幣，只怕還沒過多久，交易雙方就都糊塗了。經過總結，各地使用貨幣的人們，發現其最基本的特性有四個：作為交換媒介使用便利、可以簡單用來衡量價值、貨幣本身能夠保值、貨幣可以流動。

首先，這個東西要能夠作為交換媒介，可以直接被換來換去，因此攜帶便利幾乎是必需條件。雅浦島是因為地方小，所以可將巨石用來做貨幣；如果中國也如此，那麼就麻煩了。在上海交易後我告訴你，我把四川的巨石給你了，那麼恐怕在沒有現代交通工具的年代，你還沒見到我給你的「巨石幣」，就因舟車勞頓而一病不起了。

其次，這個東西要能夠用來衡量價值，在算術不發達的年代，這也就意味著容易數。因此，在早期要求人們用重量作為單位就不現實，因為沒有秤，很難評估這東西究竟是否多一厘還是少一毫。但用數量作為單位就方便得很，幾塊巨石，一目了然。後來人們發展了，重量也可以

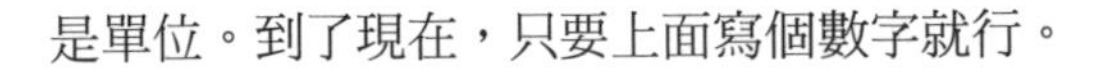

是單位。到了現在，只要上面寫個數字就行。

再次，這個東西應該能夠保值，也就是能夠用來儲存財富。這說明，貨幣應該能保存一段時間，這樣我們才能將財富存放，以後再花，不然如果我們的貨幣是鮮花，那麼消費就必須是當機立斷，賺了就要花，不然就不見了，非常不實用。

最後，這個東西必須可以流動，這樣你收到貨幣後，可以用它去換自己想要的東西；貨幣之所以能產生，本質其實就是為了這個目的。能流動一般有兩種情況：第一種是大家都接受這種交易工具，比如雅浦島人都承認巨石的價格；第二種是這個東西本身就有實用價值，所以大家就算不接受這種交易工具，也會承認其實用價值。比如在很多地方的監獄裡，香菸就作為貨幣之用，可以用來購買各種東西，因為就算沒人承認其為貨幣，抽菸的人們也可享用。

因此，任何一種可以能執行交換媒介、價值尺度、延期支付標準或完全流動的財富儲藏手段等功能的物品，都可成為貨幣。

當然，除了這四大項以外，最優質的貨幣還應該具備其他幾個相對次要的特性。比如貨幣應該有多種單位，不能只有大票。假設人民幣只有一百元，那麼坐公車也會變得十分昂貴。雅浦島的巨石就有這個缺陷，於是聰明的雅浦人划船去了別的島，搬運小石頭回來；其中最小的直徑有*3.5*公分，當作零花錢使用。

另外，貨幣還應該能夠被驗證，如假包換，不然就會發生「格雷欣法則（*Gresham's Law*）」所揭示的現象。這個現象是為了紀念*16*世紀的

英國金融家湯瑪斯·格雷欣而命名的。作為英國當時的鑄幣局長，格雷欣告訴我們，劣幣會驅逐良幣，把良幣擠出流通。比如在古代的中國，政府管理貨幣不利，他們發行的分量十足的銅錢和私人鑄造的「私錢」同時在市場流通，但私錢要輕很多。這時如果兩個都能同樣花，你如果手頭有政府的通寶和私錢，你會花出哪一個？你計算一下，肯定願意花私錢，把通寶留下來，因為它成色更好，留下來會保值。如果沒人管，通寶很快就會退出流通，因為大家都不傻，花出去流通的都是私錢。

到了現代，政府都希望透過貨幣政策（下文有詳述）來調節經濟，因此貨幣還需要能夠被批量生產。這就是為什麼現代社會無法使用巨石；雅浦人雖然能從別的島嶼帶些石頭回來，但數量太少，而且又麻煩，因此無法宏觀調控。現代經濟體是如此之大，以至於政府需要能夠廉價大批量生產的物品作為貨幣流通，所以現在大家才會用紙幣。

但是，貨幣又不能滿街都是；如果用石子當作貨幣，那麼政府還是無法調控，因為你隨手撿起石子花銷就是了。如此一來，物價肯定會高得不得了，因為石子太多了，滿街都是。因此，貨幣必須有一個門檻或有一定的稀缺性，這樣才不致造成物價飛漲，貨幣貶值。在過去，我們用貴重金屬做貨幣就是這個道理，主要是利用其稀缺性帶來的價值。雅浦人的石頭也是如此；除了本地的巨石以外，雅浦人要想搬運石頭回來，必須前往極其遙遠的島嶼，而那裡住著保護家園，禁止外流石頭的土著。因此石頭不是那麼好弄來，是稀缺的資源。除了稀缺性以外，政府也可設立門檻，壟斷發行貨幣，人為造成稀缺性，所以在古代私鑄錢幣是死罪，現在造假鈔也是大罪一樁。

在包括了以上條件後，我們會發現，官方發行的紙幣確實是最有效率的貨幣。第一個明白這個道理、大幅流通紙幣的是唐宋年代的中國人。但之後其他諸國也相繼悟道，因此現在幾乎每一個地區流通的都是紙幣。

***

但是，以紙幣模式出現的貨幣，並不是產生匯率的必要條件。早在紙幣開始流通之前，人們在交易時因為使用的貴重金屬不同，或因為各地金屬價格不同，也會為其設立不同的匯率。因此，不論貨幣是什麼樣子的，只要是兩種貨幣價值不同，就會有匯率的產生。即使對方使用的貨幣是巨石，如果有必要我們也可為其設立匯率。

大多數人聽了雅浦人的習俗，可能覺得可笑：巨石這種東西，怎麼能是貨幣？就算白給我一個，我們還嫌雅浦路途遙遠，不願意過去接收呢。但假如我告訴你，雅浦島盛產鑽石，而且數不勝數，你如果有當地的「巨石幣」，就可以以一塊「巨石幣」一斤的價格收購鑽石；這時，如果有雅浦人願意用巨石跟你換人民幣，而且價格低廉，十塊人民幣一塊「巨石幣」，你願不願意長途跋涉去雅浦島，換「巨石幣」買鑽石呢？如果是這種情況，估計沒有人不願意去雅浦島逛一逛，買個十斤、八斤鑽石回來。

這說明任何一種貨幣都可以有價值，而其價值來自於它所代表的東西。如果「巨石幣」代表的是兩條鹹魚，那麼它的價值不大；但如果「巨石幣」代表的是一斤鑽石，那麼這塊「巨石幣」真是價值連城。

從這一點來說，黃金和巨石其實一樣沒有內在價值。這話聽著似乎有些荒謬，因為我們可能認為，黃金值錢是理所當然的事情。如果有人號稱視黃金如糞土，那麼他一定是個了不起的人，或者是道貌岸然的偽君子。但如果我們仔細想想，金銀其實除了裝飾，的確沒有什麼太多的實用價值。邁達斯的故事更是告訴我們，金子除了裝飾，不能拿來吃，也不能拿來喝。

邁達斯是古希臘的一個國王，因為獲得了酒神狄俄尼索斯的歡心，狄俄尼索斯滿足了他的要求，賦予了他點石成金的本領。一開始他欣喜若狂，點了一堆金子出來，但後來他不小心碰了下自己的女兒，把她也變成了金的。再後來，他發現自己都不能吃飯喝水了，因為碰什麼，什麼就變成了金的。就在他絕望之際，還是狄俄尼索斯救了他，解除了他的這個能力。

因為金子的無用，湯瑪斯·莫爾爵士的《烏托邦》裡才寫道，按其本身真實性質，而不是稀缺性估算，金銀所應得的價值應遠遜於鐵。所以，莫爾爵士筆下的烏托邦人看不起金銀，飲食是用陶器及玻璃器皿，糞桶溺盆才用金銀鑄成。套在奴隸身上的鏈銬也是金銀打造，犯罪的人都戴著金耳環、金戒指、金項圈以及一頂金冠。莫爾道：「一個人可以仰視星辰乃至太陽，何至於竟喜歡小塊珠寶的閃閃微光？」

其實，如果世上滿街都是邁達斯和烏托邦，那麼黃金的確不算什麼，我們每個人都會視黃金如糞土。這是因為，這樣的話黃金真是太多了，而一個東西的價值大多來自其稀缺性，而非其實用性。人活著最需要氧氣，但氧氣卻是免費的，就因為它到處都是，並不稀缺。所以一樣東西一旦喪失了其稀缺性，價值就會狂跌，我們周邊所有的東西都是如此，黃金亦然。假設荒地裡長的不是野草而是鑽石，那麼恐怕鑽石也就不值錢了。

因此，從本質上而言，黃金也好、鑽石也罷，它們都和巨石一樣，是沒有內在價值的。如果它們值錢，是因為我們意識到，用黃金或巨石可以換來很多其他的東西。而黃金或巨石的價值，就來自於它能夠換來的這些東西的價值；不論是黃金還是巨石，貨幣本身是沒有價值的。

***

由於貨幣本身缺乏價值，因此錢（貨幣）、財（財富）其實是不一樣的，錢只是衡量財的一種單位而已。而錢作為單位可以多種多樣，因此同一筆財富可以用不同的貨幣單位來表示。比如我有一台手提電腦，可以說它的價值是半兩黃金，也可以說它的價值是五百美金或三千人民幣，這幾種說法其實沒什麼變化，只不過單位不同而已。這就好像說一個人的體重是*90*斤或是*100*磅，其實是一樣的。

由於不是財富本身，所以錢作為單位是可以變化的。中國人很久以前就認識到，錢的價格不是一定的。戰國時期的名著《管子》裡就說：「幣重而萬物輕，幣輕而萬物重」。也就是說，如果錢很值錢，那麼相比之下，貨物就不值錢；如果錢不值錢，那麼貨物就顯得很值錢。而貨幣本身是否值錢，全在供應，即錢數量的多少。

這一點在第二次世界大戰時的戰俘營裡就可以看得很清楚。在當時的戰俘營裡，流通的貨幣就是香菸，戰俘可以用香菸換取其他的物

品，比如：肥皂、雜誌等。有的時候，戰俘們只有被俘時攜帶的那幾根香菸，而且越抽越少。在這種時候，其他的貨物就會變得很便宜，比如一根香菸就可以換來一塊肥皂。但有的時候，紅十字協會給這些戰俘運來一車香菸。香菸一多，物價就變了，因為香菸變得不值錢了。這種時候，可能十根香菸才能換來一塊肥皂。

貨物的價格也是如此，也是根據多寡決定的。假設貨幣的數量不變，那麼如果貨很多，貨物的價格自然就會變得便宜；假設香菸數量不變，紅十字運來的一車不是香菸而是肥皂，那麼肥皂的價格就會下跌。當貨幣供給大於貨幣實際需求、現實購買力（幣）大於產出供給（貨）時，貨幣就會貶值，這被稱作通貨膨脹。當市場上因為流通的貨幣減少，而造成物價下跌（貨多於幣），這被稱作通貨緊縮。

因此，貨幣的實際價格，是其所能代表的購買力所決定的。如果貨幣能夠換來很多貨物，那麼貨幣就很值錢，比如一根香菸在極度緊缺時說不定能換十塊肥皂。如果貨幣換不了多少東西，那麼貨幣就不值錢，可能十根香菸才能換一塊肥皂。所以，《管子》同時告訴我們：「時貨不遂，金玉雖多，謂之貧國也。」假設一個國家只有一個蘋果的貨物和十萬兩黃金的貨幣，那麼這個蘋果的價格就是十萬兩黃金。《管子》說的就是這個意思：如果沒有現貨，只有一堆金銀珠寶，那麼也是窮光蛋一個，因為你翻來覆去，再怎麼測算，你的國家還是只有一個蘋果而已。

***

由此，我們可以看出，一個國家的貨幣（錢），其實就是用來體現國家財富的測量工具而已。因此，要想知道一個國家的貨幣究竟價值幾何，我們首先要知道這個國家的財富到底有多少。遺憾的是，大多數時候，我們都不太清楚具體手中或虛擬的貨幣，到底有多少價值，能換來多少東西。統計貨幣和價值，在雅浦島不是難事，畢竟小島一共才一百平方公里的面積，有多少巨石一目了然；有多少資產這個問題雖然統計起來相對要麻煩許多，但真的用心去做，也花不了多長時間。這樣一來，「巨石幣」在當地價值多少就不難估算了。

但雅浦島的面積不過北京通州區的十分之一。在960萬平方公里統計貨幣和價值，不可能做到精益求精，甚至能夠有個大概都已經很了不起了。因此，在估算大多數貨幣的時候，我們不知道一個貨幣單位的背後，究竟有多少資產在支撐著它，能換來多少東西。

在過去的美國，拿著一美元去銀行，真的能換出相應價值的金子來，所以美元也被叫做美金，因為拿著美元真的就好像拿著金子一樣（後面會有詳述）。因此，當時的人們說，一美元背後是相應價值的黃金在支撐著它。但黃金背後呢？從上面的例子，我們可以看到，如果美國有十萬兩黃金和一個蘋果，那麼蘋果的價格就是十萬兩黃金一個。但如果有兩個蘋果，其價格就會減半。由於我們不知道美國具體有多少蘋果，因此即使給你了黃金，你拿著它能換來多少東西也不得而知。

但是，由於你相信拿著美元、拿著黃金能從美國換大量好的玩意兒，所以你承認美元和黃金的價值。從這一點我們可以看出，任何貨幣背後，支撐它的其實不過是信任而已。信則有，不信則無。你相信拿著貨幣能夠換來東西，那麼它就值錢，不論這個貨幣是美元、黃金，還是巨石。大家說亂世黃金，就是因為深信黃金到了任何時候都可以換來東西。大家相信美元，是因為美國是當時世界最大的經濟體，而作為美國政府發行的法定貨幣，美元上白紙黑字地印著：「這張紙幣是合法貨幣，可用作支付所有公眾及私人債務。」因此，大家都相信，只要拿著這張紙，就能在美國換到東西。

但如果沒有這種信任，黃金和美元都是一文不值。今天，大多數投資者都認為美元最有價值、接受度最高，但有趣的是，在*19*世紀的大部分時間裡，美國政府自己都不接受自己印的紙幣，在別人還債或納稅時要求其必須支付黃金。因此，今天美元的價值，不僅來自於美國的國力，更多的是來自於大家對其的信任。

所以我們可以說，任何一種貨幣的價值，其實都包含著兩種因素：它所能換取的東西的價值，以及大家對它的信任程度。一個國家如果東西多，而且值得信任，那麼這個國家的貨幣價值就高；如果一個國家一貧如洗或者不可信賴，那麼這個國家的貨幣價值就低。而匯率也就是任何兩種貨幣中，換取東西以及信任度這兩個因素的比率。

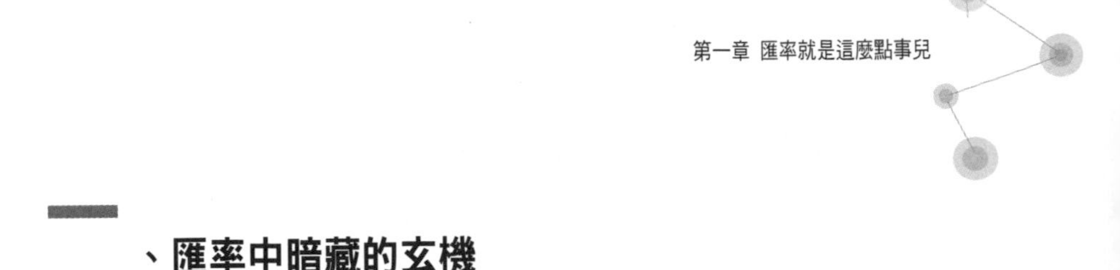

二、匯率中暗藏的玄機

現在我們知道匯率是兩種貨幣的比率，也知道貨幣所代表的是換取東西的價值以及信任度，我們就能知道為什麼即使有「巨石幣」，其匯率也不會高了：雅浦島其實不盛產鑽石，也不盛產其他大家認為值錢的東西。而且雅浦島名不見經傳，全部人口才6300人，可能還沒中國一個社區人多。這麼一分析，除了搬不走以外，「巨石幣」不能全球流通，是有實際的原因的。

我們換取外幣，其實只有兩個目的：獲得財富（價值的東西）以及安全感（信任度）。獲取財富的手段為兩種：貿易和投資。假設雅浦島的「巨石幣」可以買來便宜的鑽石，那麼我們就願意用手中的人民幣去換「巨石幣」，然後用「巨石幣」去換鑽石，這其實相當於我們要先用人民幣買「巨石幣」，再用「巨石幣」買鑽石；而對方接受人民幣，也是為了要買中國生產的貨物，因此人民幣與「巨石幣」的交換，等於促成了雅浦人和中國人的貿易，雙方各取所需。

還有一種獲取財富的手段是投資。假設微軟的總部設在雅浦島上，因為其各類軟體，我們很看好微軟的前景。但微軟的整個運營，比如為員工支付工資等費用，都是以「巨石幣」為單位。因此，我們要想入股微軟公司，就需要先用人民幣換來「巨石幣」，然後用「巨石幣」投資

微軟，最後期待微軟的升值速度快過滬深股市；而雅浦人之所以接受人民幣，還是因為他們希望買中國貨。我們希望的是，在投資雅浦島一段時間後，微軟賺大錢了，股票一賣，再用「巨石幣」買回人民幣來，去海南買個別墅，豈不樂哉？

除了增加財富，還有的人換外幣是為了安全感。很多國家由於戰亂，沒有安全感，貨幣很可能一下子暴跌。通貨膨脹一視同仁，富人的錢和窮人一起消失，再有權、再有才也無法力挽狂瀾。因此，很多有錢人就希望把自己手中的財富轉移到另一種比較穩定、保值的貨幣，以便出了事情自己不至於血本無歸。這就是為什麼他們喜歡把錢換做黃金或美元，然後存在瑞士銀行裡。

而在交換過程中，對方願意接受我處的貨幣，也不外乎上述幾種原因。但每個人的意願都有不同。有的人可能根本不需要換外幣，完全支援國貨就好，有的人則可能非常迫切地需要外幣，因為他們對舶來品上癮。而在價值方面，有的人可能寧願冒些風險，也要尋找更高的回報；另外有人可能不在乎有沒有回報，只要安全就好。因為每個人的追求都不一樣，因此他們願意為另一種貨幣支付的價格也就不一樣。那麼，貨幣之間的匯率究竟是如何形成的呢？

***

莎士比亞很早就在《威尼斯商人》中說：「有些人不愛瞧一隻張口的豬仔；有些，瞧見一隻貓會勃然大怒；又有人，聽到了風笛在哼哼嗚響，會不禁流小便。因為愛憎和喜怒，激情的主宰，指揮著它的意趣，全憑一個人的好惡」。但即使每個人愛好如此不同，我們仍有辦法測試，他對一個東西的好惡究竟是到了什麼一種程度，並通過這種方法判斷一個事物的價值。近代經濟學之父亞當·斯密（*Adam Smith*）在他的不朽巨著《國富論》裡說：「所有事物的真正價格，對一個希望得到它的人而言它的真正價值，在於此人願意為其付出的辛苦和麻煩。」也就是說，不論動機是什麼，一個人願意為一件事物付出的代價，就是這個事物的價值。同理，如果一個人願意買外幣，那麼他願意為其付出的價格就是這種貨幣的真正價值。

而大家交換貨幣的地方就是外匯市場（*Foreign Exchange Market*）。在這裡，你可以根據你的任何需要，用你手中持有的貨幣，購買你所需要的任何一種外幣。而這許許多多的買賣，最後就會形成各種貨幣的市場價格。這個外匯市場上的外幣交易價格也稱名義匯率，即在社會經濟生活中被直接公佈使用的、表示兩國貨幣之間比價關係的匯率。報紙每天都會根據當天外匯市場的平均價，發佈各貨幣之間的名義匯率。如果我們說一元人民幣等於十日圓，就是說有人願意以十日圓來換我們手中的一元人民幣。

兩國之間的匯率，是由金融市場上的供需關係決定的。如果因為各種各樣的原因，大夥都願意購買日圓，那麼市場上的日圓供應不夠，就會被一掃而空，而日圓數量一旦減少，其價格就會提高；這就好像拍賣一樣，參加的人越多，拍賣品的價格就越高。而如果大夥都拋售日圓，那麼市場上日圓就會供大於求，那麼其價格就會降低。

除了市場的交易價格以外，還有一種手段，就是各國的中央銀行可以指定匯率。比如人民幣可以鎖定美元，咬住*1*：*7*不鬆口，那麼不論

市場上的投資者是否認同這個價格，人民幣都可以保持這個價位。但如果中央銀行希望成功地鎖定匯率，它們就需要主動進入外匯市場買賣貨幣，增加供應或需求，以此調節貨幣的價格，使鎖定價位符合市場價位（至於央行為何要這麼做，又如何調節，後文有詳述）。如果國家的中央銀行不調節，只是指定價位，那麼需要進行貨幣交易的雙方就會去黑市，偷偷地按市場交易。這是因為假如十日圓只值一元人民幣，但被官方鎖定在一比一的比率上，那麼誰又願意如此吃虧呢？

由於匯率是因為市場上投資者的出價而產生，所以難免會有浮動。隨著投資者想法和需求的改變，名義匯率也會隨著其上上下下。投資者的變化，歸根結底還是因為他們最初購買外匯的目的性所造成的，而貿易、投資以及信心，也正是對匯率影響最大的三個因素。

***

貿易之所以能興起，是因為透過交易我們可以得到我們沒有的東西。比如中國只能生產鞋子，而美國只能生產電腦，那麼如果中國人需要電腦或美國人需要鞋子，雙方只能透過交易實現。但即使雙方都能生產電腦和鞋子，貿易也能使得雙方獲益。因為中國人可能更精於生產鞋子，美國人可能更精於生產電腦，那麼透過交易，雙方的效率都能提高。

但如果中國工人生產什麼都比美國人擅長怎麼辦，還會有交易嗎？假設中國工人每*10*分鐘能夠生產一雙鞋子，每*20*分鐘能夠生產一台電腦，而美國工人每半小時才能做出一台電腦，每一小時才能做出一雙鞋子。在這種情況下，如果雙方不交易，那麼美國人需要工作一個半小時

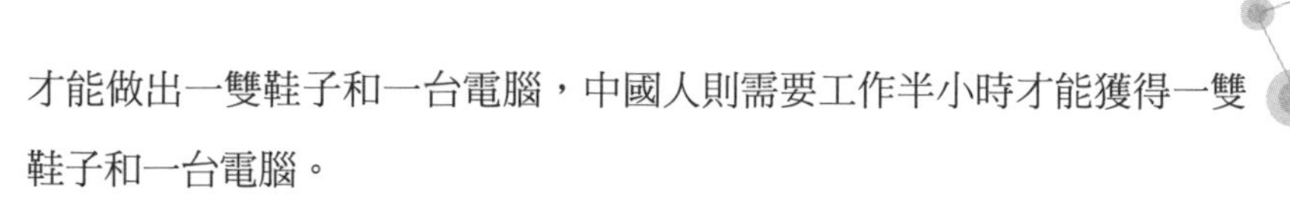

才能做出一雙鞋子和一台電腦，中國人則需要工作半小時才能獲得一雙鞋子和一台電腦。

但如果雙方可以自由交易，那麼中國人花*20*分鐘做兩雙鞋子，美國人花一小時做兩台電腦，之後雙方可以用一雙鞋子換一台電腦，最後雙方皆大歡喜，都節約了*50%*的時間就獲得了兩樣商品：中國人的工作時間從*30*分鐘減至*20*分鐘，美國人的工作時間從一個半小時減至一小時。因此，即使貿易雙方有一方處於絕對優勢，其最佳策略還是全力生產最有優勢的項目，比如中國人就努力生產鞋子；另外一方雖然處在絕對劣勢，但兩害相權取其輕，也是做自己最擅長的事情最有效率，比如美國人就努力生產電腦。之後雙方透過貿易，還是能將自己的利益最大化，這就是*19*世紀英國經濟學家李嘉圖（*David Ricardo*）所謂的比較優勢（*Comparative Advantage*）。

但兩國貿易都是在追求最大利益，中國人不會因為自己擅長做鞋子，就白給美國人做一雙。中國人之所以會向美國人出口貨物，是因為向美國出口貨物有利可圖，能夠換回來美國的新鮮玩意。這就是為什麼即使中國人效率奇高，做什麼都比美國人強許多倍，也無法鞋子、電腦一起做，然後一股腦兒賣給美國人。賣鞋子給美國人，是為了能夠從美國換回我們喜歡的東西。如果我們都做了，美國人做什麼還給我們？如果什麼都做不了，我們賣給他們東西，豈不成白給他們打工，換回一堆標有數字的廢紙？

在進行雙邊貿易時，當中國鞋商把鞋子賣給美國人後，他收到的是美國人給的美元。但鞋商拿著美元是沒有用的。他們給工人支付的工資

是人民幣，租廠房用的是人民幣，給政府納稅還是人民幣。因此，要想讓自己的生意能夠繼續運轉，他必須把自己從美國人手中換到的美元再轉換成人民幣，以便支付上述費用，然後再小賺一筆。但是，美元不會無緣無故地變成人民幣，要想把自己手中的美元換成人民幣，必須有人願意用手中的人民幣來換鞋商手中的美元。而手中有人民幣的人為什麼要換美元呢？他也不是做好事不求回報，而是他希望得到美元，以便去買美國人的商品（電腦）或者資產（電腦廠）。

美國人向中國人出售他們的電腦時也是如此；他們需要把自己賺到的人民幣換成美元以便繼續運轉，而有人願意用手中的美元換人民幣，是因為這些人希望買中國的商品（鞋子）或者資產（鞋廠）。因為，出口和進口是相等的，所以雙方才能持續交易。

當然，這不是說每年兩個國家的貿易額都需要對等，而是貿易額早晚要對等。好像《無間道2》裡一出場就被幹掉的老爸告訴我們的一樣：「出來混的，遲早是要還的。」如果雙方有一方總是賺到，另一方總是虧，那麼久而久之對方就沒有資產了。如果沒有資產了，那麼其貨幣也就沒了價值，因為誰會對換不了東西的廢紙有信心？這也就是說，如果美國人最後沒資產了，也就沒有人會接受美元了，因此用美元什麼也買不到。

所以中國賣美國人的東西總值大過從美國買回來的東西總值，收到的美元其實相當於「債條」，意思是你早晚都得還給我，你拿走的那些東西，不論是給我商品還是給我資產，反正你要給我點什麼。但這個「債條」有一個風險，就是如果「債條」收了一大堆，但對方資產還是

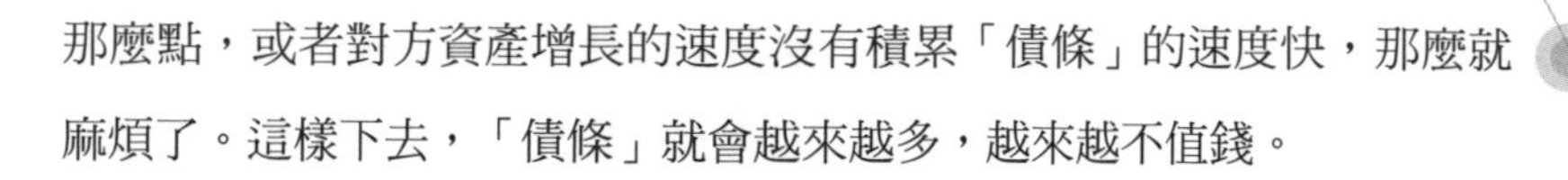

那麼點，或者對方資產增長的速度沒有積累「債條」的速度快，那麼就麻煩了。這樣下去，「債條」就會越來越多，越來越不值錢。

因此，在一般情況下，兩國的貿易不會出現一方永遠順差、一方永遠逆差的情形。貿易順差指的是一個國家在特定時段的出口貿易總額大於進口貿易總額；貿易逆差指的是一個國家在特定時段的進口貿易總額大於出口總額。一個國家如果貿易順差了，這說明外國人買你們國家的商品多過你們國家買外國貨的數量。他們都想買你們國家的商品，他們就需要先買你們國家的貨幣。因為競爭者比較多，需求很盛，因此你們國家的貨幣就能賣出更高的價格，這樣也就造成了貨幣升值。反之，如果一個國家貿易逆差了，說明你們國家的人都希望買別國的商品，而本國產品在外國也賣不出去。為了達到這一目的，他們必須拋售手中的貨幣換取外幣，然後用外幣去買外國貨。由於大家都在拋售手中的貨幣，因此就會導致貨幣貶值。

但如此一來，就該風水輪流轉了。一個國家一開始能夠達到貿易順差，說明別的國家的人們認為該國的商品物美價廉。現在貨幣升值了，在外國消費者眼中看來，商品雖然依舊物美，但價廉就未必了。很快，因為該國貨幣的升值，該國的商品會變得越來越貴，買該國商品的人也會越來越少，因為大家都會想：這麼貴，我們還不如買國貨呢，品質就算差點，也不至於差這麼多錢啊！這麼一來，該國的出口就會越來越少。

光貨品賣不出去還不算，由於該國的貨幣升值，相比之下國外產品的價格就下降了。該國的居民會覺得，哇，國外東西好便宜，我們一起

去掃貨吧！於是大家會紛紛去買外國貨。如此一來，最後的結果，就是在貨幣升值後，該國的出口減少，而買的外國貨大幅增加，順差就變成逆差了。

而原先那個貿易逆差的國家呢，因為貨幣貶值占了便宜。首先，因為貨幣相對不值錢了，他們會覺得，外國貨怎麼越來越貴了？於是大家買的外國貨就越來越少。與此同時，別的國家的人們因為貿易逆差國的貨幣貶值了，會覺得這個國家的貨物好便宜，於是會狂買該國貨物。最終的結果是原先那個貿易逆差的國家買進國的貨少了，賣出國的商品多了，最後達到貿易順差。

雖然換了個位置，但上述的情形會周而復始，原逆差國、現順差國的貨幣價值會上升，使其再度逆差；而原順差國、現逆差國的貨幣價值則會下降，使其再度順差。如此周而復始，兩國的貿易額最後會因為匯率的變更和調節，最後變成均等。

但一般人怎麼才能透過匯率知道，究竟哪國的商品比較便宜，所以值得購買呢？要想瞭解這點，光看名義匯率是不夠的。因為貨幣只不過是單位而已，光知道人民幣比日圓一比十，我們無法知道一個國家物價究竟如何，不能僅僅因為日圓比人民幣便宜就斷定日本的物價比中國低。

因此除了名義匯率以外，我們還要清楚實際匯率，即兩國實際貨物價格的對比。假設中國產蘋果，賣一元人民幣一個，日本也產同樣的蘋果，賣二十日圓一個。如果兩國的名義匯率是一元人民幣換十日圓，那麼日本的蘋果等於比中國的蘋果貴了一倍。我們也可以透過這種換算，知道究竟是哪個國家的商品划算，知道應該吃中國蘋果而不是日本蘋果。透過實際匯率，我們可以剔除通貨膨脹等因素，直接測量兩國的物價和購買力，由此真正得知每一個國家真正值得購買的東西是什麼。

***

除了貿易以外，投資也是購買外國貨幣的主要原因之一。投資人為什麼會想去別的國家投資呢？主要是由於他們渴望利用有限的資本獲得最大的利益。所以當他們的資本在國內賺不到足夠的回報後，就會想去別的地方試試運氣，這和種地其實是一個道理。

曾看過龍應台的一篇散文，裡面寫她在貴州看到一群農民在地裡努力工作，另一群人則蹲在那裡看著，很是奇怪。她就問那些蹲著的人，為什麼不去幹活。那些農民答道，沒有地了嘛。原來，那裡可供耕種的地方太少，這麼多勞動力反而用不上，於是只能一半人幹活，一半人蹲著看，以示精神支持。

有一個名叫「邊際報酬遞減規律（*The Law of Diminishing Marginal Returns*）」的經濟學原理，說的就是這個意思。用貴州這塊田地作比喻，就是當這塊地還是處女地時，第一個來開墾它的人其實效率很高，因為他不論種多少糧食，都是從無到有，比原來要多很多。但這塊地可能足夠大，他一個人種不過來，於是找來了幫手。最開始來的這幾個幫手會體現「人多力量大」的原理，幾個人透過齊心協力一起種地獲得了最高的回報。

但到糧食產量增加到一定產值、效率達到頂峰之後，每個額外來的

幫手能夠帶來的額外產量（即邊際產量）就會慢慢減少。比如一塊地有*11*畝，每個人能種*2*畝地。那麼五個人一起幹活，產量最大，能種*10*畝地。但第六個人來了，只剩下*1*畝地可種，所以他的邊際產量就是這*1*畝地；雖然他和前五個人一樣能幹，但由於土地的限制，第六個人的產量只是其他人的一半。而如果還有第七個人，那麼他就完全沒用了，因為根本沒地可種，他的邊際產量就是*0*。這就是為什麼龍應台去的那個地方，會有人幫不上什麼忙，所以只能蹲在邊上；由於土地太少人太多，額外的人根本帶不來產量。

這些蹲著的人如果想提升產量，唯一的辦法就是另外找一塊地方開墾。做生意其實也是一個道理。假設你是一個賣鞋子的商人，你自己本土的一個市場已經成熟，不但每個人都有鞋子，而且競爭還十分激烈，有好多家鞋廠，那麼你再想多賺點錢就十分不易了。如果此時海外有一個地方大家都還沒穿鞋，也沒有別的鞋廠競爭，那麼你把自己投入這個市場，回報率無疑會高很多。

如果這個地方在本國，那麼直接去就是。而如果這個地方在國外，那麼就需要先換外幣，再去當地開廠賣鞋了。有的人可能不想做實業，只想投資；他們看到有人去開廠，就想投資，於是他們也去換外幣。但投資的人不一定要和鞋廠老闆合作；他們可能覺得，如果自己去找個當地人去開鞋廠，他輕車熟路可能效率更高，因此還有人會換外幣去當地搞投資，和外來廠家競爭。由於這些人購買外幣，那麼外幣的價格就會因為需求上升而上漲。

因為外國人和當地人都開始投資開工廠，那麼就都需要雇用當地的員工。需要員工的人一多，這批員工的工資自然水漲船高。員工們有錢了，就會把錢消費在生活的每一個方面，比如他們可能去買一個任天堂遊戲機回來天天玩，或者去雇個保母回來替自己做家務。買任天堂遊戲機可以刺激遊戲機廠的利潤，讓那裡的工人也有閒錢去消費；雇保母則更是直接增加了就業機會，讓其也有了消費能力。這樣，這批高薪員工就成為了優先發展起來的群體，而他們透過消費和提供就業能夠帶動相對貧困階層的發展，而這種現象被稱作是「涓滴效應」，也就是傳說中的讓一部分人先富起來的道理。而這些貧窮階層在受益後，也會有閒錢來購買鞋子，這樣使得鞋廠獲益，然後鞋廠又會給員工漲工資或雇用更多員工，而他們也會去購買任天堂或雇用保母，由此形成良性循環。

所以，外國人投資的結果是讓整個社會的經濟都欣欣向榮，而這樣又會誘導更多的國外資本進入。這些外國資本可能不會直接投資前面所說的鞋廠，而可能會選擇任天堂這樣的遊戲機廠，因為鞋廠員工的收入讓任天堂賺取了多的利潤，使得購買任天堂股票也成了一個不錯的選擇。在資金湧進股市的同時，資金也會湧進債券市場，因為大家都認為，把錢借給鞋廠或任天堂是一件很不錯的事情，這些公司的業績只會越來越好，怎麼會還不起錢呢。同時，資金也會湧進房地產市場，因為投資人都認為發了財的當地老闆、鞋廠員工、任天堂員工、保母等會因為收入增加需要更好更寬敞的房屋。而所有這些投資的第一個步驟就是這些投資者必須用手中的貨幣換取當地的貨幣，這樣才能完成種種投資。而這些投資者對當地貨幣的需求，會讓當地貨幣的匯率變得越來越高。

但與此相反的情形也不是沒有。如果鞋廠的投資者不再看好一個國家，他們就會把自己的資金轉移，而轉移的第一步就是拋售當地的貨幣，換取其他貨幣，而由於拋售增加了市場上當地貨幣的供應，因此當地貨幣的價格就會下跌。但如果只是他們離去，其對貨幣價格的影響還是微乎其微。但是他們的離去，其實意味著鞋廠員工都會沒有工作，或至少工資降低了，而如此一來他們就沒有錢再買任天堂或雇用保母了，而反過來，任天堂的員工和保母也就沒有錢買鞋了。同時，由於鞋廠和任天堂的效益都不好，外國人也不再願意買他們的股票，並且也不願意買債券借錢給他們花。房地產商一看大家都沒錢了，也就知道沒有人會買房子了，因此外資也會跟著離去。經濟如此不好，資本自然要離去，去尋找一個回報率更高的地方，於是大家就會爭先恐後地拋售當地貨幣，由此導致貨幣匯率下降。

***

從上述例子，我們可以看到，大家之所以爭先購買或拋棄一種貨幣，其基本的目的就是兩種：獲得利潤及規避風險。而經濟學最基本的一個原理之一，就是風險和收入是相輔相成的，要想有收益，必定有風險；而一個事情如果收益高，自然其風險也高。在發達國家投資，其回報率雖然不如在發展中國家投資，但因為一切都已規範化，相對來說收益要穩定、安全些。相比之下，發展中國家雖然市場很大，但就好像以前的美國西部一樣，一切都是未知數，發家的可能性固然有，但傾家蕩產也不是沒有可能。但即使是發達國家，也不能說一切就都安穩了，風險雖然相對小，但市場、行情的波動導致公司破產也不是罕見，金融危

機即是明證。

由於投資者無法預測未來，於是很多時候都會以古為鏡，從過去的歷史中判斷一件事情是否可靠。不幸的是，投資的歷史中變數太多。按理說，借錢給國家應該是比較穩妥的事情，因為實在不行國家可以透過徵稅、賣土地、賣資源等方式來還款。但這數百年的歷史證明，即使借錢給國家也是有一定的風險的。而如果一個老百姓把錢借給國家，之後該政府如果欠債不還，那麼對投資者來說，無疑是一件很頭痛的事情。想從手握重兵的政府手中要回自己的錢，簡直就是撼樹蚍蜉，即使有理也說不清。國家就是不還給你，怎麼著吧？

歐洲政府從*16*世紀就已經開始有習慣性崩潰的事件發生了。比如在*1557*年至*1696*年之間，西班牙雖然從南美剝削了無數黃金白銀，但*150*年中還是習慣性破產了*14*次，大部分的錢都被浪費在了打仗上。其他國家相對好些，但也不乏還不起錢的。即使是制度相對健全、更注重保護私人財產的英國，到了關鍵時刻也無計可施。查理斯二世就曾經在從本國國民借錢後，直接把大家全部的債務和財產私有化到了自己口袋中。南美諸國從*19*世紀獲得獨立後，也開始習慣性崩潰。他們雖然盛產金銀，但大多被貪污腐敗掉，就是不還錢，過不多久就宣布外債作廢，然後再次發行新的外債。

在這種情況下，如果一個國家欠債太多，它就和一個人欠黑社會錢一樣，會被暴打一頓強迫還債，甚至可能被欺壓得永世不能翻身。在*1882*年，埃及因為經常欠債不還，終於使得大英帝國怒不可遏，派兵將其征服，收其為日不落帝國的保護國，這樣日後就再也不怕埃及人不還

錢了。而有時一個國家欠債太過複雜，甚至能夠引發很多國家一起的憤怒，這就好比老大帶著一堆黑社會小弟一起去討債。比如*1902*年，委內瑞拉因為欠了太多人太多錢，任何一國單獨怒不可遏都似乎不大妥當，因此英國、德國、義大利一起派軍艦前往委內瑞拉，封鎖港口，強行索債。

但這麼討債，欠債的不好受，被揍一頓，討債的也不好受，興師動眾。於是，欠債的政府很快發明了新招：通貨膨脹。德國在第一次世界大戰失敗後，一直十分不忿，因為英法等國同樣應該對戰爭負責，而不是讓自己來背黑鍋。但弱國從來無外交，德國打敗了，英法讓它還錢，它不能不答應。於是，當時德國的魏瑪共和國想了一個「高招」，藉由通貨膨脹解決部分債務。很快，德國的年通貨膨脹率達到天文數字的程度，人民為了購買生活必需品需要常備*200*億馬克的大額鈔票。在這種情形下，無論多大額的債務，也都灰飛煙滅了。這一招比明目張膽的欠債還狠，因為你根本無法把錢討回來，就算派軍艦去，要回來的也是一堆廢紙。

而這還僅僅是借給國家；投資給私人風險就更大了，隨便一個鬱金香泡沫（*Tulip Bubble*）或密西西比泡沫（*Mississippi Bubble*）都能讓投資者血本無歸。有了這些西方國家的「耍賴」和私人公司的崩潰，也就難怪投資者們心裡不踏實，杯弓蛇影了。畢竟他們的資訊和政府、公司不對稱，人家拿著真金白銀，就是掌握著主動權，想還給你就還給你，不想還給你就不還給你。

痛定思痛，投資者們後來也發明了自己的招數賞善罰惡。只有一個國家信譽很好，從來都按時還債，投資者才會願意買他們的債券，而且即使利息低一些也不怕。而如果一個國家經常欠債不還，大多數人會對其嗤之以鼻；所以這些國家只能借高利貸，以極高的利息引誘那些願意為高回報放手一搏的投資者們。

這麼一來，等於把安全性和貨幣匯率掛上了鉤。那些被認為是安全的國家，會有很多人前往那裡投資，而他們都會購買當地的貨幣，由此導致貨幣升值。而那些被認為是不安全的國家，連當地人都會拋出自己手中的貨幣購買外幣以保證自己財產的安全，更不要說吸引外資了；這麼一來，貨幣匯率下跌就在所難免了。而如果兩種貨幣同樣安全，那麼其價值就由回報率決定，投資回報率高的貨幣價值就高。

但是，是由誰來判斷一種貨幣的安全性和投資回報率呢？由於投資者獲得的資訊品質其實沒有改善，因此他們其實還是根據過去的歷史和對未來的預期來進行判斷。所以歸根到底，他們其實並沒有更客觀的手段來判斷一種貨幣的安全性和投資回報率，更多的是跟著自己的感覺走。也就是說，如果大多數投資者對一個國家有信心，那麼這個國家的貨幣匯率就會走高；反之就會走低。而所謂有信心、沒信心，並沒有一個客觀的標準。

這其實和《韓非子·說難》裡的一個故事很相似。在衛國，原來有個帥哥叫彌子瑕。很得衛靈公的寵愛，因此有點肆無忌憚。衛國有法律，說任何私自駕馭國君車子的都要處以刖刑，也就是把腳砍下來。有一次彌子瑕的媽媽病了，彌子瑕一急，假裝衛靈公有令，自己駕著衛靈公的車子出去了。但衛靈公聽說後，卻認為他德行好，說這個人孝順，為了

媽媽沒有腳都無所謂。還有一次，他和衛靈公一起去果園，吃桃子時覺得很甜，就把剩下的半個給衛靈公吃。衛靈公毫不嫌棄，還說這個人好愛我，吃了好吃的立刻與我分享。但後來彌子瑕人老珠黃了，衛靈公不待見他了，就說，這人當年假借我的命令坐我的車，還給我吃剩桃子。雖然彌子瑕的行為和當初沒什麼兩樣，但衛靈公前後兩次態度截然不同，是因為他本人愛憎有了變化。

投資者看一個國家也一樣。他們心情好的時候，可以把一個國家看成高回報，並由此提升該國貨幣的價值。但他們心情不好時，就會記得該國是高風險，然後藉由瘋狂拋售該國貨幣使其價值降低。這件事聽著非常不實際，難道現實中的匯率會因為投資者所看到的表像隨意變動嗎？

但有時表像確實能夠影響現實，因為現實和表像其實只有一步之遙。我們有時聽到，某國某人冒充富豪或官員，在一個地方吃喝嫖賭，然後捲款逃跑。這種事情一旦東窗事發，大家一般都會感嘆，這些被騙的人當時怎麼回事，居然被這種低級伎倆騙到？但在很多時候，我們評判事情看的就是表像。如果我們看到一個人揮金如土，一般都會認為這個人是富翁，而不是「負翁」。更有甚者，有時事情雖然表裡不一，但表像有時真的會成為事實，比如這些騙子「負翁」如果好好利用自己的表像，然後來個空手套白狼，那麼真的成為大富翁也不是沒有可能。

投資外幣其實也是如此。如果大家都認為一個國家前途光明，並去那裡開設鞋廠，那麼很有可能讓這個表像成為現實。而如果大家不看好一個國家，投資者也有能力讓這個表像成為悲慘的現實。

在匯率方面，表像之所以能夠成為現實，還有一個原因，就是投資者往往是集體行動。無論是上升還是下降，這種因為投資者購買或拋售而導致的貨幣價值的變化都會如此，即一件小事能夠引起比其大很多倍的效應，比如一個人買導致很多人買、一個人賣導致很多人賣。這在經濟學上可以算是一種「乘數效應（*Multiplier Eflect*）」。而之所以會有乘數效應，就是因為大家往往在做出判斷時會觀察別人。

對現代西方經濟學最有影響的經濟學家凱恩斯在其著作《通論》就提到過這種現象。他舉了一個例子：「報紙上刊出一百幀相片，由讀者從中選出幾名大家認為最漂亮的美女；誰的選擇結果與其他參加競猜者之平均愛好接近，誰就得獎；在這種情形下，競猜者就有可能不選他自己認為最漂亮的人，而選他以為他人認為最美麗的人。如果每個競猜者都持此想法，都不選他們本身認為最美豔者，亦不選一般人認為最美麗者，而是運用智力，推測參與競猜者認為最漂亮者……」

也就是說，投資者其實都會考慮別人的想法，看別人是怎麼想、怎麼做的，然後根據這些資訊再行動。由於這個現象，一個人的行為很可能會藉由乘數效應讓一種表像成為現實。也就是說，一種貨幣的匯率，除了因為國際貿易、跨國投資等實際因素波動外，投資者的充滿隨機性質的想法和心情，也是重要的因素。

***

早在唐朝，大儒杜佑在《通典·自序》中就已經寫得很明白：「夫理道之先，在乎行教化，教化之本，在乎足衣食。」一個國家要想強盛，首先就是要吃飽肚子。如果能妥當地利用匯率促進貿易和吸引投資，那

麼它就是一把金鑰匙，能夠幫助我們解決溫飽奔小康。但如果使用不得當，匯率就好像潘朵拉之盒，能夠帶來難以想像的災難，摧毀一個國家的經濟。在全球化的今天，匯率的能量更是超過以往任何時候，也比任何時候都不靠譜，這是因為在很大程度上，匯率也是因為投資者的心情而在浮動。作為這麼重要的經濟因素，任何國家的政府都不會對匯率放任自流，讓自己國家的經濟自生自滅。那麼，究竟如何才能最有效地管理匯率呢？

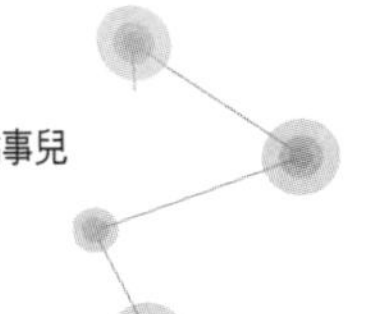

三、匯率的四大門派

無論一個政府怎麼管理匯率，其目的都是一樣的：打造一個有利於自己國家的匯率，讓匯率可以穩定，以便吸引投資、促進貿易，讓各地的資本可以自由地流通，並且讓政府保留獨立的貨幣政策，必要的時候可以多印鈔票提高流動性。而政府能夠影響貨幣的手段有三個，即財政、貨幣及貿易政策。但在決定採取什麼政策之前，政府還要做一項重要的選擇，就是自己究竟應該歸順於哪個匯率門派？

政府之所以要選擇匯率門派，是因為在*20*世紀*60*年代。研究宏觀經濟的兩位大師羅伯特·蒙代爾和 *J*·馬庫斯·弗萊明提出了一個蒙代爾—弗萊明模型（*Mundell Flemming Model*）。這個模型告訴我們，在開放的經濟條件下，魚和熊掌不能兼得，我們不能同時擁有固定的匯率、資本的自由流動以及獨立的貨幣政策。

這就好比華山派的武功，最好的選擇自然是練成了內功紫霞神功後也會使獨孤九劍的招數。但自古氣宗、劍宗勢不兩立，因此必須有所取捨。喜歡招式就練劍，放棄內功；注重內功就放棄精研招數。在匯率方面，一個國家面臨的選擇也是如此，三個目標都能達到自然好，但現實中沒辦法兼得，最多只能達到兩個目的，那麼只好有所取捨。

而因為他們選擇的不同，對匯率的影響也不同。因此在介紹政府能

採取的政策前，我們先要介紹匯率的四大門派：固定匯率派與自由浮動派，以及由固定匯率派衍生而來的匯率掛鉤派，和從自由浮動派衍生的骯髒浮動派。藉由介紹每一派的取捨，我們可以瞭解它們各自的優勢與劣勢，並明白為什麼一個國家會加盟其中。

***

為了穩定匯率，很多國家都選擇將自己的貨幣與另一種穩定的貨幣或資產掛鉤，甚至將兩種貨幣完全等值。當作一種貨幣用，我們姑且將這一派成為「固定匯率派」。在匯率開始大行其道的年代，大多數發達國家都是固定匯率派。自*19*世紀興起，在*20*世紀初期達到巔峰的金本位制，實際上是所有固定匯率派的鼻祖。透過法律，各國把自己的貨幣與黃金掛鉤，並且固定起來（後面有詳述）。如果美國設立的貨幣與黃金的比率是一美元對一克黃金，而英國設立的比率是一英鎊對一克黃金，那麼美元和英鎊的比率就是一目了然：一美元換一英鎊。在美國，用美元可以從銀行中換出黃金來，在英國用英鎊也能夠達到同樣的效果。如此一來，各地使用的貨幣其實等於都是黃金，只不過是以紙張兌換券的形式出現而已。

從這種角度看，一個國家的不同地區如果都使用同一種貨幣，那麼其實就是各地的匯率等於是被中央政府強制統一的。各地的經濟發展可能各有不同，但所有地方流通的都是同一種貨幣，這等於是把各地貨幣的匯率固定在了一比一。因為一個國家在境內流通數種貨幣其實也不是不行，我國在清朝時就在國內同時流通數十種貨幣（後面有詳述）。即使到了今天，中國境內港、澳等地也分別流通著港幣和澳門幣，而且匯率也與人民幣各有不同。但在中國內地則全部流通人民幣，就好像美國的*50*個州也全部使用美元一樣。在這些地方，一元人民幣到了哪裡都是一元人民幣，說明匯率是相同的。

有時候這種匯率的統一和固定是因為政治因素，比如中國和美國雖然地大物博，但都是由一個中央政府統治，所以使用同一貨幣。但有的時候使用同一貨幣和固定匯率則是主要從經濟的角度考慮。雖然一百年前發達國家都採取了金本位制，但其政治卻沒有統一，而且不但沒有統一，還越走越遠，以至於最後還要打一場世界大戰來分個輸贏。這種固定匯率的採用，顯然是為了增加各國的經濟利益，和政治關係不大。

這種只統一貨幣、不統一政治的做法，直至今日還有人採用。例如，有的小國家他們知道人們已經不再信任他們印的紙幣。而在前面討論貨幣價值時就已經說過，沒有了信任，鈔票的價值其實和草紙差不了多少。所以為了穩定民心，這些國家乾脆一步到位：不再印自己的鈔票，直接用美元做自己的官方貨幣，這樣還省了不斷儲備的麻煩，也省了印鈔票的費用。這種直接用美元當作當地貨幣的手段被稱為美元化。

把自己的貨幣美元化，等於將自己的貨幣與美元的匯率永久性地設立在了一比一，並且讓美國政府來決定自己的貨幣政策。全面美元化的國家，有巴拿馬、厄瓜多爾、薩爾瓦多共和國、利比理亞等。這些國家都有些共同的特點，比如和美國歷史上很有淵源，還有就是國內發展的不是很穩定。

除了這些小國美元化以外，近年來歐洲諸國也走類似美元化的路線來統一貨幣，我們可以姑且稱之為歐元化。但歐洲之歐元化，與這些

小國的美元化，目的卻又有不同。歐洲大多數國家經濟都相對穩定，因此不需要像美洲小國一樣，背靠大樹獲得安全感。雖然如此，這些國家還是希望能夠有一種統一貨幣在歐洲境內自由流通，就好像美元在美國境內隨意流通一樣。而且對這些國家來說，統一貨幣的好處不僅僅是穩定匯率、資本流動這麼簡單，他們還希望能夠藉由將貨幣統一，逐步把政治也能夠統一，使得歐洲不再是一盤散沙，而能夠成為「歐洲合眾國」。

於是，在*1978*年，歐洲設立了一個不是快遞的*EMS*——歐洲貨幣體系（*European Monetary System*）。歐洲貨幣體系設立了一種歐洲匯率機制，就是把每個歐洲國家的匯率都固定在了一起，然後各個政府的中央銀行都要盡其所能，維護這一匯率。比如大家將法國法郎對德國馬克的匯率設定為一比一；這時，如果法郎開始貶值，那麼法國政府就要藉由收購法郎的行為干預市場，提高需求將法郎釘死在一比一的匯率上。經過了*20*年的磨合，以及克服了各國貨幣受到攻擊、英國退出等困難後（後文有詳述），歐元在*1999*年*1*月誕生。歐洲各國按照既定的匯率，把自己的貨幣都換成歐元，然後退出流通；從此之後，歐元區內流通的貨幣只剩下了歐元一種。之後，歐元區陸陸續續又吸收了五個國家，使加盟歐元區國家的總數達到了*16*個。除了這*16*個國家以外，一些非歐盟國家和地區，比如黑山、梵蒂岡、摩納哥、安道爾等，也使用歐元作為支付工具。

***

為什麼這麼多國家都會對固定匯率趨之若鶩呢？原來，固定的匯率主要有兩大好處。首先，固定的匯率使得所有的人在進行交易或投資時，都能鬆一口氣，不用擔心自己的財富因為匯率的變更而縮水。如果沒有固定匯率，在進行外國貿易或投資時，還要考慮：這個國家的貨幣政策、財政政策及貿易政策會不會把自己壓垮了啊？因為這其中的任何一個微微一動，都可能使得貨幣價格竄上竄下，讓自己的投資血本無歸。而有了固定匯率，大家就少了這一層後顧之憂，因此無論是貿易還是投資，都會大大地增加。

而由於大家不再擔心貨幣，固定匯率還有第二個好處：資本可以自由地流通，哪裡回報高就去哪裡。試想有一個鞋商看到自己的本土市場競爭越來越激烈、利潤越來越小，他自然會想去找一個競爭少的處女地去開拓，以此提高自己的資金回報。但如果他擔心匯率浮動的話，即使他發現了處女地，他也未必敢去，怕自己將來買不了牛奶、雞蛋。這樣的結果就是雙輸：鞋商無法去追求更高的利益，而處女地的人們也無法因為鞋商的投資而過上更美好的生活。而固定的匯率避免了這種極端沒有效率的事情的發生。資金想去哪裡都可以安心去，賺了錢回來保證你能夠買牛奶雞蛋吃，從而達到資本以及處女地市場的多贏。

但固定匯率也有不好的地方，那就是各個獨立的經濟體無法控制自己的貨幣政策。在金本位制時期，任何國家在沒有黃金時都不能發行新的貨幣，等於直接限制了貨幣的發行與流通量；在這種情況下，如果國內急需流動性資金可就抓瞎了。這種弊端即使在同一國家的內部也能顯現出來。比如北京和上海流動的資金太多、造成經濟過熱，那麼這時正確的貨幣政策應該是提高利率、緊縮流動性；但同時，西部的寧夏、陝

西等地卻又經濟衰退，那麼正確的貨幣政策也應該透過印鈔或降低利率等方式提高流動性。因此，如果地大物博，統一貨幣還有一個弊端，就是有的時候沒有一種貨幣政策是放之四海而皆準，沒法根據各個地方的狀況而準確對症下藥，只能盡量尋求平衡點。

因此，任何一個國家採取固定匯率的政策，都需要考慮：這三項中，我們究竟最希望得到哪兩項、最可捨棄那一項？如果答案是最希望得到穩定匯率以及自由流通的資金，而不怎麼重要的是獨立貨幣政策，那麼恭喜你，加入固定匯率派是正確的選擇。

固定匯率的這些優點使之到了今天仍極受歡迎。但是，固定匯率的缺點也同樣明顯。不能採取獨立的貨幣政策，平常看著無礙，但到了經濟蕭條或戰爭這樣生死攸關的時刻，就會變成致命障礙。這就好比一個人平常身體無礙，為了維持體重定時、定量吃飯，這當然是健康的選擇。但後來病了，需要大吃補品和高蛋白食品補補身體，如果此時還只能定時、定量吃飯，不能吃其他食品補充體力。那麼豈不是在催促閻王爺快點上門？這個問題使得統一貨幣風險極大，雖然平常不顯山不露水，但關鍵時刻卻是能傾城傾國的。

***

雖然不想和美元化、歐元化一樣做的那麼絕對，並且埋下一個潛在的定時炸彈，但很多國家又捨不得固定匯率帶來的好處，於是他們發明了一種改良的固定匯率——匯率掛鉤派。匯率掛鉤指的是把自己的貨幣與另一種貨幣掛鉤，然後把匯率固定在某一個價位，也就是歐元諸國在統一貨幣前使用的策略。

大多數的國家在匯率掛鉤時，都選擇和美國掛鉤。這其中的好處有三個：第一，美國是世界上最大的市場之一，掛鉤後和他們做買賣賺錢的可能性很大；第二，美元是世界貨幣，所以和美元掛鉤能夠讓各國的資本自由流入；第三，美元被視為世界上最安全穩定的貨幣，因此和美元掛鉤能夠確保自己國家經濟的安全，並讓外人對自己國家有信心。這就是為什麼從幾十年前，墨西哥批索（*peso*）就與美國掛鉤。而到了現今，亞洲諸國依然願意將自己的貨幣與美元保持一定的聯繫。

但要和另外一個國家的匯率掛鉤，前提條件就是主動掛鉤的一方必須要有足夠的外匯儲備。這是因為，這些掛鉤的國家大都透過自己的中央銀行根據需要控制匯率。比如本國的貿易順差很大，按理說本國貨幣應該升值、美元應該貶值，由此導致順差消失、兩國貿易平衡；但這麼一來，原來的掛鉤價位就沒有了。這時就需要中央銀行出手，大幅銷售自己國家的貨幣來購買美元。這由中央銀行創造的額外供應會讓自己國家的貨幣價格下降，而同時對美元額外的需求會使其價格上升，從而保持原來掛鉤的價格。但如果自己本國的貨幣因為種種原因貶值，那麼中央銀行就需要從貨幣市場上拋售美元、回購本國貨幣，以此來維持掛鉤價格。

和另外一個國家掛鉤，也可以保護兩國的商人和投資者，不必擔心匯率浮動影響自己的收成，而這種安全感能夠讓兩國資金自由流通。在這些方面，匯率掛鉤的好處和統一貨幣是一樣的。但匯率掛鉤的國家畢竟不是為了和美國合併、形成美元區，他們掛鉤是為了本國的經濟繁榮昌盛。而他們之所以選擇匯率掛鉤而不是統一貨幣，是因為匯率掛鉤讓

他們的貨幣政策保留了一定程度的自主權。

這種自主性，就是如果匯率掛鉤國覺得自己現在掛的這個鉤不太靠譜，它可以選擇把這個鉤重新定位。假設你的國家經濟出現問題，需要透過發行貨幣調節時，統一貨幣的國家是無計可施，因為他們必須一榮俱榮、一損俱損。掛鉤的國家和美國可沒那麼鐵，貨幣該發行就發行，大不了重新設定一個價格低些的匯率掛鉤就是了。另外，匯率掛鉤國也可以選擇讓自己設定一個幅度，即匯率可以在一定幅度內浮動，超出了這一幅度，中央銀行才會干預市場。

統一貨幣的國家則少了這種伸縮性。在歐元區，一個國家即使有問題，也很難說退出歐元，因為退出的風險太大了。如果有歐元區的國家被迫退出歐元，那麼他們肯定是已經到了山窮水盡的地步，寧可犧牲歐元帶來的穩定性和資金，也要自己發行貨幣，藉由通貨膨脹解決問題。投機者看到這種情況，就好像餓狼見了羊一樣，肯定蜂擁而至、推波助瀾。即使本來情況很糟、但還沒糟到要崩潰的地步，經過投機者這麼一折騰，估計也差不多了。

投機者這麼一炒作，本來就搖搖欲墜的國家看起來更弱不禁風，而這樣的表像最大的危害就是群眾信心的喪失。原來我們就曾講過，一個經濟體、一種貨幣最基本的根基就是眾人對它的信心，如果信心沒有了，那就什麼都沒有了。這就好像工商銀行規模很大，但如果我們大家都一起去擠兌，它還是會倒閉，因為每個銀行都是把大多數存款拿出去借貸賺錢。我們之所以不去擠兌工商銀行，是因為我們相信工商銀行倒不了，我們更信任政府不會讓工商銀行倒閉。因此，歐元國家退出歐元，等於在大聲告訴大家：不要對我有信心！這和自殺其實沒啥區別。因此，歐元國家即使再命運不濟，也只能掉了牙往自己肚子裡吞，死活不能脫離歐元。

匯率掛鉤國如果調整自己的利率，也難免被投機者來這麼一下子；但如果採取妥當的措施，讓大家知道貨幣貶值是不得已而為之，並且是最好的選擇，那麼在最初的震盪後，匯率掛鉤國就可以坐享其成，等著發行的貨幣刺激經濟了。然而，這不是說只要匯率掛鉤就不受制於人了。實際上，對匯率掛鉤國政策影響最大的不是自己的央行，而是掛鉤國選擇掛鉤的對象。試想，如果你和美國人掛鉤了，而他開始貨幣緊縮、回購貨幣，那麼美元價格就會上升。此時，掛鉤國如果想讓自己貨幣和美國貨幣的價格保持一致，那麼只有選擇拋售美元增加供應，或者選擇自己也跟著美國緊縮。而拋售美元增加供應一般來說是不切實際的，因為對美國而言，美元的供應量是可隨意掌控的，想多就多、想少就少，而掛鉤國的美元則是辛苦得來，自己又不能印，花完就沒有了。因此，很難期待掛鉤國用自己有限的美元影響有著無限美元數量的美國。這樣一來，掛鉤國唯一的選擇只有跟著緊縮。從這一點，我們可以看出，如果選擇掛鉤，那麼等於將你的貨幣政策拱手讓人。

這麼一看，雖然貌似匯率掛鉤有統一貨幣之利，卻無統一貨幣之弊，但其實還是有問題的。除了貨幣政策旁落以外，而匯率掛鉤還有一個問題，這就是它必須依靠各國央行透過買賣本國貨幣和美元調節。但這種調節的基礎是各國央行的外匯儲備足夠充分，足夠在外匯市場上長袖善舞，控制貨幣價格。因此，為了防止自己出現外匯儲備不夠的現

象，各國都存了不少美元。

這些錢如果僅僅是應付貿易順差逆差以及投資活動所產生的價格浮動，那麼確實是足夠了。但糟糕就糟糕在國際外匯市場上龍蛇混雜，大部分人進行交易都不是為了貿易或投資，而是希望透過價格的差異賺上一把。於是，很多投機者其實都在觀察各匯率掛鉤國的央行，然後利用它們買進賣出本國貨幣和美元的時候，推波助瀾、利用差價賺點錢花。比如，當他們看到貨幣掛鉤國的貨幣要貶值時，他們會跟著拋售該國貨幣，因為他們知道央行會出手用外匯買回本國貨幣，以此來獲得利潤。

但如果僅僅是這樣，危害還不是很大，頂多是央行的資金有一部分用於餵養這幫投機者。但另一種情況則會危及根本：如果投機者的資本遠比央行雄厚，他們可能會源源不斷地拋出貨幣掛鉤國的貨幣，使其價格大跌。這是非常有可能出現的，因為外匯市場上的炒家的資本，有些的確比一般央行雄厚（後文有詳述）。而這時如果央行還想維護掛鉤的匯率，那麼它就被迫要用自己的外匯儲備來買這些拋售的本國貨幣，有多少買多少。但某些投機者因為更有錢，因此他們賣的遠遠比央行外匯能夠購買的量要大得多。於是，等央行外匯都花乾淨了，投機者還是再拋售，那麼掛鉤匯率就維持不住了，只能任由其一瀉千里。如果這種情況出現，那麼結果和歐元國家退出歐元是一樣，所有的投資者都會完全喪失信心，這時掛鉤國能做的只有等死一條路了。

***

如果上述兩派都不符合你的口味，那麼我們還有一個選擇：自由浮動派。自由浮動派採取的辦法就是大撒把，啥都不管，讓貨幣的價值自由浮動、自生自滅。這些國家一般都看得很開，匯率有浮動是自然現象，因此不必強求，固定的匯率，不要就不要好了。這些國家認為，自由浮動的匯率是有很多好處的。

首先，匯率是一種自然調節的機制，藉由貨幣的升值與貶值，兩個國家的貿易順差和逆差能夠得到解決，不會出現一邊倒的情況。另外，有了自由匯率，兩國的資本也可以隨意進出，只要支付市場價就可以。由於是自由的買賣，因此自由浮動的匯率代表了一種貨幣的市場價，從而可以讓投資者看到一個國家真實的經濟情況，而不是通過中央銀行調節後展露出的結果。

而且，匯率浮動有其自然規律，多半是被經濟、貿易的實際問題所影響；從這個角度來看，匯率只不過是表像，就好像一個人嘴裡長了潰瘍，其實是在告訴你，大哥你上火了，吃點三黃片退退火吧。匯率也一樣，光試圖調節匯率，而不去解決匯率背後的貿易、經濟問題，就好比得了潰瘍光吃藥、貼膜是沒有用的一樣，一定要去火才能治本。匯率只是在給你展現這些問題，控制匯率是治標不治本，而且很可能因為強迫匯率在一定價位而使得問題沒有得到正確的認識，愈演愈烈。

除了上述原因，另外一個重要的原因是採取自由浮動匯率的國家牢牢地把握住了自己的貨幣政策。既然不需要和別人統一，也不需要和別人掛鉤，那麼政府就可以輕鬆地根據自己需要，想多印鈔票就多印鈔票，想少印就少印。這樣，政府就不會因為經濟危機或突發事件而措手不及了。

然而，雖然自由浮動有著許多的優點，但也不是沒有弊端，其缺

點就是自由浮動的根基：匯率可以自由浮動。沒有了穩定的匯率，最頭痛的要數商人和投資者，浮動匯率增加了他們的風險。現在他們必須計算匯率浮動的幅度、可能性等因素，然後才敢做生意或者投資，這樣一來，勢必影響他們的積極性。

但僅僅是因為投資與貿易，其實不會導致匯率多少動靜，真正讓人頭痛的還是匯率掛鉤派的夙敵：投機者們。這幫人喜歡拿著大量的錢倒來倒去。而且對於他們來說，匯率價格的落差越大，他們的獲利機會也就越多。比如美元比日圓今天是*1*比*100*，如果明天漲到了*1*比*110*，那麼投機者頂多賺*10%*。但如果美元能夠狂漲到*1*比*1000*，或者暴跌至*1*比*10*，那麼投機者則可以賺十倍。因此，在外匯市場上興風作浪是他們的愛好。

而最害怕匯率狂漲狂跌的，恐怕就要數那些借外債的人們了。很多時候，公司借來的大量外債都是以外幣為單位。比如中國人跟花旗銀行借錢，一般借到的都是美元，這樣還的時候也必須是美元才行。但中國人借錢是為了在本國創業、做生意，因此他們還需要把錢換成人民幣才能運營。他們的計畫自然是待生意做成後，賺了人民幣再換成美元還給花旗銀行。但如果此時因為國際炒家，人民幣開始瘋狂貶值，那借款人就要暈了。本來借來的是一萬美金，按七元人民幣換一美元的比率換算成七萬人民幣；現在自己做生意賺了，一共有十萬元人民幣，按本來的匯率換成美元，還債和利息綽綽有餘，自己還能餘下兩、三萬元。但現在如果人民幣跌了一倍，貶成了*14*元人民幣比*1*美元，那麼等於做生意的白忙活了一場，到最後還錢的時候還變成了資不抵債。

由於有這個擔心，自由浮動派也有了改良版：「骯髒浮動派」。之所以稱其為骯髒，是因為這種浮動不純潔。雖然這種情況下的匯率也會上下浮動，但其實政府心中有個底價；如果匯率上漲或下跌到了一定程度，開始影響投資、貿易了，那麼政府就會出手干預。通過中央銀行買進賣出本國貨幣以及外匯，政府會把貨幣的匯率浮動控制在一定範圍內。從本質上來說，骯髒浮動派還是以浮動為主，但在某種程度上來說，和匯率掛鉤派的機制很相似，都是把匯率進行人為的管理控制。但就因為如此，骯髒浮動與匯率掛鉤也有同樣的問題：捉襟見肘的中央銀行很可能敵不過某些餓狼般的投機者。但骯髒浮動派比匯率掛鉤派又多了一個選擇：他們可以選擇不明說自己心目中的匯率底線是多少，因此大家的信心不會因為投機者的階段性勝利而消失。即使真的被投機者擊敗、政府無法維持目標價位，那麼政府暗中調低價位就是了，反正本來的價位也未公開，因此不會造成過度恐慌。

***

除了以上的四大門派以外，有的國家還自己練成了野狐禪的功夫。比如，有的國家選擇了嚴控自己貨幣的兌換。這樣一來，投機者就不能藉由大幅拋售、製造波動來獲利，因為沒有政府同意，貨幣根本就兌換不了。這樣的做法同時也維護了政府貨幣政策的主權，自己想怎樣就能怎樣，不用看人臉色。但風清揚告訴我們，任何招式都有破綻。控制貨幣兌換的缺點就是，政府的嚴控使得資金無法自由流動，很多資本可能看到這種控制就跑掉了，既不貿易也不投資。所以到了最後，三個目標還是只滿足了兩個。

一般來說，大多數國家還是把資金的自由流動看成重中之重，希望吸引外來資金促進經濟。不然光靠自給自足，很快就被動挨打了。因此，很少有人選擇這門野狐禪功夫；他們大多數不是選擇固定匯率派及其弟子匯率掛鉤派，就是選擇自由浮動派及其弟子骯髒浮動派。而政府的財政、貨幣及貿易政策，對這兩種匯率風格的影響是不同的。接下來，我們就來看看，政府的三種匯率調控手段究竟有什麼效用，而具體到各自門派上又有什麼影響。

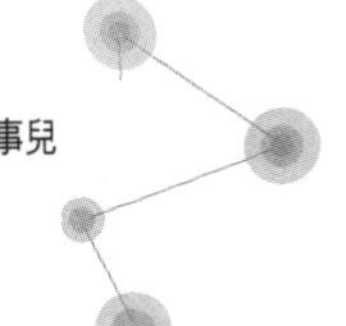

四、政府的三大招數

在決定了自己的匯率門派後，政府可以從三個方向影響匯率，這就是上文所說的財政政策、貨幣政策（*Monetary Policy*）以及貿易政策（*Trade Policy*）。其中，財政政策（*Fiscal Policy*）包括政府投資以及稅收；貨幣政策則包括利率、流通的貨幣總量以及貨幣管制；貿易政策則包括各種關稅等。下面我們就來詳細解釋，這些因素是如何影響匯率的。

***

在說這三種調控手段之前，我們首先要解釋一下匯率與利率之間的關係。利率表示一定時期內利息與本金的比率。由於利率通常由一國政府或中央銀行控制，因此利率也可被視為政府借錢時付的利息，而這個利息也就是貨幣的價格。

如果這樣看，那麼高利息的意思就是有人願意為你手中的錢付高價。比如，我現在想從你手中借*100*元。但如果我什麼都不給你，你會不願意借我，這樣等於我白用了你的錢。那麼，我究竟該給你多少錢合適呢？這時，你就該考慮，我借這筆錢究竟是做什麼用，以及我究竟要將這筆錢借走多長時間。如果我明天發工資，今天借錢只不過救急，那麼可能給你一、兩塊就好了。但如果我借錢是去他處搞一、兩年「資本

運作」，那麼利息估計就要狂漲了才行。因此，利息實際上就是告訴我們，我們究竟要花多少錢才能把一筆資金借走，而這也就是這筆資金的價格。

雖然對待價而沽的商人來說，高價總是比低價划算，但借去的錢使用方法和風險不同，那麼就沒法直接對比。雖然他處高風險「資本運作」的利息可能達到*50%*，但估計大多數人還是寧可選擇利息*3%*的穩定存款。因此，在對比利息時，大家必須使用一個座標，這樣才好橫向對比。如果兩個借款風險差不多，那麼待價而沽自然是正確的選擇。

利率就是政府借錢時願意支付的價格。很多時候，兩個國家可以被看作差不多保險，比如我們一般都不認為美國或者日本政府會破產，因此兩國的利率是可以對比的。在這種情況下，高利率就會吸引資金。比如，我們有*100*元錢想投資國債，而美國現在如果年利率是*3%*，而日本是*1%*。這也就是說，為了同樣一筆款項（*100*元），美國人願意比日本人多付三倍的價格。這時，資金自然願意跑到美國，因為同一種投資方式、同一個風險，美國的年收益額是日本的三倍。但是，此時商人們還要算計兩國的預期通貨膨脹率。因為美國人雖然說要付*3%*，但這只是名義利率，即表面上利息的貨幣額與本金的貨幣額的比率。如果我們預期美國的通貨膨脹率為*5%*，那麼我們借給美國人錢，其實最後還是虧本的，因為美元正在變得越來越不值錢。所以，只有在從名義利率（*Nominal Interest Rate*）中去掉通貨膨脹率，得出實際利率後，我們才知道，應該是借錢給美國人還是給日本人。

那麼假設即使實際利率也是美國高，這些商人就會決定把錢借給美國人。但在這些資金賺利息之前，他們還要把手中的貨幣先換成美元，這樣才好給美國人。於是，這些遊資就會爭先恐後換美元，而增加的需求會讓美元價格提升。這就是說，高實際利率也會造成匯率提升。同理，實際利率低的國家不招遊資待見，因為去了以後也賺不了多少錢。所以，如果一個國家實際利率低，遊資就會逃離，去尋找一個回報率更高的地方，而這會導致實際利率低的國家匯率降低。

利率和經濟息息相關。一般情況下是，利率越高，經濟就越差勁，股市也走低；利率越低，經濟越高速增長，股市也飆升。這其實和我們去餐廳吃飯沒有什麼區別。比如我來到一家日本料理店，這裡有各種各樣美味的壽司（貨幣供應），每份壽司也有相應的價格（利率），而我們的目標是填飽肚皮（需求）。這時，如果壽司的價位太高或者太低，對於我們消費者來說都是不利的。如果價格太高，我捨不得花錢吃（通貨緊縮），最後的結果就是大家寧死不吃，店鋪因為沒有生意倒閉。如果價格太低，10元自助，那麼我就會吃得太多（通貨膨脹），店鋪最後被我吃垮。因此，最理想的狀態，就是壽司價位剛剛好，我又能負擔得起，最後我吃飽，店鋪賺錢。

經濟也是一樣。如果利率太高，那麼大家就都不去借錢、也不去消費，都把錢存起來，這樣經濟就沒法運轉，貨幣就會越來越少，商品價格下跌，慢慢地大家看到做生意不賺錢，生產也就減少了；如此一來，等於需求帶動供應一起減少，結果就是形成經濟衰退。但如果利率太低，大家都去借錢，並把錢投入在各種各樣、越來越不靠譜的項目中，各種資產就會價值上升太快，導致各種專案最後都不賺錢，形成泡沫；

同時，老百姓手裡的錢也因為市場上流動貨幣數量的增加而變得不值錢，使得東西變得越來越貴。

由於以上這些原因，利率可以對一國的經濟發展產生舉足輕重的影響，而政府可透過這一方式來影響利率、調控經濟。

***

一個國家只有在需求和供應同時擴大的時候，經濟才能得到發展。如果只是需求擴大、供應不變，那麼物價就會上升（錢多貨少），造成通貨膨脹。如果供應加大、需求不變，那麼物價就會下跌（貨多錢少），造成通貨緊縮。兩種情況無論哪一種都不好，因為這說明經濟中供需沒有完全合拍。

這時，如果經濟的問題出在需求太少，那麼政府可以透過財政政策解決這個問題。財政政策指的是政府可以通過財政支出與稅收政策調節總需求。比如，政府可花錢大規模修路，這樣就需要雇用大量的勞工，不但能夠減少失業率，還能讓這些勞工賺到了錢後也讓錢進入銀行體系運轉起來。或者，政府可以選擇減稅，這樣老百姓到手的錢就多了，他們也會一樣把錢投入經濟之中，讓其運轉起來。由於失業率減少、稅收減少，國民收入就會得到實質性的提高，經濟也可以更高速的增長。

財政政策也能影響利率。如果政府增加支出或者減少稅率，那麼無疑等於政府花的多了或者賺的少了。這樣，政府就需要開源才能讓自己有錢可花（增加支出），並不至於開始有赤字（減稅）。政府來錢的方法也只有借債一條路。因此，如果政府決定增加支出或減稅，那麼他

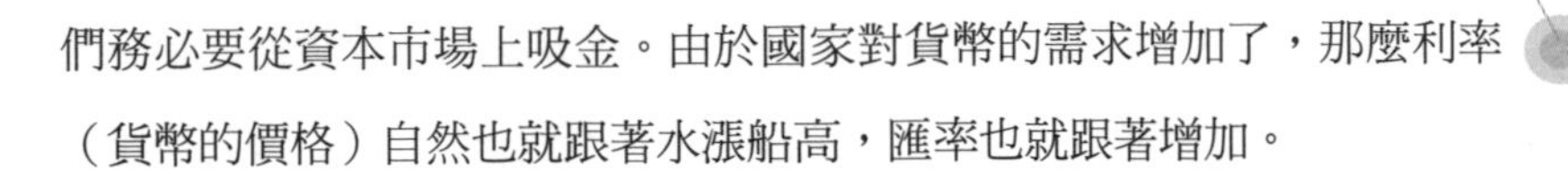

們務必要從資本市場上吸金。由於國家對貨幣的需求增加了，那麼利率（貨幣的價格）自然也就跟著水漲船高，匯率也就跟著增加。

但如果政府覺得現在自己欠錢太多，不利於發展，那麼政府也可以減少開支或者提高稅率，這樣等於政府花的少了或者賺的多了，開源節流。此時，政府這時候不需要原來那麼多的錢了。對錢的需求減少，利率自然下降，匯率也就跟著下降。

之所以有時也要削減開支，是因為一個國家欠債越多，越有可能還不起債，最後破產，讓投資者血本無歸。因為如果債務太多，那麼政府需要不斷提高利率才能借到錢，非常不實惠。

***

貨幣政策是指通過控制貨幣供給以及調控利率的各項措施；一個國家的貨幣政策則是由該國的中央銀行控制的。任何一個國家都希望自己的貨幣政策能夠達到三個目的：調控利率保持增長、降低通貨膨脹以及穩定匯率刺激投資貿易。要瞭解貨幣政策對利率以及匯率的影響，我們首先要瞭解，一個經濟體裡，資金是怎樣流轉的，以及銀行起的作用。

假設有10個人分別存了100元進入銀行。銀行拿了這些錢後，是要付給這10個人利息的。所以，銀行為了賺錢，一定要把錢貸出去，然後賺取存款和貸款利息之間的差價。銀行自然希望貸出去的錢越多越好，讓每一塊錢都能創造利潤。但是如果1000元全部貸款出去了，忽然10個人裡有一個人來提款急用，那麼銀行又該如何？如果不能把貸款催回來，連本帶息還給存款者，那麼銀行只能被迫關門了。

所以，銀行為了確保不會因為有人提款而倒閉，一定會自己留一部分錢在手頭以便周轉。同時，銀行還會買一些流動性很高的資產，比如債券，這樣萬一手頭的錢不夠，他們還可以把債券賣掉，換成現金用於周轉。

但是，銀行究竟留多少錢在手邊比較合適呢？如果這個決定由銀行決定，那麼他們自然還是希望留的錢越少越好，讓更多的錢出去產生利潤。同時，他們購買的債券數量也不會多，因為債券安全、流動性又高，這類資產的投資回報率相應就低。銀行要想賺取高利息，還得去支持那些風險較大的投資。這麼一來，銀行雖然手頭有現錢，也有債券，但是這筆款項的數量未必足夠應付經濟狀況。如果手頭留下*100*元的現金和債券，那麼一個人來取錢自己可以應付；但如果另外一個人看到前面有人提取，他也來取錢，那麼銀行還是只有倒閉一條路可以走。

在美國經濟大蕭條時，就發生過這樣的現象。由於銀行把太多的錢用於向風險極高的投資專案提供貸款，因此當大家去提款時，銀行雖然有點閒錢，但不夠應付這麼多提取。而銀行一沒錢，大家自然心裡更慌，都去擠兌，所以最後銀行只有倒閉，大家的錢也就徹底灰飛煙滅了。

為了防止這種情況的出現，現在銀行已經不能決定自己究竟要留多少錢。央行為了安全起見，會要求銀行必須留多少錢在手邊，也就是儲備率。比如央行要求銀行的儲備率必須達到*20%*，也就是說銀行每收到*100*元的存款，只能把*80*元用於貸款，剩下的*20*元要留在手邊以備不時之需。當然，這*80*元也不是想借給誰就借給誰；一般央行都會有規定，要

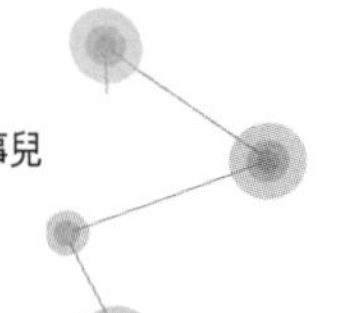

求銀行必須嚴控自己的風險，不要到時候錢收不回來再次倒閉。

銀行這80元借了出去以後，很少有人會把這個錢壓箱底，讓錢退出流通，因為這樣一來，你還得付利息，還不能讓錢再生錢，極度得不償失。即使那些騙貸的人，也不會壓箱底，而是會把錢揮霍一空。但不論是錢生錢還是揮霍，錢總不會消失。錢只要流動，最後的效果都一樣；無論我是把這80元錢用來支付設備工資，還是用這80元來吃喝，這80元總在流動，只不過從我的手裡轉向了他人手裡。但員工、機器設備商或餐廳老闆收到這筆錢後，他們這筆錢也還是會被他們存起來或者繼續花，但在整個經濟體系裡，這80元永遠在流動。

但是，每次流動，這筆錢都會少些，因為銀行永遠要留20%作為儲備。比如，我借了80元，把這些錢都吃喝了，此時餐廳老闆等於就多了80元。如果他把這80元存入銀行，那麼銀行扣掉20%的儲備以後，可以再讓64元出來流通。如此類推，最後100元所能產生的效應其實是500元（100+80+64+……）。

因此，銀行裡的貨幣數量的多少，以及貨幣流通的速度直接影響了一個經濟的發展。貨幣越多、流通越快，經濟發展的就越快。反之，貨幣少、流動慢，經濟發展也就緩慢。上述的儲備率就是央行控制銀行貨幣數量的手段之一。如果儲備率設定的高，那麼銀行留著後備的資金也就多，能出去流動的資金也就少了。除了儲備率以外，利率就是調節系統裡貨幣多少的緊箍咒。

而央行調節利率最直接的辦法，就是央行直接改變自己為銀行提供貨幣時收取的利息。這樣的話，如果銀行還想從這筆資金賺取利潤的

話，他們也要跟著漲才行。除此以外，央行也可以制定利率，讓銀行必須強制性執行，以此來硬性確定利率。

除此以外，央行還可以通過債券的發售來調控貨幣的多少。比如，現在一個人手中有100元的央行債券，這意味著這100元他借給了央行，央行怎麼用他不管，只要到時候給他利息就好。但如果央行這100元不用出去，那麼這100元就等於退出市場流通，也就無法產生500元的效益了。因此，如果央行希望減少貨幣流通的時候，就可以發售債券，之後把老百姓買債券的錢收起來，這樣市場上流通的貨幣就少了，貨幣就緊縮了。反之，如果央行希望增加貨幣流通，那麼就可以回購債券，用錢把這些債券再買回來。老百姓的債券變成了現金，就又可以開始在銀行系統裡轉圈、錢滾錢了。

當然，這些債券都是有利息的，這就是利率。債券的價格和利率正好是相反的。債券價格漲，利率就低；債券價格跌，利率就漲。只是為什麼呢？假如我現在買了國債，一年後到期，利率10%。這就是說，如果我現在借錢給國家100元，那麼一年後國家會還給我110元。但剛過了一個月，有一個人特別想投資國債，但此時國家已經不再出售國債了。於是，他想從我這裡買，並且出了很高的價格：105元。一聽到這個價格，我自然願意把債券賣給他，因為30天我就多得了5元，比等一年賺10元的投資回報率高多了。但這個人買到我的債券後，最後還要再等11個月，等債券到期。這時國家還是給他110元。但對他來說，利率就不是10%，因為他是用105元賺到了5元，利率只在5%上下。由此我們可以看出，市場上債券越受歡迎、價格越高，其利率也就越低。反之，如果我的債券被市場唾棄，但我又想出售，最後95元賣了，那麼接手的人就合適了；他最後用95元賺了110元，利率也就升至了16%左右。有些國家由於信用不好，債券利率高，這其實也是在說它債券的價格低，因為沒有人願意買。

如此一來，央行可以透過發售債券來調節利率。如果央行希望減少貨幣流通而發售債券，那麼等於債券的供應就多了起來，其價格自然下降；債券的價格下降，相當於利率變高了。而如果央行希望增加貨幣而回購債券，那麼債券的需求就多了起來，其價格自然上漲；債券價格上漲，相當於利率變低了。因此，當我們聽說央行要提升利率時，我們就知道央行其實是想減少經濟內流通的貨幣；當央行降低利率時，則是增加經濟內流通的貨幣。而貨幣流通量及利率對貨幣匯率的影響也是一樣。利率低、貨幣流通的多，匯率就低；利率高、貨幣流通的少，匯率就高。

除了利率和發行量以外，貨幣管制也是貨幣政策的重要組成部分。大多數國家並不執行貨幣管制，因為大家基本上都認為海外投資和貿易非常重要，因此希望資金能夠自由地流入國內。但是，有些國家為了匯率穩定，會限制資金流入國內的途徑，並會因此導致海外投資減少。這樣做的結果，就是貨幣管制會導致貨幣匯率下跌。

***

在三種調控手段中，貿易政策指的是限制進口外國商品的措施以及關稅，也是調控匯率中相對不起眼的一個。這是因為財政政策和貨幣政策主要藉由利率影響匯率；在開放經濟條件下，資本流動的規模非常

大，相比之下，國際貿易額要小的多，影響不可同日而語。因此，貿易政策對匯率變動的影響遠不及利率差異。

按李嘉圖的理論，任何形式的關稅都是一損俱損的事情。「勒納定理」也證明了，進口和出口是一根繩子上的兩個螞蚱，為進口品加關稅等於為自己的出口品加稅。但在現實生活中，貿易保護政策可以讓出口增加、進口減少。由於外國人更垂涎本國的商品，他們必須更大量地兌換該國貨幣，致使匯率上升。

***

對於四大匯率門派來說，財政政策、貨幣政策以及貿易政策的影響是不同的。

由於固定匯率和匯率掛鉤派國家的中央銀行允許任何投資者以固定的比率用外幣換取本國貨幣，所以當政府增加支出或減稅後，利率的提升會吸引大量外資湧入。這些湧入的外資讓經濟系統裡流通的貨幣增加，因此有減低利率的功效。如此一來，政府支出增加和減稅的功效基本上和湧入的外資抵消，中央銀行只要多印些鈔票就能保持匯率和利率的穩定。

在貨幣政策方面，如果固定匯率和匯率掛鉤派國家降低利率，發行了更多貨幣，那麼其貨幣就會有貶值的風險，遊資更是會拋棄正在貶值的本國貨幣，逃往外幣。這時，中央銀行必須收購這些拋售的本國貨幣、出售外幣，才能維持原定的匯率。

在貿易政策方面，如果固定匯率和匯率掛鉤派國家增加關稅，那麼

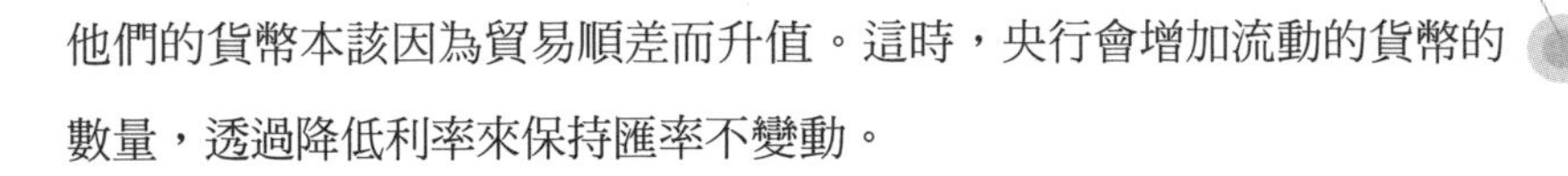

他們的貨幣本該因為貿易順差而升值。這時，央行會增加流動的貨幣的數量，透過降低利率來保持匯率不變動。

對於自由浮動和骯髒浮動派國家來說，當政府增加支出或減稅後，利率會提升，這時資金會湧入，造成匯率提升、出口下降。而當這些國家降低利率、增發鈔票時，貨幣的匯率則會下降，出口則會增加。當這些國家增加關稅時，一開始出口會增加並導致匯率上升，但之後由於匯率上升，貿易順差也會消失，所以增加關稅的後果是會導致貨幣增值。

由此我們可見，對於固定匯率和匯率掛鉤派國家來說，其匯率是其預先設置好的，因此在財政政策、貨幣政策以及貿易政策影響匯率時，國家必須透過央行干預市場、買入賣出本國貨幣以及外幣來維繫原定的匯率。當然，這些國家也可以用調控手段來維護自己原定的匯率。比如，如果有遊資攻擊匯率、拋售本國貨幣，那麼固定匯率和匯率掛鉤派國家可以藉由提升利率、貨幣緊縮來保護自己設定的匯率。

相比之下，自由浮動和骯髒浮動派國家則是隨波逐流，以不變應萬變。這雖然降低了固定匯率和匯率掛鉤派國家可能會遇到的央行干預市場不利的問題，但仍有一個致命弱點，那就是調控匯率的政策會使得其匯率如過山車一般，忽高忽低。低一些還好辦，但如果一個國家以出口為經濟增長點，匯率老是變得太高可就麻煩了；而且匯率浮動也增加商人和投資者的風險，這也就是為什麼一般只有實力比較強悍的國家才敢加入自由浮動和骯髒浮動派。一般需要依靠出口為主要經濟增長點、或者本身貨幣無法讓投資者產生信心的貨幣，一般都會找個靠山將匯率掛鉤或固定。

***

透過總結貨幣、匯率的本質，我們大概知道了匯率究竟是怎麼一回事。經過介紹四大門派和三種主要調控匯率的政策，我們大概也知道一般國家是怎麼處理匯率問題的，並知道究竟是什麼在讓匯率上上下下。

但要真正地瞭解匯率在現實生活中的意義以及匯率戰爭是怎麼產生的，我們還需要瞭解匯率的歷史意義，這樣我們才能知道，匯率究竟是怎麼來的，並能更全面的瞭解匯率對社會的影響。因此，在接下來的一章裡，我們要學習周董「回到過去」，只有瞭解了匯率在整個人類歷史的來龍去脈，我們才能真正知道匯率到底是個什麼玩意。

第二章

世界因我而不同——古代匯率戰爭史

從古至今，匯率自一出現，就在人類歷史留下了不可磨滅的痕跡，雖然在沒有貨幣的漫長歲月裡，連現代意義上的貿易都不曾有過，更不要提匯率了。即使在貨幣出現後的初級階段，現代意義的匯率也未出現，而這是主要是因為當時沒有遠行去交易的欲望和能力，因此也就沒有雙方都能認同為有價值的貨幣。匯率真正開始產生作用，是在貨幣發展了一段時間、貿易開始興盛的時候。但匯率不鳴則已、一鳴驚人，一出生就和「小皇帝」勒布朗· 詹姆斯一樣風華正茂。現在就讓我們追溯到貨幣初始之際，看看匯率是怎麼從有到無，成為一股左右人類文明的力量的。

匯率戰爭

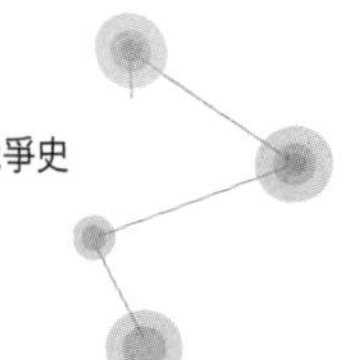

一、遠古匯率：貿易帝國

在中國和印度，最早使用的貨幣就是貝；中國現在很多和錢有關係的字裡，還能找到「貝」字的痕跡。這大概是因為當時的內陸地區貝的數量比較有限，因此貝作為裝飾品本身價值就很高。另外，貝和金屬不同，不需要煉製，直接從海邊撿來就能使用。而且，當時的交易量比較小，所以即使貝數量不多也足夠用。在中國，即使到了周代初期，經濟模式依然以自給自足的小農模式為主，貿易量很小。在這個階段，雖然有了貨幣，但易物也非常盛行，所以在周朝允許用幣帛一起納稅。就因為貨、幣兼用，所以在中文中我們依舊稱這種交易工具稱為「貨幣」。

再往後，大家會製造金屬了，於是金屬開始大量成為貨幣進入流通。金屬的好處是，除了滿足上述三個要求以外，還可以人工製造，因此不會像貝那樣，數量受到自然的限制。早期金屬的製造，依然有著濃厚的實用色彩。春秋戰國的三大貨幣中，布幣（農具，多出自中原農耕地帶商業中心）、刀幣（武器，多出自東北漁獵地帶，多為齊燕物）都脫胎於工具。

用了金屬，貨幣單位也從數量變成了重量。古書提到的賜金多少斤，其實說的是銅；銅之所以珍貴，是因為可以被用來製作工具，特別是武器（《國語·齊語》：「美金以鑄劍戟，試諸狗馬」），因此賞銅

不但是給錢，也是上面信任你不會作亂。一般來說，中國在春秋戰國之際，貿易還很有局限性，大多數交易都是在當地完成，因此鑄幣行為也都是各個城池自主安排。大多數城池同時有數種貨幣存在，有的貿易特別興旺的地方貨幣種類更多。但此時還沒有我們現在所謂的匯率，人們評估貨幣的價值，主要還是依靠重量和成色。

中國鑄造錢幣的時間大概和西方同步。西元前*600*年左右，小亞細亞（今土耳其）的呂底亞王國開始用貴重金屬鑄造錢幣，這被認為是西方最早的錢幣，而同時期中國周定王時期也已有錢幣了。和中國一樣，西方的希臘等地也是各自城邦單獨鑄造錢幣。不同的是，希臘人為了做生意滿世界跑；雖然當時他們世界的概念也就地中海一帶，但畢竟還是有了「跨國貿易」，這樣他們自然也就接觸了更多種類的貨幣。在這些最早期的國際貿易中，兩國商人在計算貨幣價值時，和中國一樣，以重量和成色為單位。

希臘人這個時期多用金幣。他們之後的羅馬人借鑑了這種模式，並加以發揚光大，同時發行了金、銀、銅三種不同錢幣，一直使用到了中世紀查理大帝時期（西元*8*～*9*世紀）。

中國雖然在春秋戰國也可使用黃金，但大多數黃金被用做儲備。只有楚國因為產金，所以發行了金幣。後來秦朝統一天下，貨幣也終於被統一，環錢成為唯一的官方貨幣，並在以後斷斷續續沿襲了兩千多年；其他交易物則被淘汰為裝飾品。秦朝還率先採取了金本位制，而後來漢朝取代秦朝後，也繼承了金本位的制度，以黃金作為儲存手段。

從此，幾乎全部的文明社會都已將貴重金屬設定為貨幣。同時，大家也已經有了遠行去貿易的能力。現代意義上的匯率也是由此興起的。

***

使用貴重金屬對當時的貿易很重要，是因為當時的國際貿易還沒到「當地消費」這一程度。在現代如果進行了一筆國際貿易，我們可以把外幣帶回中國，然後去銀行兌換成人民幣。之所以如此，是因為等著換外幣，然後去國外花的人很多。但遠古時則不同，他們長途跋涉一次不容易，而且一走就是一年半載，路途中又風險極高，可能因為各種可能性失去生命（盜賊、天氣、迷路、疾病）。因此這些遠行的商人們千里迢迢到達目的地後，當地的貨幣對他們來說價值不大；他們把這些錢帶回去，家鄉未必還有願意過來消費的人們，因此沒有什麼人會願意拿手中的當地貨幣和他們換這些異國他鄉的貨幣。

所以這種交易從本質上和現代的國際貿易還是不同，遠沒有倒鞋的中國人和倒電腦的美國人交換各種貨幣便捷。由於路途遙遠，當時的商人最喜歡的是兩個地方差價最多的商品以及在世界各地都能通行的貨幣，這樣他們榮歸故里後才能直接消費。所以，各地黃金以及銀子等貴重金屬的盛行，對他們來說正合適，可以直接往家搬，搬回去就能花。

漢朝繼承了秦朝的基礎，在國內繼續流通銅錢。但是在國外貿易時，漢朝人使用的貨幣則是黃金。和現代一樣，當時外國的進口品也比較稀罕、價格很高，因此最早消費外國奢侈品的是上層階級。在封建社會，最上層的就是皇帝，所以中國最高級的異國奇珍異寶都是上貢漢代皇帝的。這些專供皇帝使用的外國貨物種類也很多，計有大宛寶馬、明珠、印度寶鏡等。但和今天不同，當年不購買國貨被認為是一件很光彩

的事，因為透過國際貿易我們引入了好的洋玩意兒。《鹽鐵論·力耕篇》就說：「汝漢之金，纖微之貢，所以誘外國而釣羌胡之寶也」。但究竟這番言語是深思熟慮之後的肺腑之言，還是「磚家」在猛拍皇上馬屁，就不得而知了。

此時，和中國做生意的對象包括西域諸國，其中有中東的安息國（即波斯帝國），以及更遠的大秦國（即羅馬帝國）；另外還有南越、印度、錫蘭等地。除了購買奇珍異寶以外，中國人還喜歡購買玻璃，因為當時我們還不會製作玻璃。而我們輸出的貨物主要是絲綢，貨不夠置換玻璃的時候，就用黃金填補（如果現在有時光機器，我們現在用人民幣去施華洛世奇掃貨，再去漢朝換金子，估計很快就比蓋茲有錢了）。等絲綢到了羅馬之後，對方付出的除了貨物外，支付的貨幣也是黃金。由此可見，在當時黃金就已成為了世界通行的貨幣。

雖然是同一種貨幣，但當時羅馬和中國的金價其實並不相同。中國金價相對便宜，而銀價則相對高；當時金銀的比率大概是一比五。而羅馬的金銀比率大概是一比十五。因此除了在兩地做倒爺賣玻璃、絲綢以外，炒匯也是一個收入頗豐的選擇。當時東西的貿易基本上被波斯人所壟斷，而中國和羅馬之間的金價價差也被他們所利用。和其他中東以及中亞的國家一樣，波斯當地使用的是銀幣；這樣一次交易下來，他們能夠透過向漢朝銷售玻璃以及奇珍獲得暴利，賣絲綢到歐洲又能賺一筆。更妙的是，波斯人把中國的金子帶到羅馬，換成銀子後，銀子等於憑空多了三倍，因此利用中歐兩地金價的差額，光藉由倒貨幣他們還能多賺取三倍的利潤。這種利用兩地貨幣的差價大賺特賺的行為，是黃金白銀通行的這一千多年裡的主題。當時在波斯占有統治地位的帕提亞帝國能夠成為一個和羅馬帝國勢力不相上下的大國，很大程度上是得益於中歐兩地源源不斷的黃金白銀，以及中間的高額利潤。但利用倒貨幣發家的，帕提亞帝國是第一個，卻不是最後一個。

由於外貿數額逐漸增大，中國的金子消耗了很多，多用於和波斯的海路、陸路貿易，以及和拜占庭的陸路貿易。西漢後，海上貿易更加盛行，即使到了兩晉南北朝這樣的亂世，貿易也不曾停止。由於貿易昌盛，中國後來不但金子少，銀子也少，金子都給了用金幣的拜占庭，而銀子則給了用銀幣的波斯。

後來由於生產絲綢不再是中國人的專利；為此，我們也開始經營多樣化，基本上什麼都做，貿易額越來越大。在之後的很長一段時間裡，由於國內戰亂不斷、貨幣混亂，加上各種國外金銀幣貨源充足，中國很多地方甚至只願意用外國幣，而不收本國錢，以免因為國內貨幣不靠譜，造成貶值。從這一點上看來，中國的貨幣政策已經有了近代美元化的風範，主動將自己波斯化、拜占庭化，以避免貨幣失去價值。

***

對外幣的依賴一直延續到了隋唐，是大唐盛世的出現改變了這一局面。唐朝政權穩定後又開始統一規格鑄造銅錢，因此銅錢再次成為國內的貨幣。但在和西方貿易時，對方仍要求用金銀支付，因此金銀依然是中國外貿時使用的貨幣。中國從此又回到了雙軌制：銅對內，金銀對外。

唐朝的金子很多，一部分是來自北方黑龍江一帶的開採，另一部分則是來自海上貿易。當時唐朝的主要貿易夥伴有波斯、印度以及本身產金，素來以多金聞名的南洋及大食國（即阿拉伯帝國），所以金子滾滾而來，根本不成問題。唐朝的銀子也經常被拿來當對外貨幣使用，這主要是受中亞影響。中亞地區銀子很多，因此流通的也是銀製貨幣。唐朝在與他們交易時有時投其所好，直接付給他們絹帛，而在絹帛不夠時就會用銀子來計算。

唐朝外貿路途很多，像波斯、大食等國既有陸路貿易，也有海路貿易，嶺南、福建、揚州等地皆有外商，都城長安也有不少，但其中廣州人數最多。即使到了唐朝後期國力衰退之際，廣州的外國商人仍數以萬計。據說黃巢攻陷廣州時，被殺的回教徒、猶太教徒、基督徒、拜火教徒就有*12*萬人。而福州則是中日貿易的中心。

唐朝的國勢是如此之盛，以至於除了金銀，波斯和日本以及西域諸地也可直接使用唐朝銅錢結算，因為這些商人意識到他們日後反正還要回長安消費；從這裡我們可以看出，這時的唐朝已經有了中美鞋和電腦貿易時匯率結算的雛形了。另外，唐朝銅錢也作為官方貨幣在這些國家流通，這就等於扭轉了當年的局面：中國不再被別人波斯化、拜占庭化，而是外國開始被大唐的銅錢「唐錢化」。另外，唐朝使用的匯票「飛錢」更是已有了紙幣的雛形。

但在匯率方面，唐朝最大的成就恐怕就是將其職業化，並利用匯率獲得了大額的財富用於支撐起這個巨大的帝國。當時的長安為唐朝的政治、文化、金融中心，是各地外商嚮往之地，很多外國商人直接長期駐紮在皇城裡。而當時的匯率不規範，每個外國商人從本地帶來的貨幣自然各有不同；另外，即使是中國本地人貨幣也不一定就一樣，因為唐朝的貨幣是由各地的鑄幣局負責製造的，沒有中央統一的規格。這樣一來，長安城裡充斥著各種各樣的貨幣，龍蛇混雜，因此使得當時就開始有專門從事兌換行業的商人組織以及金銀店從中漁利。而這些商人透過匯率賺取的利潤，就像血液一樣，在中國境內不停流轉，創造更多的財富。

雖然獲取的財富同樣驚人，但唐朝時的兌換和波斯人的手段有著很大不同。在漢朝時，金銀更像是貨物，波斯人套利的方法和利用貨物差價賺錢沒什麼區別；而唐朝的兌換是由於各國貿易頻繁，此時的金銀更像現代意義上的貨幣（即我拿了外國的錢是因為將來我出國消費比較划算），因而這些貨幣的兌換和換算也更像現代意義上的匯率。

除了唐朝以外，另一個藉由匯率獲得極大利潤的國家是阿拉伯帝國。統一了中東地區的阿拉伯取代了波斯人成為唐朝與西歐貿易的仲介。西歐當時生產力比較低，查理大帝時期雖然可以透過阿拉伯仲介得到中國貨物，但只能輸出金銀而無產品，因此阿拉伯人做生意的利潤極高，從中國倒騰些東西過來就能換到金子，穩賺不賠。除了貿易的巨額利潤以外，阿拉伯人繼續利用中國銀貴金賤、歐洲金貴銀賤的傳統從中大發橫財。匯率產生的利潤是阿拉伯文明興盛的重要支撐點之一；依靠著貿易和匯率產生的財富，阿拉伯人打造了和唐朝不相上下、歐洲人難以望其項背的巨大帝國。

***

雖然，匯率是締造帝國的一大功臣，但在此時仍是一種籌募資金的手段，和貿易並無本質上的區別，其對經濟的重要性還不能完全體現。匯率真正開始展露其能興國、能亡國的真面目，是在宋朝。而其不幸的受害者，是金國；它成為匯率擊潰的第一個帝國。

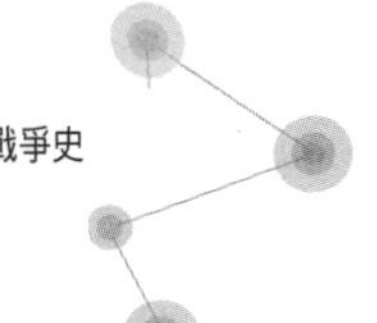

二、第一場匯率戰爭：比將軍更強大的紙幣

俗話說天下合久必分、分久必合，唐朝也不例外，最終盛極而衰。所謂成也蕭何、敗也蕭何，唐朝雖然靠和胡人貿易發了財，但敗也是敗在安祿山、史思明兩個胡人手裡。中國由此開始進入亂世，外貿生意雖然還在做，但已不是核心，因為對老百姓來說，還是活下來比較重要一些。再說五代十國中各國都發行了不少貨幣，搞定自己國內的匯率換算都難，更不要說影響國外了。

但趙匡胤創建的宋朝對當時混亂的時世很難說是一劑猛藥。宋朝雖然文化興盛，但征戰真的不是外族的對手。在貨幣政策方面，北宋貨幣體系複雜，有紙幣、銅鐵錢、白銀在國內同時流通，而且各個地方各自為政，都發行不同的貨幣，只有銀絹為全國通行。因此在匯率方面，宋朝初期的主要精力放在了解決內部矛盾上，大家都想利用國內匯率的不同發財。

唐朝貨幣的兌換，本來已有現代貨幣兌換的雛形，但到了宋朝又被打回原形，貨幣還是被當作貨物來看待。如宋太宗太平興國年間，兩川的法定貨幣是鐵製錢，但當地銅價很高，因此商賈爭以銅錢入川，把銅錢直接當作銅來賣掉，然後在當地再換成鐵錢，拿出去流通。

由此我們可以看出，宋朝雖然保持了唐朝很多的傳統，但兩個朝代

的運營方向實在有很大不同。比如宋朝依然保留了唐朝的金銀交引鋪，負責金銀、紙幣等不同貨幣的兌換，但唐朝設立金銀鋪，本來是為了解決外貿帶來的問題，而宋朝設立金銀鋪卻主要是為了解決國內問題。

宋朝不如唐朝強勢也體現在其銅錢的下場上。和唐錢一樣，宋錢也有自己的宋錢區，比如非洲、印度、南洋等地。但更多的時候，他國使用宋錢並非因為宋朝國力強盛、萬國來朝，而是因為外國把宋幣當成貨物進口，直接買來作本地錢幣使用，其中最明目張膽的就是日本。因此導致宋朝銅錢嚴重流失，以至於銅錢剩下沒幾個，在國內的購買力遠勝其他貨幣。

但宋朝在貨幣政策上也不是一無是處，至少北宋發行了世界上第一種紙幣：交子。但交子即使在國內流通也不甚廣，更不要說國際上了；外國人跑到中國來不換金銀絹帛，只拿走一堆紙，豈不是形同入寶山而空回？因此，當時宋朝外貿還是以貴重金屬結算為主。和唐朝金銀並重的手法不同，在宋朝外貿一般用白銀結算，而且白銀的價格一直頗為穩定；相比之下，宋朝的金價則奇高，因此外貿時很少用上，多做儲備用。宋朝之所以選擇使用白銀，說起來還有些悲哀。如上所述，在西域白銀是國際通行的貨幣，而遼、西夏由於要和西域做生意，因此武力強迫宋朝每年進貢時都付出白銀，而白銀也就如此糊裡糊塗地成了宋朝的主要外貿貨幣之一，大多數不垂涎宋朝銅錢的國家都接受白銀。而像阿拉伯這樣有自己貨幣系統的國家，國際貿易則仍用傳統的金銀絹帛結算，不過此類交易的比重比原來少了很多。

兩宋長期使用白銀，使得白銀價格穩定，不但不通貨膨脹，甚至頗為保值，和紙幣等貨幣形成了鮮明的對比。白銀價格大致穩定，是因為宋朝藉由出口獲得了為數眾多的銀子。此時金銀價格的比率保持了原有的趨勢，在歐洲為一比十二，在中國和阿拉伯則都是一比六左右，故雙方都願意用銀子結算：歐洲人付銀子便宜，中國人得到的銀子國內價高。這樣一來，中國出口換回來的大多數是銀子。比如中亞素來盛產白銀，歐洲*12*、*13*世紀產銀也很多，但兩地後來銀子都緊缺，據估計這些銀子可能都流入了大宋子民的囊中。

而阿拉伯素來不缺黃金，相比之下銀價較高，據說這是因為當地銀子較少的緣故。但後來阿拉伯的銀價實際上是下跌了，金銀價格的比率從一比六下跌到了一比十。很多分析認為，這是因為阿拉伯透過代理貿易獲得大量白銀，而銀子的數量甚至能夠影響到當地金銀比率，由此可想像這幾百年中阿拉伯獲得的白銀數量之多。這許多白銀中，有很多是阿拉伯為中國做歐洲貿易仲介時得來的抽成，以及從匯率中獲得的利益。做倒爺做到這個地步，真是做到極致了。

宋朝大量使用白銀結算而不是用金子，主要還有一個原因，就是上面提到過的：宋朝的金子太貴。金子貴是因為宋朝紙幣通貨膨脹太嚴重，大家都想存著金子保值。再加上亂世黃金之說盛行，因此兵荒馬亂的宋朝有錢人都願意留著點金子，以便逃難時備用。因為被所有人攢著，金價自然居高不下。除此以外，黃金還有別的用處，比如打造招納信寶，免費發放給金國的宋朝老兵，以此來做他們的路費和招降的信號。這樣一來，宋朝自然更沒有剩餘的黃金來做貿易。

這種局面一直維持到南宋。當時日本由於政府信用陷入低谷，因此

大家都不接受官方銅錢，而既有的宋錢又不夠用。無奈之下，日本只好再次從宋朝進口銅錢以作國內流通之用，而日本人拿來交換的則是他們的特產：黃金。由於日本源源不斷地輸入黃金，打造中日兩國一衣帶水的偉大友誼，因此南宋的金價開始大幅下降，但依然未做流通之用，大家還是攢著，以備不時之需。

雖然貿易和匯率為宋朝帶來了大量的利潤，補充了遼和金國搶掠造成的損失，但宋朝對待海外貿易的態度遠沒有唐朝開明。由於宋朝有了紙幣，而有紙幣的國家一般都管不住自己印錢的欲望，因此宋朝也通貨膨脹嚴重。但很多人意識不到這個問題，反而怪罪外國人用些廉價商品換走了我國的真金白銀，並造成銅錢流失，因此宋朝最後禁止了海外貿易和貨幣外流。但僅僅是因為比不上唐朝，不能貿易、不能利用匯率賺錢，並不代表宋朝的匯率就不能在歷史上寫下濃厚的一筆。實際上，歷史中第一場匯率戰爭，就是在南宋時打響的。

***

話說北宋打仗打不過遼、西夏也就罷了，頂多是割地賠款，拿錢擺平即可。但後來出了一個遠比遼國兇狠的國家，金國。宋、金本來還是盟國，兩國聯手攻打遼國，結果金國大勝而宋朝大敗，最後金國滅掉了遼國，並且得隴望蜀，順手又滅掉了北宋朝廷。雖然此舉是千古名句「靖康恥，猶未雪」的創作源泉，但對於當時的宋人來說，卻未免殘酷了些。

宋朝當權派跑到江南組織了南宋小朝廷，開始了與金國百餘年的周旋，時戰時和，勝少敗多。熬到最後，不僅要向金國俯首稱臣，還要認

「賊」做叔，自比侄兒，每年貢獻金銀財寶，終於再次用喪權辱國為代價，達到了苟延殘喘的目的。

南宋雖然打仗不行，但做生意卻是行家能手。不但繼續著海外貿易，本地商業也甚是發達，由此一來，金融知識和手段也得到了發展。早在北宋，人們就已經意識到，發行貨幣應該是國家行為，蘇轍就說：「錢幣國之所為也，故發而散之於民」。而南宋最了不起的地方，是將其付之於行動。南宋發行的「會子」是世界上第一種可以全國流通的紙幣。但財政知識行，不代表財政也行。因為連年征戰，不打仗時也需要進貢，並且小朝廷本身貪污腐敗嚴重，南宋財政時常捉襟見肘。於是，他們採取了一個任何發行紙幣的國家都會嘗試的解決方案：通貨膨脹。紙幣由於製造成本低廉，印刷起來更是方便，小朝廷也嘗到了甜頭，拿紙換錢是一件多麼爽的事！再加上當時沒有防偽標記，假的會子也滿街都是，於是市場上流通的貨幣數量越來越多，貨物卻不見多，物價日貴。

但南宋小朝廷還是有經濟常識的。他們雖然知道印紙換物很爽，但不能過火，鈔票的主要目的還是為了流通以促進商業，這個常識在北宋時就已有人知道，博學的沈括就曾寫道：「錢利於流借。十室之邑，有錢十萬而聚一人之家，雖百歲故十萬也。貿而遷之，使人饗十萬之利，遍於十室，則利百刀矣。遷而不已，錢不可勝計。」因此，他們的通貨膨脹雖然仍在繼續，但還是比較有節制，不至於民不聊生。

金國人要說打仗，那的確是厲害，基本上是橫掃所有敵手。而金國的經濟，應該說最穩定的就是早期，以打仗為生的時段。當時他們基

本上自己沒什麼生產力，主要靠戰利品過活，等於每過一段時間能從天上掉餡餅，憑空（當然對那些被搶的漢人來說不是憑空）獲得一大筆財富。因此，金國在早期經濟發展甚快，而且也沒有通貨膨脹。

但金國征服了大量土地後，開始需要治國了。由於要和外國貿易，他們也使用銀子。而國內流行的則是銅錢，主要來源是繼承遼國的錢幣、從宋人手中獲得，或者和日本人一樣四處購置。但宋錢流失太過嚴重，因此金國流通的銅錢也不夠。同時，他們發現南宋用紙幣搞得有聲有色，於是決定自己也來東施效顰，並發行了「寶券」在國內流通。

但紙幣就好像喝酒一樣，少喝一點是很好的，所謂小酒怡情。但不是每個人都有自制力。很多人只要試了一次，就不禁想試第二次，而且越喝越多，直到喝的最後滿地找牙，甚至喝到自己玩完為止。印鈔票也是如此：南宋好像一個學過飲酒危害的人，知道過量飲酒有害健康，雖然不免喝得飄飄然，但還能把持自己。金國因為沒有貨幣的理論基礎，所以好像一個只看到別人喝酒、於是自己也想喝的人，喝了一肚子酒，卻不知道喝酒太多就會致命。

就這樣，金國慢慢迷戀上了紙幣，在中後期流通的紙幣越來越多，很快和南宋一樣，通貨膨脹開始抬頭。但金國不知道節制，還是該怎麼花錢怎麼花錢。想打仗但國庫裡沒錢？印紙幣就是。於是，每一次開戰，金國都會大印紙幣。這樣做的結果可想而知：過多流通的紙幣使得金國貨幣在後期貶值嚴重。於是，能使用銀子或銅錢交易的民眾，一般都會盡量避免紙幣，以免自己的辛苦錢因為金國統治者的野心而在瞬間灰飛煙滅。甚至有的民眾開始把財富向南宋轉移，因為那邊雖然也通貨膨脹得厲害，但相對程度較低，另外南宋的經濟更發達，錢更容易生錢。

所謂匯率戰爭，其實說白了也就是這麼回事：讓你自願地把用一種貨幣保管的財富，轉移到另一種貨幣去，以此兵不血刃、合理合法地剝奪一個國家的財富。匯率戰和一般掠奪不同的地方在於，它不會明目張膽地燒殺擄掠、實行「三光（搶光、燒光、殺光）」政策，而是讓所有人從自我利益出發，心甘情願地把自己的財富從一個國家轉移到另一個國家，從一種貨幣轉移到另一種貨幣。而人們之所以願意這麼做，不外乎一開始講的那兩種理由：希望透過兌換貨幣獲得更多的財富，或者獲得更多的安全感。南宋政府為了自保，不願意通貨膨脹太嚴重，毀掉經濟。但金國倒行逆施，通貨膨脹嚴重。於是匯率戰爭的兩個條件齊全了：向南宋轉移，可以獲得更多的財富，也更安全靠譜。於是金國的財富開始不斷流失，最極端的民眾甚至乾脆捲了鋪蓋直接搬到南方。

而在金國，沒有貨幣控制、一味印紙幣的結果，是國家經濟陷入惡性循環。每打一次仗，就又多了許多紙幣，使得貨幣貶值。而貨幣越貶值，人們就越不信任它，越願意用銀子、銅錢結賬，而這份不信任以及對未來的預期（以後還會打仗，紙幣會越來越多）就使得紙幣的價格越來越低。而紙幣價格越來越低，就更促使人們把自己的金銀財寶運到通貨膨脹較低的南宋去保管，也就更有人願意跑到南宋去生活。而這些跑到南方生活的人還帶過去了自己的生產力，使金國失去了他們以後產生的價值。再加上流失的金銀財寶等貴重金屬，這意味著金國國內由於生產力喪失，能夠用貨幣換來的東西越來越少，同時由於金銀珠寶的喪

失，能夠換來的價值也越來越少；由此導致了貨幣變得更加不值錢，於是政府就更需要印更多數量的貨幣來維持運轉和戰爭。

由此周而復始，相當於南宋透過自己穩定的經濟一點一滴地吸引來了金國的國力和財富，使得金國越來越衰弱。這並不是南宋政府有意為之的長期抗戰策略。如果這個真的是政府的策略，那麼這*100*多年熬下來，那真是歷史上最持久的持久戰。但實際上，南宋這樣做的原因是因為他們懂經濟，於是在保護自己的同時，順手打擊了一下不懂經濟的強大對手。

在長期被南宋吸血之後，要擊潰金國需要的只是那最後一根稻草。但南宋可謂國力輕如鴻毛，連稻草都比不了。幸好（其實也是不幸）這時出現了鐵木真領導下的蒙古國。這個一直被金人欺凌的民族終於團結一致，並形成了一支攻無不克的軍隊。面對這樣重如泰山的「稻草」，金國就算背再硬也扛不住。經濟的薄弱，使得金國根本沒有實力和蒙古殊死一搏，只得節節敗退。

但金人打仗畢竟還是一把好手，瘦死的駱駝比馬大，憑金國的國力支撐一下還是沒有問題的。而且如果後院不起火，一開始持久戰，金國和後起之秀蒙古究竟鹿死誰手還是個未知數。但金國糟糕就糟糕在自己真的後院起火了。

僅僅是戰爭的失敗，還不足以壓垮金人，畢竟人家底子厚。但他們壞事就壞事在蒙古人和宋人達成了聯盟，一致攻打金國。南宋人繼續了他們羸弱的傳統，屢戰屢敗。但是，南宋的穩定貨幣在此時對可能面對滅頂之災的金人來說，吸引力已經大得無以復加了。

因此，蒙古人給金人最嚴重的打擊，不是戰爭上的勝利，而是擊潰了金人對自己國家經濟的信心，而南宋就是蒙古人裡應外合的幫手。因為和蒙古人打仗，金國印了越來越多的紙幣，貨幣貶值幾乎到了天文數字的地步。為了保護寶券的價值，金國政府禁止銀子和銅錢在市面上流通；但即使是法定貨幣，如果貶值上萬倍，人們誰會用它來進行交易？而資產向南宋的轉移也開始飛快加速。銀子和銅錢反正在金國國內也用不了，人們又多了將貴重金屬移送到南方的動力。除此以外，禁止銀子和銅錢的另外一個結果，是金國的經濟完全崩潰，所有商業行為一夜間垮台。人們不再生產任何非生活必需品，生產了也沒有買賣，都是自我消費。而生產其他貨物的人們則開始逃難，希望在南方找到安逸的生活。由於國家內部土崩瓦解，金國的士兵潰不成軍，更何況他們也知道，反正贏了也不發錢，回家也沒飯吃。就這樣，金國很快就被蒙古人滅亡了。

宋蒙聯手，表面上看南宋還是不長進，打金國的體力活都是蒙古人幹的。但實際上，南宋維護了相對穩定的貨幣，造成了宋金之間的匯率危機，使得金人四處逃難、無心戀戰，這才是真正的釜底抽薪，是對金國崩潰的致命打擊。

***

南宋為了穩定自己政府進行的這場匯率戰爭，是歷史上第一次大規模的貨幣之間的比拼。雖然這多半是無心插柳柳成蔭，但從中可以發現日後匯率戰爭的影子。所有經濟中強勢的一方，最終獲勝的法寶都只有一個：用自己的資源和財富擊垮對方經濟體的信心，而匯率的一瀉千

里，不過是體現了這種信心的喪失。如前面講的，經濟和貨幣之所以能夠存在，全在信心二字；如果信心沒有了，那麼所有的一切都會灰飛煙滅，好像金國一樣；當然，如果對方能夠自掘墳墓，又有蒙古鐵騎推波助瀾，那麼自然效率加倍。

但南宋的匯率戰爭畢竟不是有意為之，他們並沒有後招，也沒有計劃金國崩潰了後該怎麼辦。這樣沒有長期規劃的小朝廷的結局可想而知。蒙古人不會再等*100*多年，讓南宋慢慢搞垮自己，他們勢如破竹，很快將南宋變為了自己諸多戰利品之一。兩種紙幣之間的戰爭雖然幫助宋人雪了恨，但最後的結果卻是協助蒙古人滅掉了金宋兩國，建立了當時世界上有史以來最龐大的帝國。

然後，紙幣帶來的崩潰，並沒有從此而止。蒙古人很快也愛上了印鈔。蒙古人的帝國橫跨歐亞大陸，因此國際貿易減少；當年很多的國際貿易，現在都成了蒙古境內的國內貿易。於是當時蒙古境內的兌換業，相當於宋朝各地不同幣種的兌換，並且受政府管制。元朝兌換業集中在銀鋪，銀鋪同時負責金子和銅錢的兌換，但各種貴重金屬都被禁止出口。

在中國境內，元代發行了數種紙鈔作為官方貨幣，其中以中統鈔最為長久，至元鈔則是歷史上第一個並無替代券性質的紙鈔。受帝國中亞地區流通白銀的影響，元代彙集了大量白銀在國庫中，形成了形式上的銀本位，把銀設立為貨幣單位基礎。元朝儲藏了大量銀子，做帝國國庫儲備之用，同時在全國境內禁用銅錢。但是政府允許銅錢出口日本，因為日本人還是願意用黃金換銅錢。元朝紙幣非常興盛，把遠道而來的馬可·波羅都震到了。而日本、朝鮮、印度等都模仿中國用紙鈔。

元朝人很早就意識到，無限地發行紙幣看上去很美，但可能是一場災難性的行為。當時的學者許衡就譏諷道：「夫以數錢紙墨之資，得以易天下百姓之貨，印造既易，生生無窮，源源不竭，世人所謂神仙指瓦礫為黃金之術，亦何以過此。」（《許文正公遺書》卷七《楮幣劄子》）。誰也不是傻子，政府再說紙幣值錢，貨幣多了人家也不相信，怎麼會讓你活扒皮？但這卻沒有阻止政府飲鴆止渴。元朝早期雖然努力穩定紙幣，但江山易改、本性難移，很快元朝就開始藉由大量印刷紙幣來籌集各種軍費。元朝的第一個目標是宋朝滅亡後就不來朝貢的日本，但因為「神風」颳翻了所有戰船而作罷，但這次戰爭也把日本人嚇得夠嗆，日本也因防備蒙古人而幾乎破產。之後，蒙古人又透過通貨膨脹攻打緬甸、安南、雲南等地，以至於民不聊生。經濟破產加上中原人反對外族統治，蒙古人的帝國在不到百年後就灰飛煙滅。

***

至此，中國的外貿已有了近千年的歷史，從早期的初級貿易，到中期的大唐盛世，再到後來專精生意的宋朝，匯率在中國也經歷了諸多階段：最先是世界通行的貨物，到了唐朝略有現代貨幣的風采，而到了宋朝雖然貨幣的意義褪色，但紙幣卻陰錯陽差地成為擊敗敵人的制勝法寶。但遺憾的是，從此中國的貨幣和匯率停滯不前，循環往復，貨幣和匯率也不過是這些作用而已。真正領導貨幣和匯率進入現代社會的，反而是近千年一直以來發展落後於東方的歐洲人。

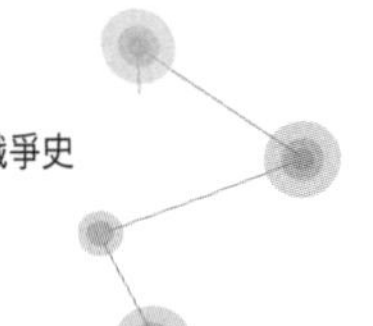

三、窮人的孩子早當家：歐洲現代匯率的崛起

如果在西元*1000*年的時候設立一個賭局，讓人下注賭一賭誰將為下一個千年的地球文明開創現代金融業，估計誰也不會選擇歐洲人。但世界上的事就是這麼有趣，當時的阿拉伯和中國相繼衰敗，歐洲人後來居上，開創了現代金融業，再次證明了窮人的孩子早當家這個真理。現在我們就學習《藝術人生》回顧一下，看看歐洲是如何一路走來的。

***

歐洲文明在希臘、羅馬時期達到鼎盛，但自從羅馬被「野蠻人」所攻陷，就一直在走下坡路，並很快步入了黑暗的中世紀。在貿易方面，這段時期他們的特色就是生產不出什麼好東西來，但還是想要外國的好東西，於是只能用金銀換。

這樣的情況一直堅持到了中世紀後期，由於長年貿易逆差，歐洲這只駱駝也被稻草壓趴下了。此時的歐洲金屬奇缺，如此一來不但沒有錢去購買來自中國的高級奢侈品，自己境內的交易也因為貨幣短缺而受到了影響。於是為了解決本國的經濟困難，歐洲大陸的人們開始集結軍隊，踏上了掠奪他國財富的道路。

所謂近水樓台先得月，首先遭到他們入侵是他們的近鄰——因為貿易而富庶的阿拉伯人。歐洲人以要奪回耶路撒冷聖地的名義發動十字軍

東征，沿途燒殺搶掠，無惡不作。但是阿拉伯人當時國力很盛，歐洲人雖然也有斬獲，但長期打來打去，最後沒有占到什麼便宜，只得灰溜溜地回老家。但其中也不是沒有獲益者，運氣好的一部分人還是得到了不少錢財，其中就包括在《達文西密碼》、《傅科擺》、《天國王朝》、《印第安那·鐘斯》等著名作品中都屢次提及的聖殿騎士團。

聖殿騎士團是因為東征而起家，他們藉由掠奪獲得了不少財富，最後當各位騎士各回各家後，他們在當地都成了大地主，同時還向周圍百姓以及統治階層放債，成為中世紀歐洲的「劉文彩」，被眾人視為地痞惡霸。然而團結力量大，聖殿騎士團遍佈歐洲的勢力加起來，甚至和教會一時瑜亮。但好景不長，因為太有錢外加為富不仁，聖殿騎士團後來被統治階級抄了家，全部騎士嚴刑逼供後處死。但統治階級最後只得到了騎士們傳說中巨額財產的一小部分，剩下的不知道都哪裡去了，而這個謎團經久不衰，所以直到今日還是諸多著作的創作源泉。

雖然有的人從事了「山賊」這份很有前途的職業而有了點氣勢，但這些有了點小錢的歐洲人知道自己其實還是入不敷出，需要繼續發展，但關於該如何繼續發家致富卻形成了兩派不同的意見：一派文、一派武。其中武派以西班牙人、葡萄牙人為代表。他們的指導思想是，我們不是打不過阿拉伯人嗎？那麼我們不妨遠渡重洋，看看大洋彼岸是不是能夠找到金山銀山，然後搬回來。

這幫人還真是走運，金山銀山真的被他們找到了。本來想繞過阿拉伯直接去印度、中國的西班牙人來到了美洲，而這裡有的是金子、銀子。更妙的是，由於當地的金銀太多，當地人根本對其不屑一顧，只把

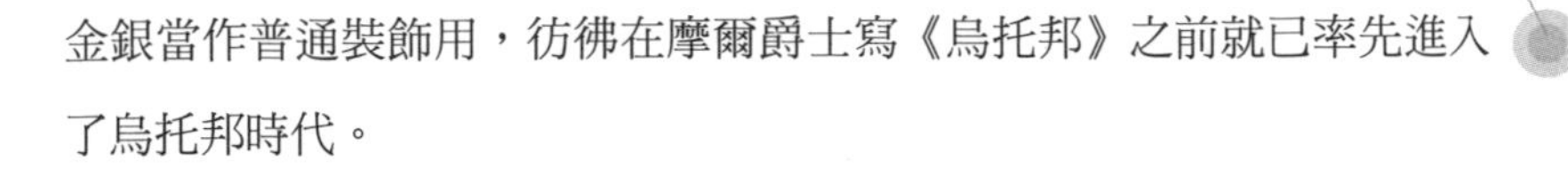

金銀當作普通裝飾用，彷彿在摩爾爵士寫《烏托邦》之前就已率先進入了烏托邦時代。

當地人不但金銀多，發展的也不錯，甚至有了阿茲特克、印加一樣的城邦及帝國，但他們打仗卻完全不在行。這裡的關鍵，在於美洲不比歐亞大陸，天生沒有馬匹。這樣當地人軍隊人數再多，也不是擁有馬匹的歐洲人的對手，甚至一看到馬就害怕，還以為是神獸。*1532*年*11*月*16*日，西班牙遠征軍領袖皮薩羅如入無人之境，好像常山趙子龍一樣七進七出，單靠*62*個騎兵和*106*個步兵就擊潰數萬印加大軍，在幾個小時的戰鬥後生擒了印加皇帝阿塔花普拉。在墨西哥，故事發生幾乎如出一轍，有寶藏的蒙提祖瑪也是很快即被人數不多的西班牙人俘虜。

當西班牙人抓到這兩位皇帝後，立刻要求當地的臣民用足夠裝滿一間大屋子的黃金白銀來換取兩位皇帝。更可惡的是，即使在得到他們夢寐以求的天文數字的金銀後，他們也沒有放過當地人，而是在斬了皇帝後接著征服了他們的帝國。當美洲帝國完全被征服後，西班牙人更是要求每個人都去礦山裡服苦役，挖掘和運輸金銀。僅僅是在玻利維亞的波托西山，西班牙人就累計運走了*45000*噸白銀。而這些銀兩都是以血的代價換來的，無數人都因為工作條件惡劣以及路途危險而不幸喪命。當地人臨死也沒有想明白：為什麼西班牙人會為了這點不值錢的東西來迫害自己？他們的悲慘命運，恐怕就是我們常說的匹夫無罪、懷璧其罪吧。

西班牙人靠征服美洲人發了大財，而這也改變了他們的國民性。首先，多出來的金銀讓他們變得大手大腳，做事情不計算成本。而且，腰包鼓起來的西班牙人也開始有了「老子天下第一」的心態，認為只要有

錢，鐵杵都能磨成針。於是他們指東打西，到處征戰。

但好日子很快就到頭了。首先是西班牙在各處都開始碰壁。之後，美洲出產的黃金和白銀開始少了起來，並且價值越來越低。而習慣了沒錢就從南美運的西班牙人已經忘了怎麼去做生意或生產賺錢，也忘了怎麼節約開銷。不會開源節流的西班牙人很快被戰爭的開銷拖垮，於是才有了我們上面所講的，西班牙*150*年內破產*14*次的紀錄。

西班牙獲得黃金白銀，最後是賠了夫人又折兵。錢不但貶值，而且也都被花光了。有了金銀，反而是王小二過年，一年不如一年，最後淪為歐洲的三流勢力。很明顯，靠他們這一派四處征戰發家致富是一個錯誤的途徑。歐洲現代銀行業和匯率的興起，還要靠發家致富的另一門派——商人。

***

西班牙人的衰敗是因為忽略了一個最根本的問題。他們誤認為這些貴重金屬本身就有價值，而沒有意識到貨幣的價值來自於其所能換來的東西。他們搶了美洲的金銀，使其在歐洲流通的數量大幅增加，但這並沒有增加歐洲的生產力。這就等於歐洲的貨幣多了，但東西沒多，是典型的通貨膨脹，因此他們運過來的黃金白銀越多，其實越不值得，因為這些黃金白銀所帶來的購買力微乎其微。

真正得益的是那些有東西可賣的商人們，他們的貨物價值越來越高，換來了越來越多的金銀。而這額外的流動性使其有了資本去做更大的買賣，去遠方換取更多的東西，然後拿回來再換取更多的金銀，以此

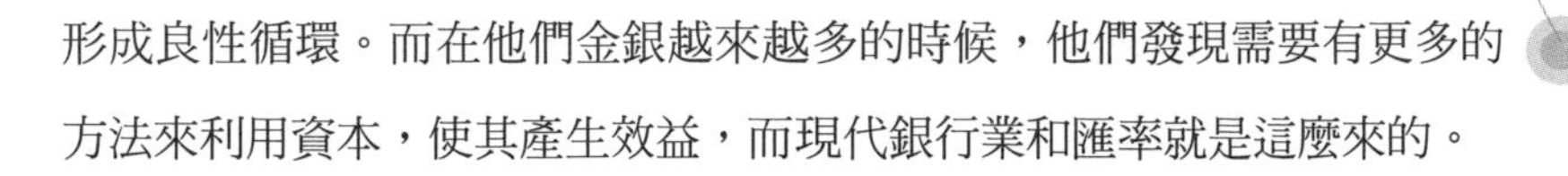

形成良性循環。而在他們金銀越來越多的時候，他們發現需要有更多的方法來利用資本，使其產生效益，而現代銀行業和匯率就是這麼來的。

一開始，歐洲人利用的金融工具其實和中國人相差無幾，也是在金銀鋪進行各種貨幣的兌換。後來，由於在金銀鋪進行兌換的金額越來越大，其他有了閒錢的人也把自己的財產寄存在金銀鋪裡，因為他們認為金銀鋪的保險櫃最結實。金銀鋪有了充足的資金之後，也開始將金錢借出以收取利息。除了金銀鋪以外，還有一個資金來源就是猶太人。當時很多地方的基督徒因為《聖經》中禁止收利息，所以無法參與到金融業中。而沒有這項禁忌的猶太人由於被禁止參與其他行業，正好成了職業放貸人的不二人選，以至於直至今日猶太人在金融業中的地位還舉足輕重。

這些資金的運轉以及隨後掠奪來的外國資本的注入，使得更多的歐洲人開始專注於航海貿易。從*14*、*15*世紀開始，義大利一帶成為歐洲海外貿易的中心。當時最強大的城邦，如威尼斯、佛羅倫斯、熱那亞等，都是傳統的海外貿易強國，並靠著做生意發家致富。當時五湖四海都能看到義大利人的身影。莎士比亞的《威尼斯商人》在寫到*16*世紀義大利商人安東尼奧時，說他「有一艘商船開到特里坡利斯，另外一艘開到西印度群島」，同時還有「第三艘船在墨西哥，第四艘到英國去了，此外還有遍佈在海外各國的買賣」。由此可見這些義大利城邦的貿易之盛。

貿易帶來的是來自各國的錢幣，但這些錢在當地不被承認、無法流通，於是為航海的商人提供兌換服務成為當務之急，而那些腦子轉得比較快的人們率先成為了受益者。一開始這些人們只是在板凳周圍進行著

小額的兌換和預支服務，逐漸地業務多了起來，此類銀行業務開始登堂入室，成為正式機構。但飲水不忘挖井人，今天的「銀行」一詞，其實就是由「板凳」一詞演變而來。

在諸多從事銀行業務的人們中，最出類拔萃的要數佛羅倫斯的美第奇家族。這個家族的演變，頗像《教父》三部曲中的柯里昂家族，也有著從黑道漂白的經歷。美第奇本是佛羅倫斯的豪門望族，本身也有點黑手黨的性質，數名家庭成員都因為犯罪而曾被捕立案，其犯罪記錄一直保持到今日。但美第奇人腦袋比較靈光，很早就意識到為商人們提供兌換業務是一個很有前途的職業。

在積累了早期資本之後，美第奇人開始涉足金融業。但是他們發現，光在板凳上小打小鬧是不行的，要想發財一定要做大。於是，他們開始開設正式的銀行，提供兌換、匯票、存儲等業務；美第奇銀行（*Banco dei Medici*，*1397*年～*1494*年）還在歐洲各地拓展業務，每個大城市都設分行。他們的操作方式也與眾不同；和中國後來的錢莊票號一樣，美第奇銀行各地的掌櫃都不是自己的雇員，而是自己的合夥人，如果賺錢了大家可以一起分。當地人意識到跟著美第奇有肉吃，都格外玩命地給他們幹活。很快，美第奇銀行的業務已不僅僅限於兌換、匯票等服務性業務這麼簡單；他們意識到，用錢賺錢遠比提供服務收費更有利可圖。他們開始在各地收買政府債券；同時，他們意識到各地貨幣的價格迥異，於是開始又將大筆的資金用於炒外匯當中，利用各地匯率的差價瘋狂套利。

很快，美第奇家族依靠著銀行業，成為佛羅倫斯最富有、最有權勢的家族，前後誕生了三名教皇、數名佛羅倫斯統治者，歐洲各地的王公貴族更是不計其數。除此以外，美第奇家族對藝術文化的影響也頗深。達·芬奇、米開朗基羅等藝術家都曾得到美第奇家族的贊助，米開朗基羅更是曾與美第奇家族共同生活了數年。另外，歐洲著名的政治巨著《君主論》也是佛羅倫斯人尼科洛·馬基雅維利為了吸引美第奇家族的注意力而撰寫的。而這一切的根基，都是從板凳上換錢開始的。

***

隨著美第奇家族的興起，更多人開始意識到，牛皮不是吹的，做兌換真的很有前途。於是各國都紛紛開始設立銀行，並在提供貨幣兌換服務以外，還允許各路商人在折算後以標準貨幣儲存。在*1587*年，也就是著名的萬曆十五年，威尼斯設立利雅圖銀行，將早期的錢鋪機構化。之後，荷蘭人於*1609*年在阿姆斯特丹設立了衛斯爾銀行。而在*1656*年，瑞典中央銀行開張營業，並成為第一家在儲蓄業務以外還提供貸款服務的銀行。

更多資金的注入，意味著航海貿易變得更加繁榮。但是跨國的航海貿易風險是很大的，並不能像《大航海時代》裡永遠一帆風順，「船不過是幾塊木板釘起來的東西，水手也不過是些血肉之軀，岸上有旱老鼠，水裡也有水老鼠，有陸地的強盜，也有海上的強盜，還有風波礁石各種危險」（莎士比亞，《威尼斯商人》）。因此，當時做生意的人不僅要有足夠的資本，還需要神經比較大條。莎士比亞筆下的義大利商人總是憂心忡忡：「只要我想到海面上的一陣暴風將會造成怎樣一場災禍。我一看見沙漏的時計，就會想起海邊的沙灘，彷彿看見我那艘滿載

貨物的商船倒插在沙裡，船底朝天，它的高高的桅檣吻著它的葬身之地。要是我到教堂裡去，看見那用石塊築成的神聖的殿堂，我怎麼會不立刻想起那些危險的礁石，它們只要略微碰一碰我那艘好船的船舷，就會把滿船的香料傾瀉在水裡，讓洶湧的波濤披戴著我的綾羅綢緞；方才還是價值連城的，一轉瞬間盡歸烏有？」

為了降低這種風險，歐洲人又開始研究各種各樣的金融手段，保護自己的財產不受損失。他們第一次開始將風險一事系統化研究，並逐步研發出了保險體系，以確保自己不會因為一次不幸而家破人亡，或者被猶太人挖掉一磅的心頭肉。同時，他們還發明了股份制公司，允許很多人湊錢一起做生意，確保在生意賠本後不至於傾家蕩產。另外，他們在出售了股票、債券等金融工具後，還為其創造了二級市場，以便這些證券可以自由交易，為所有者提供流動性，讓所有者放心。這諸多發明，使得匯率現代化的一切條件都已成熟，萬事俱備、只欠東風。

***

在歐洲人不斷發明金融工具時，中華帝國究竟在幹什麼呢？答案很簡單，什麼也沒有做。說到明朝，歷史學家黃仁宇在其著作《萬曆十五年》中寫道：「當一個人口眾多的國家，各人行動全憑儒家簡單粗淺而又無法固定的原則所限制，而法律又缺乏創造性，則其社會發展的程度，必然受到限制。即便是宗旨善良，也不能補助技術之不及。」用這些話來評論明朝的金融制度正合適。

明朝主要的貨幣有金、銀、銅等貴重金屬，偶爾也用紙幣，但因通貨膨脹嚴重，所以還是以銀為主。後來，政府乾脆宣布白銀為官方貨幣，進入銀本位時代。中國歷來產銀不多，元朝又將中國境內全部的銀子轉移至中亞，但有趣的是取而代之的明朝卻一直不缺銀子。這主要是因為明朝增加了銀子的開採，而且從外貿中也獲益不少。美洲在當時被稱作西南夷，在此時已被西班牙人征服，其白銀透過菲律賓（呂宋）華僑和國內的貿易流入中國；而荷蘭與日本的白銀也經由中日貿易流入中國。

而明朝向外流出的貨幣多是銅錢，像南洋、日本等地都垂涎明錢。這是因為當時中國的銅便宜，而日本等地的銅貴；比如在中國，*1*兩白銀可換*700*個銅錢，而在日本*1*兩白銀只能換*250*個銅錢，因此日本人願意用自己的銀子換中國的銅錢。但如此交易主要是把錢當作貨物來看，做金屬貿易，而且這類貿易量也不是很大，因為日本人很快發現其他商品利潤更大，開始銷售其他明朝生產的優質產品；而明朝則乾脆閉關鎖國，在後期禁止了外貿。

明朝人很恐懼海外貿易，其原因雖然眾說紛紜，但經濟上的理由應該是怕貴重金屬流失。落後的貿易使得明朝的商業模式基本上沒有什麼發展，而舶來品也變得非常少見，而且奇貴無比，沒能像歐洲一樣普及，將來自五湖四海的各種商品普及到千千萬萬個家庭中。商業的落後也使得金融業也沒有什麼發展，只有寄存、典當以及少量放貸等傳統業務。

單就兌換而言，明朝因為私人鑄錢興盛，各類錢成色不一，而其和銀的價格對比也經常變化。因此明朝的兌換業盛行，出現了專門的錢鋪、兌店負責金、銀、錢的轉換。但這種錢鋪基本上還是把這些貨幣當

作貴重金屬和貨物來看待，並未使其成為現代意義上的貨幣。總而言之，明朝近三百年，金融業幾乎完全墨守成規。比唐宋時都遠不如，更不要說出現所謂現代意義上的匯率了。

***

和明朝的一潭死水相比，在數百年中，歐洲國家的商業系統有了突飛猛進的進步，並且為現代金融業打下了堅實的基礎。但僅就貨幣和匯率而言，他們的認識還有很多錯誤，在有的方面的認識甚至還不如中國古人。比如，在一段時間內歐洲不少國家都時興重商主義，特別看重金銀等貨幣本身作為貴重金屬的價值。在他們的心目中，金銀就是財富，這說明他們還無法把貨幣與財富區分開來。由於這個誤解，很多歐洲國家都不允許貴重金屬的出口，而這直接影響了國際貿易，也使得匯率體系一直不能形成。這個誤解一直延續到了*1776*年。這一年，美國人把自己從英國人的壓迫中解放出來；而在大洋彼岸，亞當·斯密也把匯率和貨幣從黃金白銀的壓迫中解放出來，《國富論》就是現代貨幣與匯率等待的東風。

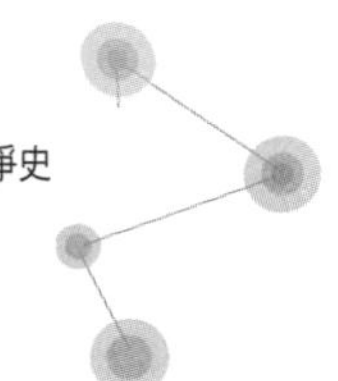

四、金本位的興盛與衰退

近代歐洲雖然在金融和經濟方面有了長足的進步，但在對貨幣的認識上，他們與習慣性破產的西班牙人沒有什麼區別。和西班牙人一樣，他們沒有把金銀視為貨幣、一種本身沒有價值的交易工具，而是認為金銀即財富，因此他們整個的商業模式都是為了獲得更多的金銀。這種商業模式被稱為「重商主義」。重商主義強調，一個國家應該控制貴金屬，因為貴金屬即財富，而國家更是應該主動干預貿易，透過貿易順差獲得更多貴金屬。

然而，貴重金屬不是財富，貨幣的購買力才是真正的財富。由於整個重商主義的理論基石都是錯誤的，因此其整個理論系統都有問題。但即使如此，重商主義還是堅持了百餘年。因為，說金子不是財富，誰信啊。

但最終，西方經濟學家還是發現了重商主義的錯誤。最早對重商主義提出挑戰的是蘇格蘭大儒大衛·休謨。休謨提出，一個國家不能持續保持貿易順差積攢金銀，因為順差國貨幣價格會提升，進而提高商品的價格和大家的收入水準；反之，逆差國貨幣會貶值，使商品價格下跌，人們收入減少。如此一來，貨幣價值的升降會自動調節兩國之間的順差逆差。休謨的理論和前面講的貿易對匯率的影響如出一轍，並且已經成為

主流貿易理論的共識，而這等於否定了透過持續順差累計金銀這一最基本的重商主義的概念。

除了休謨的疑問，真正給予重商主義重重一擊的其實是現代經濟學之父亞當·斯密。斯密認為，貴重金屬是無法代表一國的財富的，國內生產的全部商品的總和才是國家財富的實質。在否定了重商主義對財富的定義後，斯密還提出，最有效率的生產方式是每個人都在合理合法的框架內自由地去追求利益。如此一來，市場就能保證大家各盡所能，以最有效的方式從事生產和增加國家財富。因此，斯密反對政府干預經濟，提倡自由貿易和開明的經濟政策。

雖然斯密*1776*年出版的《國富論》為古典經濟學的經濟自由主義打下了根基，但其實施卻是下一個世紀。而標誌著經濟自由主義興起的，正是金本位制。

***

所謂金本位制，指的是以黃金為本位幣的貨幣制度。在金本位制下，每一個貨幣單位都相當於若干重量的黃金。在美國*1873*年立法採取金本位制時，其比率是每*20.67*美元相當於*31.1* 克黃金。由於在採取了金本位制的國家，紙鈔可以直接被拿到銀行按比率換金子，因此金本位制的國家只有在庫存了相應的黃金作為儲備後，才能發行紙幣。

採取金本位制有很多好處。首先，兩個都使用金本位制的國家交易起來，要比原來使用貴重金屬方便得多。在採用金本位制以前，大家交易起來都是使用金幣或者銀幣，然後按重量或數量計算金額。如此一來，如果需要出海貿易，船上勢必要帶著大量的金銀幣，運送起來極其不便。有了金本位制，拿著幾張紙就可以天下任我行，因為這些紙幣都可以隨時拿到各國銀行兌換黃金。因此，金本位制大量地減少了生意人的交易成本。

其次，如我們所知，在金本位制之前各種不同價值的錢幣都可流通的年代，很多銀行都可以透過兌換賺取大量的利益。即使到了*19*世紀初期，那些消息靈通、業務遍佈全歐洲的銀行依然可以利用貨幣之間不同的價格瘋狂套利。實際上，富可敵國的羅斯柴爾德（（*Rothschilds)*）家族就因為其業務遍佈全歐洲、消息靈通，藉由炒貨幣賺了不少銀兩。但有了金本位之後，各國的匯率一目了然。如果美國政府規定一美元可以換一克黃金，而英國政府規定一英鎊可以換一克黃金，那麼大家就都知道，一美元等於一英鎊。由於這些貨幣的價格都是由政府來設定，並和該國黃金儲備掛鉤的，因此一般來說貨幣價格不會改變。這意味著，採用金本位制的各國之間的匯率十分穩固，基本不會變動。穩定的匯率，意味著光靠倒買倒賣（低價買進，高價賣出）很難再從匯率中獲取大量利益。使用匯率的人，都是那些真正會用匯率產生價值的投資者和商人。

在金本位制下，這些投資者和商人在做跨國貿易和投資的總額會大幅提升，因為他們不用再擔心匯率的浮動會讓自己賠本。另外，雖然政府可以再頒佈法律，改變貨幣對黃金的比率，但一般來說，加入了金本位制的國家會把貨幣的數量控制的比較穩定，因此基本上不會出現亂印紙鈔、通貨膨脹的現象。這樣一來，投資者和商人就更沒有什麼後顧之

憂了。

然而，採取金本位制的國家由於只有在擁有黃金的情況下才能印鈔，這其實等於放棄了自己對貨幣政策的決策權。但它們獲得的好處是穩定的匯率、低通貨膨脹，並且降低了交易的運營成本。在權衡利弊後，大家普遍認為，金本位制還是值得的，而這一決定使得黃金成為了真正的儲備，各國的紙幣則取而代之，成為真正意義上的貨幣。金本位制使得跨國貿易和投資變得比任何時候都更便捷、更安全；資金在各個金本位制的國家可以自由地流動以獲取最大的回報。

另外，如果兩國同時採取金本位制，金本位制還能解決兩國貿易順差逆差以及國內通貨膨脹的問題。當一國貿易逆差時，該國的黃金儲備就會減少，因為流通的貨幣也因此減少。流通的貨幣一少，分到每個老百姓手中的錢就少了，因此就不會有閒錢去買外國貨。老百姓手頭的錢少，也會造成國內物價下跌，因為不減價就買不起了。而國內物價下跌，會使得該國的出口增加。進口減少、出口增加，該國的貿易逆差問題就解決了。同理，當一國貿易順差時，多出來的黃金儲備會讓國內流通的貨幣增多。流通的貨幣一多，老百姓分到的錢也就多了，但生產力還是那麼多，於是錢就不值錢了，物價就貴了。在老百姓眼中，手中額外的錢使其有能力去購買相對變便宜了的進口貨。同時，物價貴了導致本國的產品出口不了。進口增加、出口減少，順差和通貨膨脹就沒有了。

大英帝國在*1820*年率先採取了金本位制。德國與法國分別於*1871*年和*1876*年加入金本位制度。在之後的數十年中，大多數西方國家都相繼採取了金本位制。美國從*1834*年開始設立固定的美金黃金比率，並在大多數時間保持金本位。這意味著，這許多參加金本位制的國家都加入了固定匯率派，而成為同一門派的師兄弟使得他們之間的各種經濟往來更為頻繁。金本位制的盛行意味著亞當·斯密理論的勝利，是金本位制促成了國際貿易和投資的繁榮。在*1865*年至*1914*年間，英國超過三分之二的債券投資都流向了海外市場。第一次全球化開始了。

***

在西方世界加入固定匯率派、開始全球化的同時，取代了明朝的大清朝正在發生著什麼呢？清朝人雖然征服了漢人，但由於文化落後，很多地方全盤接受了漢人的習俗，貨幣政策即是其中之一。基本上來說，大清政府的貨幣還是不由中央統籌，而是地方鑄幣局各自為政。發行的貨幣則主要為銀兩，持續了明朝以來的銀本位。但由於沒有統一規劃，清朝的銀兩成色不一，攜帶又不方便，因此不論是日常生活還是商業活動，用起來很是麻煩。後來清朝雖然有銀票等類似紙鈔的貨幣流通，但只限於大額交易，大多數時候還是使用銀兩。

相比之下，歐洲的銀幣要方便、規範得多。另外，由於西班牙從南美剝削的大量白銀，因此從明末開始西洋諸國流通的銀幣基本上成色都很好。使得清朝到了後來不但流通本國的紋銀，也開始大量流通外國的銀幣。這個過程其實在清朝入關前就已開始。在明朝末期，洋人已經開始在南洋與華僑進行貿易，而且後來還將他們的貿易範圍擴向了澳門、廣州、寧波、泉州等地。但此時洋人勢力尚弱，只敢做做貿易什麼的。他們對中國的貨物有極大的需求，但中國人卻自給自足，沒什麼要向他

們買的，於是乎這個階段基本上是中國人獲利，用自己的商品換來了大量的銀兩。清朝早期雖然限制洋人只能去澳門貿易，但實際洋人還是到處跑。此時威尼斯、荷蘭等地的各種貨幣都曾流入中國，但總體來說數量不是很多，而且各種錢幣成色不一，所以只按重量計算價格。

在和珅被嘉慶帝抄了家後，發現連和珅家裡都有外幣58000元，可見外幣流通之廣，都已經賄賂到了北京和大人的家中。這期間流行的銀元分為來自荷蘭的馬錢、墨西哥的花邊錢以及來自葡萄牙的十字錢。到了道光年間，盛行的各國銀元達幾十種之多。在諸多西洋商人中，和中國貿易來往最頻繁的是英國人。由於英國政府還在奉行重商主義，因此明令禁止輸出本國銀兩。無奈，英國東印度公司在和只認白銀的中國人打交道時，只能用墨西哥鑄造的西班牙本洋，因此西班牙本洋也成了當時在中國流動最多的外幣。

雖然流動性遠不如紙幣，但外幣還是比中國的紋銀使用起來方便了很多。加上其外觀漂亮別致，老百姓都很喜歡洋錢，以至於成色9成的外國銀幣和成色10成的中國紋銀等價交換。另外，將銀兩只看作金屬而不看作貨幣也利於外幣，因為這麼一來銀兩的價值基本上來自於重量，所以老百姓都喜歡使成色好的銀幣，成色不好的銀幣就流通不起來。不論是早期盛行的西班牙本洋，還是後期墨西哥獨立後生產的鷹元，都是因為成色好，所以在國內得到了廣泛的流通。清政府雖然曾也嘗試企圖鑄造官方統一的銀元，但因為錢幣成色不足而被外國來的品質好的貨幣所淘汰。而這樣的結果，就是清朝直至崩潰都無法統一自己的貨幣，最後導致市場龍蛇混雜，多種貨幣同時流通。

無法貫徹統一中央貨幣的害處很多，這一點當時的有識之士也都能看出來。其實綜觀明清兩代，其實貨幣理論而言，還是有明白人的。明朝的邱浚就已認識到貨幣的價值體現的是一個國家的生產力。在其著作《大學衍義補》中，邱浚寫道：「世間之物雖生於天地，然必資以人力，而後能為其用。其體有大小精粗，其功力有淺深，其價有多少。」清朝也有明白人。咸豐時代的王茂蔭就認識到，貨幣的價值是由市場決定，無法由官府強行設定。他寫道：「論者又謂：國家定制，當百則百，當千則千，誰敢有違？是誠然矣，然官能定錢之值，而不能限物之值。」這段理論甚至讓他成為唯一在《資本論》中被馬克思所引用的中國人。但綜合起來看，明白人還是太少了，而即使這些所謂的明白人也只是相對而言。比之古代，明清人的理念本質上基本上沒有什麼進步，與西方經濟學的突飛猛進自然更沒辦法比。

但即使有明白人，這兩個朝代的執行力也不夠強。比如清朝很多人看到西洋人都在搞金本位制，於是自己也想搞一個，與世界接軌。但首先，這些提倡金本位制的人實際上對現代貨幣理論也不甚瞭解，真讓他去實施金本位制，他還真搞不來，頂多只能說說而已。其次，即使提議的人真的懂行，他這種進步的想法根本無法由政策灌輸下去，因為底下不懂行，或者因為既得利益不願意執行的人真是太多了。因此，清朝雖然金本位制嚷嚷了幾十年，最後也沒有成功。只是到了宣統年間終於官方確立了銀本位。

沒有了統一貨幣，使得外國人不僅僅可以向中國輸入外國銀幣，連外國紙幣也來湊一份。在鴉片戰爭後，各國開始在中國境內開設銀

行，發行獨立的紙幣。最先經營此道的是英國人，東藩匯理銀行在*1848*年開始營業，並發行可流通的紙幣。之後俄羅斯人和日本人也相繼在中國境內發行了其本國的貨幣進行流通。而直到光緒*23*年（*1897*年），清朝才在盛宣懷引導下建立中國通商銀行，發行銀兩銀元票；在光緒*30*年（*1904*年），清政府才自行成立戶部銀行發行鈔票。但這些舉動都是杯水車薪，直到辛亥革命，清朝的貨幣體系一直亂哄哄。

無法引入資本對於中國經濟來說也是很大的制約。中國傳統的金融機構都不僅處於初級階段，規模也較英國小很多；很多錢莊、票號只有幾萬兩的資本，而相比之下，英國銀行一運營就有*360*萬兩的註冊資本。而且，由於清朝沒有加入金本位制，因此中國以白銀為單位的貨幣匯率是不穩定的，導致投資者不願意冒風險。相比之下，於*1897*年採取金本位制的日本就從西方投資者手中吸引了不少資本用於建設和發展。

但不參與貿易，不代表中國就不受國際貿易的影響。由於國際貿易的增加，全球的物價開始一體化，這其中就包括金銀的物價。中國自古金銀價格的對比，一般都是一比六左右，從未超過一比十，這是因為中國歷來金多銀少。而歐洲則相反，除了埃及時代銀比金貴、巴比倫時代金銀比率一比六以外，大多數時候都在一比十以上。古代中國、歐洲金銀價不一致，首先是因為中間有阿拉伯人代理，因此雙方無法直接透過套利將金銀價格保持在同一價位。另外，當時的中歐貿易，香料等物利潤遠比金銀高，因此雙方交易的金銀數量並不多。因此直到在十五世紀時，歐洲金銀的價格比一直是一比十五，印度是一比八，而中國則是一比六。

但隨著西方諸國開始逐漸採取金本位制，他們開始在全球各地購買黃金以增加本國貨幣的數量。從雍正乾隆年間開始，歐洲商人除了置辦貨物，也開始大量購買黃金，以至於在乾隆後期，中歐金價已基本持平。被剝削黃金的還有日本，日本黃金甚多，因此金銀同價，結果被歐洲人買走不少。由於西方越來越多地使用黃金，白銀的使用越來越少，這導致黃金的價格越來越高，白銀的價格越來越低。由於沒有正確的貨幣政策，沒有和世界接軌，銀本位的清朝的貨幣匯率變得越來越低；而由於其他方面的落後與混亂，低匯率並沒有讓中國人出口增加，只是使得中國人手中的錢變得越來越不值錢。

就這樣，西方穩定的貨幣匯率變得比他們的堅船利炮更厲害，兵不血刃地就從中國人手中獲得了財富，而這和當年南宋人對付金國人的手段簡直如出一轍。唯一不同的是，這一段屈辱的歷史不能稱為一場匯率戰爭，因為雙方的實力，無論是政治、經濟、軍事、科技，差距都太過懸殊，雙方之間只不過是一場不間斷地蹂躪與剝削，中國只能變得越來越窮。這樣一個國家，怎麼能不被動挨打，被人恥笑為東亞病夫？回顧這段歷史，我們只能長嘆一聲，娘希匹，都是帝國主義！

***

和衰敗的中華帝國形成鮮明對比的是越來越發達的西方社會。由於採取金本位制，國際貿易變得越來越興盛。國際貿易和第一次全球化在第一次世界大戰前達到了巔峰。在*1914*年，僅英國投資者就在全球各地投資了*40*億英鎊。當然，透過全球化，得利最多的還是帝國主義者，如老牌帝國英國。英鎊同時也是這個時期的全球貨幣。這主要是因為當時

世界上最好的海外市場都是英屬殖民地。除了投資，當時的貿易也大多是以英鎊結算的。

但第一次世界大戰改變了這一切，並第一次撼動了金本位制。為了打仗，各國都需要印更多的鈔票以支付戰爭的費用。但金本位制不允許一個國家在沒有黃金作為儲備的情況下發行更多的貨幣，因為金本位制下的任何貨幣都可以用來直接兌換黃金。迫不得已，參戰各國被迫退出了金本位制，不允許用貨幣直接換黃金。

這次戰爭導致的金本位制的崩潰，其實體現的就是金本位制起始就一直存在的一個最大的缺陷：各國無法根據自己的需要調整貨幣政策。由於黃金的數量有限，因此它限制了各國可以發行的貨幣的數量。有時這是一件好事，因為它阻止了政府隨意印紙鈔，造成通貨膨脹。但有時這也是壞事，一戰即是一個最好的例子。就是在一個國家生死存亡、必須印鈔的關頭，金本位制還是同樣不講情面。在這種時候，國家就必須做出一個艱難的抉擇：是拋棄金本位生存，還是保留金本位毀滅？而如果拋棄了金本位制，那麼貨幣匯率會因為無法兌換黃金而大幅貶值，造成經濟動盪。也就是說，如果在需要調整貨幣政策的節骨眼上，採取金本位制的國家注定了要「杯具」一把，只是「大杯具」（不拋棄金本位制，國家被滅亡）還是「小杯具」（拋棄金本位制，經濟受重創）的區分而已。

一戰中的國家都做出了第二項選擇，拋棄金本位制，開始通貨膨脹。而這也是所有相信金本位制的老百姓的「杯具」。他們以為有了金本位制貨幣就不會貶值，但殘酷的現實告訴他們，政府的一切行為都是以利益為標杆。當他們覺得維護金本位制能夠更賺錢的時候，他們就維護金本位制，因為這樣一來投資者們就能踏踏實實地買國債。但如果他們覺得維護金本位制不合適了，他們會立刻拋棄金本位制，透過通貨膨脹讓錢不值錢，變相剝奪了所有買國債者的大量財產。

一戰在打了幾年後結束了。結束戰爭後，政府又需要投資者對他們有信心，買國債借錢給他們。雖然此時政府和投資者都意識到了金本位制的弊端（對政府來說是太過僵化，對投資者來說是毫無保障），但大家都認為一戰是百年不遇的偶然事件，以後不會再發生了。大多數國家貪戀金本位制資金可以自由流動、匯率穩固的優勢，又恢復了金本位制。投資者則覺得，人為刀俎，我為魚肉，政府如果需要，肯定會改變貨幣政策的；但有了金本位制，畢竟略微多了一層保障，使得政府不到迫不得已時不會亂來。於是他們也開始積極進行跨國貿易和各類投資，包括讓他們心碎過的國債，一切就開始歌舞昇平。此時只有德國是例外，他們因為戰敗後各種各樣的原因而開始了瘋狂的通貨膨脹，馬克的價值從*1918*年的*8*馬克換*1*美元，升至了*1923*年的*42000*億馬克換*1*美元。

但是世界大戰的硝煙還未散去，第二次危機又來了。這次的危機是全球範圍內的經濟大蕭條。這時，金本位制的缺點又凸顯了。本來，政府可以藉由調整貨幣政策，透過多供應貨幣躲過經濟衰退或蕭條。但因為很多國家的手腳被金本位制桎梏住了，以至於他們無法立即採取多印貨幣這一最有效的方法應對大蕭條。這些金本位制國家面臨的又是一個「大杯具」、「小杯具」的問題：要麼他們可以選擇「大杯具」，保持金本位制，讓經濟崩潰，然後聽天由命、慢慢等蕭條過去；要麼他們可

以選擇「小杯具」，退出金本位制、讓貨幣和經濟受重創，但可以儘快人工結束蕭條。

由於使用金本位制的時間太長、再加上金本位制崩潰了一次，很多政府的領導們的選擇都變得和金本位制一樣僵化，他們一開始居然大多選擇了「大杯具」。結果本來就很嚴重的經濟危機變成了史無前例的大蕭條，差點弄垮了整個資本主義經濟。在分析美國經濟歷史時，美國著名經濟學家密爾頓·弗里德曼在其與施瓦茨合著的經典著作《美國貨幣史（*1867—1960*）》中稱，大蕭條之所以能從一次普通的經濟衰退變本加厲成為大蕭條，最大的原因就是因為美國政府固守金本位制，導致貨幣供應不足。

後來大夥發現，「大杯具」不是個辦法。固守金本位制、聽天由命只能讓蕭條越來越糟。於是，各國相繼退出了金本位，再次不允許直接用貨幣兌換黃金，開始通貨膨脹，等於不到*15*年間第二次坑害了信任他們的投資者。美國羅斯福總統於*1933*年*4*月*5*日下達總統行政特令，停止美元與黃金直接的兌換，禁止私人擁有黃金，並要求每個人都必須拿黃金去銀行兌換美元。美金對黃金的匯率自後也被升至了*35*美元*1*盎司。

雖然諸國退出金本位制或者更改了貨幣與黃金之間的匯率，但國際貿易、央行之間依然用黃金結算，金本位制本來還可以借屍還魂。但想不到的是，剛剛略微平息了蕭條之殤，接踵而至的是希特勒之殤。歐洲各國都忙著印鈔票打二戰，再也沒有精力和能力為金本位制復辟了。打到後來，歐洲各國的鈔票已如廢紙一般，不得不把自己壓箱底的黃金都拿出來買戰備，以便有本錢和法西斯玩命。連黃金都沒了，就更不要提

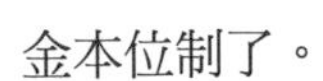

金本位制了。

但百足之蟲，死而不僵，金本位的生命力好像「小強」一樣頑強。歐洲這些對抗德意的國家的黃金並沒有憑空消失，而是大量流向了為他們提供軍火的美國。而金本位制之後的近代貨幣秩序，也正是以美元為基礎打造的。

***

從最初的以貨易貨，到後來的貴重金屬、紙鈔、西班牙銀幣、金本位，貨幣的進化象徵著人類經濟的發展。而隨著貨幣和貿易的興盛，匯率開始一點點地展露出它的重要性。匯率帶來的財富製造了一個個帝國以及一個個富可敵國的家族，而其毀滅性透過金國的崩潰也一覽無遺。綜觀匯率史，我們可以發現，那些善於利用匯率的國家或人們，都因為匯率而得到了極大的回報。而那些不善於利用匯率者，很快就會被歷史遺棄。有時，一個國家可以同時受到匯率的眷顧，並被匯率遺棄。而匯率的影響力是如此之大，以至於連現代金融業的啟蒙與匯率都脫不了關係。

但隨著古典金本位制的崩潰，我們告別了一個時代。雖然角色眾多，但這一個時代匯率的主角無疑是金銀。由於各國貿易量小、金銀又普遍通行，這一階段匯率雖有跌宕起伏，但總體來說相對平穩。但在下一個時代中，金銀的地位開始衰退；取而代之的主角，是美元。以紙幣為主角的日子裡，匯率的故事還會和原來一樣風平浪靜嗎？

第三章

阿喀琉斯的腳踝——匯率戰爭近代史

匯率戰爭真正成為利器，是近幾十年的事。在金本位制結束之前，基本上所有的國家都同屬於固定匯率派。但到了近代，每一個國家可以根據自己的利益選擇加盟不同的門派，並利用多種調控手段努力讓自己發家致富。

但是，每一個門派都是有弱點的，政府調控貨幣的招數不但有限，而且在全世界遊資面前，一國之力顯得有些薄弱。因此，所有的匯率戰爭都有一個特點，那就是對手不論是政府還是遊資，他們都會瞄準一國匯率體系的要害，一個貨幣政策也不能化解的阿喀琉斯腳踝，然後給予致命一擊。之後，資金就帶著自己的勝利成果，從貶值的貨幣飛快地逃往更為安全的貨幣，使得潰敗的一方貨幣貶值、財富喪失，經濟受到重創。

但在詳述近來最戲劇化的幾次匯率戰爭之前，我們還要先談談美國。因為，戰後任何和匯率有關的事件都不能不從美元說起。經濟大蕭條和第二次世界大戰使得世界的匯率制度被重新洗牌，美元成為匯率的主導。而要瞭解美元是如何主宰世界經濟至今的，我們首先要瞭解一下美元霸權的起源。

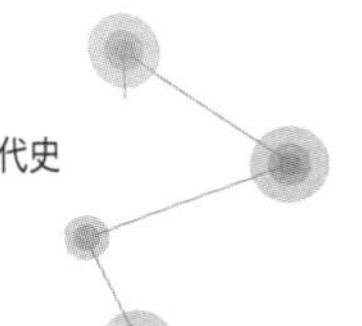

一、美、金

雖然第一次世界大戰讓金本位制被各國廢黜，但在戰後，大多數國家很快又恢復了金本位制。但這次恢復只是暫時的，十數年後的美國經濟大蕭條又把它徹底毀滅。上文已經介紹過，現在大多數研究大蕭條的經濟學家都認為，如果當時美國經濟政策得當、大幅提高貨幣的供應，那麼其經濟狀況本來可能還沒那麼糟。但一失足成千古恨，僵硬的金本位制錯誤的理念讓美國人不敢大量發行貨幣，因此他們沒能避免這次經濟危機，反而使得問題愈演愈烈。在美國陷入泥潭後，增加貨幣供應也沒有用了，因為大家都已經嚇得不敢借貸投資，政府即使給銀行更多的貨幣，銀行也發放不出去。到了這個地步，美國政府只得決定讓自己的貨幣貶值，這樣本國的貨物就會更便宜，外國人更願意買；美國人希望以此來增加出口，擺脫困境。但美國人這種舉動其實是一種「以鄰為壑」的政策：別國都買了你的便宜貨，你又不買對方的產品，那麼他國不也沒錢開始蕭條了？

為了保證自己的國家的財富不會被美國人吸走，越來越多的國家都開始讓自己的貨幣貶值以保持和他國同步。除此以外，各國還提高關稅，以便自己不會被別人吸金。這些錯誤的決定使得各國開始進入惡性循環，工廠的利潤越來越薄，工人的收入越來越少，他們的消費能力也越來越低、買不起別的東西，而這又導致其他的工廠和工人也變得越來

越沒錢。這種惡性循環最後導致了大量的工廠倒閉、工人失業，而各國經濟的衰退也使得國際貿易越來越少。

同時，由於各國都希望盡量只出口、不進口，以至於各國都只願意在自己的地盤內玩過家家：美國人只在美元流通的地方交易，英國人只在英鎊流通的地方交易。大家都組織小團體掐架，到處都是貿易戰、堡壘、制裁和報復；而這意味著資金的流通越來越不頻繁，資金的利用越來越低效，這樣做的結果就是雙輸：資本和本應得到投資的地方都得不到好果子。

隨之而來的世界大戰也讓各國的經濟狀況更加江河日下，大量的資產被用於和法西斯拼死拼活中。雖然戰爭有著各種各樣的原因，但美國當時的國務卿考代爾·霍爾認為，兩次世界大戰的起源很大程度是因為諸國分贓不均，每個國家都實施貿易保護主義，最後賺不到錢的國家只能狗急跳牆，期待藉由戰爭重新洗牌。美國著名經濟學家亨利·迪克特·懷特也認為，如果各國不合作，那麼最終的結果無疑是經濟戰引起的再一次世界大戰。

雖然金本位制問題多多，但之後亂套的局面更糟糕；大蕭條和戰亂中貨幣政策的混亂以及匯率對各國經濟造成的傷害讓大家都記憶深刻。大家開始懷念金本位制時那美好的時光。於是，在第二次世界大戰臨近結束的*1944*年，各國都希望回歸一種和黃金一樣、被嚴格控制的貨幣體系。

構成這個貨幣體系的自然是各大資本主義國家。這些國家之間的意識形態雖然也有不同，比如英美更偏愛純自由主義的經濟，而法國則更喜歡由國家來主導經濟走向，但不論如何，在最基本的問題上這些國家都能達成一致：經濟應該由市場來調控，個人財產應該得到保障。對這些理念的深信不疑，使得這些國家即使在經歷了諸多苦難後，依然渴望鳳凰涅槃，再造輝煌。而和他們理念不同的蘇聯系統，自然被他們拒之門外。

但這些崇尚自由市場的國家也意識到，在匯率方面再來原來那種大撒把是不行了，有的時候政府干涉市場是必須的，凱恩斯派的理論成為了各國的共識。但如果每個國家單獨干涉，那麼很有可能又變成大蕭條式的惡性循環，畢竟大家的利益不一，有時候坑害他國解救自己也不失為上策。

另外，原來的金本位制也是黃鶴一去不復返了。首先，各國已經基本上沒有黃金儲備了，金子為了打仗花出去了。除了不現實以外，各國也意識到，金本位制的貨幣政策太過僵硬，而且黃金數量太過有限；如果出現了經濟衰退，那麼國家根本無法用貨幣政策來拯救自己。但同時，這些國家又對金本位制依依不捨，畢竟它帶來了穩定的匯率和資本的自由流動，促進了自由貿易。另外，金子的限量供應也有其好處，至少它能限制通貨膨脹。

如果能夠解決金本位制的缺陷，但保留它的優點，那該有多好！在*1944*年，*730*名來自*44*個國家的頂級經濟學家聚集在美國新罕布什爾州的布雷頓森林莊園，他們的目的就是共商世界經濟的未來大計，打造一個完美無缺的匯率體系。

***

在「二戰」以前，雖然大家並未推舉出一個正式的世界貨幣，但除了黃金之外，那個時代基本上所有的人都會承認，當時的世界貨幣是英鎊。這是因為，在當時的世界貿易中，日不落帝國的內部過家家占了很大的比重，而帝國的殖民地一般又都是最好的海外投資市場。但是，兩次世界大戰摧毀了英國主要的工業體系，並且消耗了英國全國的重要資源。很明顯，大英帝國已經日落西山，承擔不起重建匯率秩序的責任。

作為唯一一個本土沒有被戰爭波及的大國，美國此時成了最合適的人選。因為遠離戰火，很多歐洲人在戰爭期間已經把黃金轉移到了美國。另外，歐洲各國為了買軍火，也把自己的黃金交到了美國手中。既然美國人最有錢，其他國家都已成為了廢墟，那麼最後自然是有錢人說了算，財產才是硬道理。

美國人的論調，是為美元和黃金之間設定一個固定的比率；這樣，美元就能取代黃金成為儲備基金，因為如果隨時可以拿美元換出黃金，那麼拿美元其實和金子是一樣的。當然，日後如果將來各國通過貿易再次獲得足夠的黃金，那麼重建金本位制也不是不行，不過那都是後話了。

美國人為什麼如此提議呢？他們認為，黃金產量微乎其微，因此不能成為全球貨幣，因為其無法在關鍵的時候增加流動性。但美元不同，即使美元成為世界貨幣，美國政府依然可以在必要的時候印出更多鈔票來，因此使得貨幣政策更能因地適宜、更具有伸縮性。所以，由美元代替黃金，實際上還是等於實行金本位制，而這時各國如果和美元掛鉤，那麼各國也可維持和金本位制體系下一樣的穩定匯率，而這也能讓商人和投資者都能有穩定的預期，讓資金自動流動。另外，美金還有一個好處，那就是美元可以用來買美國國債，賺些利息，而黃金只能在一個地方挖個洞藏著。

這個理論從表面上看的確有理。美元作為儲備貨幣和國際清償手段，可以彌補黃金的不足，解決黃金的流動性問題；而在同時，又可以保留黃金幣值穩定的特點，提高全球的購買力，促進國際貿易和跨國投資。但是，這個系統很明顯地便宜了美國人，因為美元成了全球儲備和流通貨幣，那麼美聯儲就成為全世界的央行，想發行多少貨幣，就能發行多少貨幣。而其他的貨幣由於是和美元直接掛鉤，所以只能配合著美國走。

其他國家自然不會白白地犧牲自己的利益，讓美國人白撿這個大便宜。其中最不高興的要數英國。英國人十分不願意承認美元上位，凱恩斯甚至還提案建立一個「世界幣」，並建議以*30*種有代表性的商品確定幣值。在凱恩斯的提案中，這種「世界幣」將成為各國的儲備，而不是美元。對於英國人來說，接受美元體系，等於他們承認了帝國已經盛極而衰。英國銀行甚至有人認為，布雷頓森林體系對英國的打擊不小於「二戰」，原因就是美元取代了英鎊成為世界貨幣後，英鎊就將失去作為世界貨幣的一切好處。

美國人自然不願意接受「世界幣」這樣的提案，放棄美元體系這樣的大肥肉。此時的美國人就好像是個剛上位的土財主，什麼事擺不平都有一招：拿錢砸。看到歐洲諸國一窮二白，美國當機立斷，向英國貸款*44*億美元。法國雖然二戰時被德國占領，但戴高樂很有骨氣，一直和美

國人不對盤；沒關係，美國也給法國貸款*10*億美元。就這樣，美國「重金砸」政策收到了成效，諸國陸續同意了美國人的提案。這等於英法等國把經濟霸權拱手讓給了美國。但他們好歹還騙回些錢來；比英法等大國更悲慘的是他們的殖民地以及那些小國。他們根本沒有討價還價的本錢，在英法等國被收買後，他們也稀裡糊塗地自動成為了新秩序的一員。美國就這樣在二戰結束前，完成了自己經濟體系的佈局。

***

由於美元體系的協定是在布雷頓森林草擬的，因此也被稱為「布雷頓森林體系」。布雷頓森林體系首先確定了美元與黃金的固定匯率，*35*美元可兌換*1*盎司黃金。體系中的所有成員國都可按照官價用美元向美國兌換黃金；這意味著，美國必須保留足夠的黃金儲備來支持其貨幣價值。而為使黃金的官價不受市場上黃金價格的衝擊，其他成員國政府也有責任協同美國政府在國際市場上維持這一黃金官價。

同時，這些成員國必須將本國貨幣與美元掛鉤、設定固定價位，並只能浮動*1%*。若浮動超過*1%*，則政府必須在外匯市場上進行干預，購買或銷售美元，以此維持匯率的穩定；這等於是說，布雷頓森林體系的所有成員國都加入了可浮動的匯率掛鉤派，而大家都是和美元掛鉤。由於美元能夠兌換成黃金，這等於也就是和黃金掛鉤，相當於改良的金本位制。而大多數國家也樂於以美元進行交易，因為這使得與美國進行貿易、賺美國人錢更加方便。

為了保證各國之間的匯率能夠平穩，布雷頓森林會議還設立了「國際貨幣基金組織」，也就是傳說中的*IMF*。國際貨幣基金組織在一開始主要由美國人組成，總部也在華盛頓，而美國人出錢也最多，所以自然替自己主子說話。美國人雖然拒絕了凱恩斯建立「世界幣」的提議，但還是希望有一個國際性機構能夠促進國際貿易和投資。而要達到這個目的，就要保證各國的貿易基本均衡，沒有太大的逆差。這樣，各國的貨幣也就不會大幅升值或貶值，從而造成雙邊貿易下降。

國際貨幣基金組織就是這樣一個促進匯率穩定、維護正常匯兌關係的組織。國際貨幣基金組織的成員都相互達成匯率管理協定，以此促進貨幣價值的穩定。另外，國際貨幣基金組織還會幫助各國進行必要的貨幣兌換以滿足貿易和投資的需求。每個國家在加入國際貨幣基金組織時都需要交入會費。交了錢的好處是，如果當會員國因為貿易逆差，暫時外匯儲備較低、錢不夠用的時候，它可以從國際貨幣基金組織直接借錢，而交的入會費越多，能借的錢也就越多。

能夠從國際貨幣基金組織短期借債，使得各國不必因為短期逆差或順差就改變自己的匯率政策。這個政策從根本上解決了金本位制的一個大問題。在金本位制時期，各國的匯率都是固定的。但這種固定的匯率在出現貿易逆差時會很麻煩。一方面，賺到錢、貿易順差的國家的貨幣會升值；這時，如果貿易逆差的一方要和順差國保持貨幣同等價值，那麼也需要跟著升值。但貿易逆差是會讓一個國家的貨幣貶值的；為了扭轉這種趨勢，逆差國政府必須採取貨幣緊縮的政策，即通過減少貨幣供應抬高貨幣的價值。但這麼貨幣一緊縮，國內流通的貨幣數量就不夠了，因此經常會造成經濟衰退或大幅失業。在早期，英國等國家是這一現象的經常性受害者。但有了國際貨幣基金組織的短期貸款後，再沒有

一個國家會因為短期逆差而需要通貨膨脹、經濟衰退了。另外，因為國際貨幣基金組織會隨時提供臨時需要的外匯，因此各國在貿易時不用再擔心外匯殆盡，因此等於也變相削減了各政府限制外匯交易的必要。

但如果貿易逆差是長期的、根本性的，那麼即使會員國能從國際貨幣基金組織借來錢也沒啥用。俗話說救急不救窮，這個時候國際貨幣基金組織也不會拿錢出來讓會員國打水漂。這時，國際貨幣基金組織會特批會員國將其原先固定的法定匯率提高或降低*10%*。這樣一來，經常性逆差的國家會因為貨幣貶值而增加出口並減少進口，從而達到收支平衡。

布雷頓森林會議的第三項措施，是建立國際復興與開發銀行，即日後的世界銀行。美國人出的錢通過國際復興與開發銀行成為長期低息貸款，幫助遭受戰爭重創的歐亞各國重建經濟。銀行的貸款和投資在很大程度上解決了會員國戰後恢復和發展經濟的資金需要。而在重建任務完成後，銀行的目標成為了為發展中國家提供長期低息貸款，促進其經濟發展。

布雷頓森林會議還幫助打造了傳說中的世貿組織（*WTO*）的前身——「關稅及貿易總協定」。「關稅及貿易總協定」逐步降低了各國的關稅堡壘，並且提倡各國發揮比較優勢（即前面談過的美國人賣電腦、中國人賣鞋），鼓勵各國發展了自由貿易體系。

***

雖然布雷頓森林體系是由諸多一流經濟學家精心打造的，但推出後

立刻出現了一個問題：世界上流通的美元不夠。

在珍珠港被偷襲後，美國參與了第二次世界大戰。美國政府開始大量舉債打仗，而這正符合了凱恩斯開的解決大蕭條的猛藥，一下子治好了美國半死不活的經濟。但美國政府很快發現一個問題：在戰爭期間，自己可以通過購買大量的戰爭物資讓工廠開足馬力，但戰爭結束後，這些多餘的商品該有誰來買呢？光靠美國國內，是沒有能力把這些生產力全部消耗的，因此唯一的解決辦法就是指向國外，通過出口解決多餘的生產。由於此時其他國家基本上被炸乾淨了，因此美國基本上是純出口，而這造成了美國當時貿易順差嚴重，美元只進不出。基本上，他們借給歐洲人的美元還沒在歐洲人兜裡揣熱乎，就已經為了買可口可樂回到了美國人自己的兜裡。

這樣的買賣美國人自然願意做，但這畢竟不是長久之計，歐洲人的錢用完了怎麼辦？借錢給他們，讓他們買美國的東西，其實只是左手倒右手。歐洲人如果永遠一窮二白，那麼他再債台高築也沒用，人家就是光腳的不怕穿鞋的，要錢沒有，要命有一條，美國人等於白給歐洲人打工。

前面在介紹比較優勢理論時我們就曾提到，一個國家之所以願意買另一個國家的商品，是因為他們可以用換回來的貨幣買東西。也就是說，如果對方是個窮光蛋，而且未來看起來也不會有什麼起色，那麼你根本沒有賣他東西的動力，因為這好比肉包子打狗，有去無回。如果歐洲人沒法重建經濟，開始生產美國人想要的東西，那麼美國人很快也就無法再向他們出口了。

而貿易對美國人也極為重要，因為他們還要依靠歐洲人購買他們的東西來解決多餘生產力的問題。如果產品賣不出去，那麼國內必定產品越來越多、越來越便宜，最後形成通貨緊縮，讓美國人經濟衰退、吃不了兜著走。而且，如果所有的美元最後都流回了美國，那等於歐洲根本沒有貨幣在流通。由於貨幣越來越少，歐洲等於也陷入了通貨緊縮、造成經濟衰退。

還有一個問題就是，如果歐洲人把錢都買了美國貨，他們沒有本錢，又怎麼能起家呢？窮光蛋之所以為窮光蛋，就在於他缺乏那第一桶金。《聖經·新約》的「馬太福音」裡寫道：「凡有的，還要加給他，叫他多餘；沒有的，連他所有的也要奪過來。」這種現象被稱為「馬太效應」，即窮的越來越窮，富的越來越富。雖說馮小剛導演告訴我們：「地主家也沒餘糧啊」，但大多數時候，地主如果經營得當，只會變得越來越富，但長工即使再辛苦也還是長工，其中的差別就在於一個有啟動資金，一個沒有。

因為這許多原因，美國必須讓自己的貨幣流向歐洲，在歐洲流通起來，這樣歐洲人才有錢重建、成為美國的長期客戶和貿易夥伴。同時，只有美元在歐洲流通後，美元才能真正地成為世界貨幣和儲備貨幣。要想達到這個目的，美國人本來可以繼續通過國際復興與開發銀行向歐洲人借錢。但借錢了就要還，而且還要加利息還，因此歐洲人在囊中羞澀之際，未必敢大借特借，生怕自己被債壓垮了。

為了保證歐洲能夠快速地崛起、歐洲人能夠得到足夠的啟動資金，喜歡重金砸的美國直接派錢，通過以當時國務卿命名的「馬歇爾援助計畫」送給歐洲人，全部白給，讓其快速重建家園。在*1948*年至*1954*年期間，美國給各西歐國家提供了*170*億美元。而這還不包括給日本和土耳其等國的錢。同時，美國也刻意製造貿易逆差，以便各國可以得到更多的美元開銷。這樣一來，大家就能夠得到足夠的美元流通，讓美元成為世界貨幣；而大家有了錢，建立好了經濟，才好和美國人進行貿易，互利互惠。

至此，布雷頓森林體系方真正成型。這個新的體系實際上是一種三角關係。美國在和第三世界的貿易中，得到了原材料，然後將其製造成了成品。之後，美國把錢送給歐洲人或者讓歐洲人從貿易中獲利，讓其在重建家園後可以買美國產品，再讓錢流轉回美國。而歐洲諸國有了錢後也會可以從第三世界購買產品。在這樣的體系中，無論是第三世界還是歐洲國家，其最終目的都是將產品賣給美國人換取美元。

作為三角的中心，美國人的強勢是以其經濟和國力作為基礎的。美國有了錢，才好讓三角貿易運行；美國有了權，才好保護大家不被蘇聯「欺凌」。作為全世界的中央銀行和黑社會老大，美國基本上到了呼風喚雨的境界，想幹啥幹啥，指東打西、肆無忌憚。而美元也成為整個西方經濟體的基石。

***

在美元無孔不入地流入世界各地後，布雷頓森林體系的威力開始顯現。世界貿易額開始大幅增加，各國的重建也是如火如荼。很快，世界到處欣欣向榮，一片歌舞昇平的景象。但很快大家發現，形勢不對頭了，而問題的源頭就是美國。

原來，美國從20世紀40年代末開始，逆差源源不斷。先開始大家覺得挺好，如果美國不逆差，美金就不會從美國國內進入世界範圍，那麼世界就會因為缺乏貨幣而經濟衰退。但後來美國開始一瀉千里，有人開始嘀咕了：美國要履行35美元兌換一盎司黃金的義務，必須擁有充足的黃金儲備。世界大戰結束後，美國有260億美元的黃金儲備，占世界黃金總量的60%以上，這樣的美國政府發放出來的貨幣，自然是有信用的。但若美國經常性虧本，黃金儲備跑到別的國家去，那麼別國來要黃金時，美國人拿什麼給人家？

1960年，美國經濟學家羅伯特·特里芬指出了一個大問題。他在自己的著作《黃金與美元危機——自由兌換的未來》一書中寫道，布雷頓森林體系存在著自身無法克服的內在矛盾：「由於美元與黃金掛鉤，而其他國家的貨幣與美元掛鉤，美元雖然因此而取得了國際核心貨幣的地位，但是各國為了發展國際貿易，必須用美元作為結算與儲備貨幣，這樣就會導致流出美國的貨幣在海外不斷沉澱，對美國來說就會發生長期貿易逆差；而美元作為國際貨幣核心的前提是必須保持美元幣值穩定與堅挺，這又要求美國必須是一個長期貿易順差國。這兩個要求互相矛盾，因此是一個悖論。」這也就是所謂的「特里芬難題」。這個問題其實凱恩斯等經濟學家在美國拒絕了「世界幣」後就早已有所預料，結果他們的擔心在十數年之後果然成為了現實。

當然，美國自己的行為也無疑是在給美元下套。除了國際收支開始連年逆差，美國在二戰以後又連續參與了朝鮮和越南戰爭，海外軍費猛增；而在國內政策方面，20世紀60年代，美國總統詹森在民權、反貧困、健康醫療、教育等領域投入大量資金，進行大規模社會改革。而美國政府又不願意加稅讓老百姓負擔這些支出，因此這些錢只能通過印鈔票這個屢見不鮮的辦法解決。越來越多的鈔票使得美國通貨膨脹越來越厲害，而通過固定匯率，美國又把這種通貨膨脹輸出到了世界各地，迫使各國和它一起膨脹。

由於內憂外患，美國就好像壞了的馬桶一樣，黃金不斷流出。從1960年開始，美國的黃金儲備就已資不抵債。之後的十年中，黃金流失得越來越快。到1971年，美國的黃金儲備僅是外債的16%上下；在這種情況下，用美元隨意換黃金，無疑是一句空話。

在此期間，各國也都是試圖幫忙維護布雷頓森林體系。眾所周知，布雷頓森林體系的基石，是美元可以隨時以35美元1盎司的價格換成黃金。就是因為美元和金子一樣可靠，美元才會被稱為美金。這樣，全球人民才會放棄使用黃金，直接用美元結算。但是，當時黃金也作為貴重金屬被交易。這意味著市場上的黃金價格也必須維持在35美元1盎司左右。若美國黃金儲備不足，無力進行市場操作和平抑金價，則黃金的市場價會高於布雷頓森林體系的官價；如果市場價超過官價，那麼大家直接拿美元換回黃金，然後在市場上當作貴重金屬賣掉好了，直接賺差價。

但隨著美元連年逆差、通貨膨脹，為了抑制金價上漲，布雷頓森林體系諸國都意識到需要主動干預市場以保持美元匯率、減少黃金儲備流失。在1961年，美國聯合歐洲諸國成立「倫敦黃金總庫」。倫敦黃金總庫的宗旨是，如果市場上金價太高，那麼大家就一起賣出黃金，通過增

加供應量把黃金價格拉下來。待黃金價格落下來後，各國再買入黃金作為儲備。通過這個系統，各國希望能夠減少美國黃金儲備的壓力。但即使大家都出力，也阻止不了美元的頹勢。到了*1968*年，倫敦黃金總庫也撐不下去，宣布解散。

到了此時，通貨膨脹和逆差使得美元需要貶值的跡象變得越來越明顯，而美元匯率的下降，意味著布雷頓森林體系匯率也將隨之終結，因此很多人還想死馬當活馬醫，再苟延殘喘下去。這種想法其實很不合時宜，因為早在*1958*年，歐洲諸國就因為有了足夠的黃金儲備而相繼恢復了自由兌換，允許各自的貨幣也能自由換成黃金。另外，日本在*1964*年也實行了日圓和黃金自由兌換。到了*20*世紀*60*年代中期，日本歐洲的黃金儲備甚至超過美國。這意味著這些國家其實早已經可以不必靠美元做儲備，自己也能混的開。

但美元之所以能夠堅持到*20*世紀*60*年代末，主要是因為兩個原因。首先，在冷戰期間，歐洲和日本等地的防務其實都是美國在承擔。他們之所以願意接受明顯被高估的美元，主要是因為害怕蘇聯。因此，美元貶值就貶值好了，他們虧的錢，權當給美國這位黑社會老大的保護費了。在另一方面，在美國不斷衰弱的情況下維持固定匯率，可以讓疲軟的美元保持被高估的價格，而德國和日本的出口大國的貨幣卻在沒有調整的情況下持續被低估。而這是雙方都願意看到的結果：德日不希望匯率調整後，他們因為貨幣增值而減少出口；美國則不願意匯率貶值，以至於沒人願意借錢給它、讓它不勞而獲。

***

但是，美元到了此時已經是強弩之末，完全靠其他各國的施捨延續生命。此時，美元終結者出現了：它們就是由各大銀行和金融機構組成的金融小團體。這些小團體完全擾亂了原先的外匯秩序。在早期，人們購買或售出外匯大多是為了貿易和投資。但小團體不同，他們的目標是對沖和炒匯。這些所謂的國際「熱錢」的目的只有一個，那就是盈利。小團體們發現布雷頓森林體系早已過時。於是，他們開始利用體系中的各種漏洞套利。

這些小團體會首先分析各國的經濟狀況。如果一國因為貿易逆差、政府預算赤字或通貨膨脹被認為經濟狀況薄弱，那麼這些熱錢就會選擇快速撤離該國貨幣，跑向另一個更為堅挺的貨幣，坐等薄弱貨幣貶值、堅挺貨幣升值。這其實是一個完全沒有風險的投機，因為如果薄弱貨幣熬下來沒有貶值，那麼熱錢在之後「完璧歸弱」即可，一點損失都沒有。就這樣，這些利用布雷頓森林體系固定匯率的熱錢肆無忌憚，四處攻擊各種薄弱貨幣。

在*1967*年，熱錢認為英鎊被高估，於是瘋狂拋售英鎊，使得英鎊貶值的壓力倍增。英國銀行和過來幫忙的夥伴們資本不夠，無法阻止熱錢對英鎊的攻擊，於是在*1967*年*11*月*18*日，英國政府被迫讓英鎊貶值。在*1968*年被攻擊的是久被高估的美元。為了保證布雷頓森林體系，德國政府被要求只能購買美元作為儲備、不能購買黃金，以此方式來提高美元的需求、維護美元的價值。但財大氣粗的德國政府也不是熱錢的對手，馬克於*1969*年被迫升值、美元貶值。

而倫敦黃金總庫的解散，使得黃金市場正式進入自由浮動的階段。

這無疑是雪上加霜，因為自由交易的黃金價格開始大幅上升，很快就變得比官方的35美元1盎司的價位高出很多。此時，其他各國也繃不住了，它們開始紛紛拋售自己手中的美元換取黃金，而這使美國黃金儲備急劇減少，倫敦金價暴漲。

到了20世紀70年代，美國的逆差和通貨膨脹因為石油價格飆升開始越來越厲害。僅僅在1970年一年中，美國的黃金儲備就減少了一半以上。這意味著大家已經不信美國政府所承諾的美元不會貶值一說，他們寧可直接要黃金。眼看美元貶值在即，大量熱錢也開始出逃，僅在1971年一年，就有220億美元逃離。這說明大家都同意，美元貶值的已經太厲害，其價值和黃金差太遠了。眼看著小團體們就要給美國最後一擊，打垮布雷頓森林貨幣。

但是在1969年，美國又讓國際貨幣基金組織變出一個「特別提款權」，然後強迫各國從國際貨幣基金組織購買這種特別提款權作為儲備基金。特別提款權的價格和黃金與美元一樣，但是看不見摸不著，只是承諾如果各國在購買後需要用錢，那麼國際貨幣基金組織就會把你的那筆錢拿出來給你應急。因此，特別提款權的出現，其實是強迫各國必須以一定數量的美元作為儲備。這是美國明目張膽地收保護費，意思就是：如果你希望我繼續保護你，那麼你就要看著美元貶值虧本，並且白紙黑字告訴你會虧多少。

但即使如此，也不過是緩慢了美元貶值的步伐。在1971年8月15日，美國撐不下去了，尼克森單方面宣布，不再允許各國用黃金兌換美元，在90天內管制工資和物價以減少通貨膨脹；同時政府將對進口商品課徵

*10%*附加稅，並削減*10%*的對外援助。這意味著，諸國手中拿著的美元只是美元，不再是黃金。尼克森總統沒有辜負自己「難以捉摸的迪克」的外號，這次的決定不要說美國的盟國被蒙在鼓裡，連他自己的外交部都被打了個措手不及。因此，這次貶值也被稱為「尼克森震盪」以紀念這位中國的老朋友。

尼克森的決定等於美國宣布投降，不再堅持美元不需貶值。但很多國家還妄想維護已被打垮的布雷頓森林貨幣。他們在*1972*年又訂立了史密森協定，約定將美元和黃金之比率降至*38*美元比*1*盎司黃金，並允許更大幅度的浮動（*2.25%*）。希望以此來穩定美元的價格。但金融小團體們卻集體認為，美元應該貶值更多。在*1973*年，美元又貶值*10%*至*42*美元*1*盎司黃金，並因為油價而開始快速通貨膨脹。由於無法忍受美國帶來的高通脹率，各國也開始紛紛放棄對美元的固定匯率制，實行浮動匯率。加上小團體們的持續攻擊，布雷頓森林匯率體系終於在裡應外合的打擊下退出匯率舞台。

在*1976*年，國際貨幣基金組織各成員國在牙買加的首都金斯頓通過協議，承認浮動匯率制以及各國選擇貨幣制度的自由；同時，實行黃金退出了匯率市場，其官價被取消，黃金的價格將作為貴重金屬，完全由市場自由決定。

***

布雷頓森林體系雖然設計完善，但最終還是難逃毀滅的命運。除了特里芬難題這個致命弱點以及美國的不負責任以外，布雷頓森林體系的另一個問題來自於它的派別。作為固定匯率派的一員，布雷頓森林體系

雖然能夠為諸國帶來穩定的匯率以及資金的自由流動，但卻不能讓各國有獨立的貨幣政策，所有國家都得對美國俯首稱臣。這樣的條件各國只是在戰火塗炭後才被迫勉強接受，後來翅膀硬了自然想單飛；因此，布雷頓森林體系的解體也就在所難免了。布雷頓森林體系最終無法逃脫固定匯率派的命門。

經歷了布雷頓森林體系的興衰，現代匯率市場終於有了雛形，各國不再統一採取固定匯率派，而是根據自己的利益從四大門派中挑挑揀揀，選擇最適合自己的風格。但是，布雷頓森林體系作為從金本位制向現代匯率體系的過度，其影響直至今日仍未消退；可以說，接下來的每一個話題，都可以從布雷頓森林體系找到萌芽。

今天的匯率格局也在很大程度上傳承了布雷頓森林體系。美元雖然因為倒行逆施以及金融小團體的群起而攻，而不再能夠和黃金同價，但依然保持著其核心地位；因此，很難說美元是這場匯率戰爭的輸家。不論是儲備、計價、還是結算，大多數國家還是選擇以美元為單位。這是因為，作為世界上最大的經濟體，美國足以消化國際資本流動的衝擊，很多國家也把美國市場的消費當作自己經濟增長的引擎。

戴高樂時代的法國財務部長、後來擔任法國總統的吉斯卡爾·德斯坦在*20*世紀*60*年代曾說，美元被認為擁有一種「囂張的特權」。直至今日，這種特權依然存在，並且在很多方面體現。作為全球流通的貨幣，美國不但可以低息發售國債，而且完全規避了其他國家可能遇到的外匯風險。美元成為全球的儲備貨幣，美元不費吹灰之力，就從四方白白得到財富。美元的通行也賦予其政治上的優勢；作為全球的央行，美國政府可以直接影響匯率、流動性及利率，從而影響其他使用美元結算國家的財政和貨幣政策。

不過這樣一來，最終擊垮布雷頓森林體系的特里芬難題等於並沒有解決，至今依然陰魂不散。由於各國依然和美元掛鉤或被美元影響，美國依然需要大幅逆差以刺激全球經濟發展。而這樣無疑會和20世紀60年代一樣，造成美元的貶值、流動性氾濫。而第一個嘗到這個問題苦果的不是別人，正是美國的遠東盟友：日本。

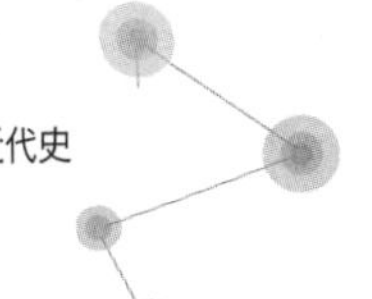

二、日本：失落的十年

日本經濟在過去20年中彷彿一直陷入沼澤，難有起色，這已是路人皆知的事實。但要瞭解日本是怎麼陷入困境的，我們還要尋根溯源，接著美國的故事說起。

***

在退出布雷頓森林體系後，浮動的匯率並沒有給美國帶來太多好處。在整個20世紀70年代，美國政府決策者的智障，導致了經濟上的「滯漲」。所謂滯漲，就是說經濟上停滯不前、沒有增長，但國內卻通貨膨脹嚴重。在70年代前，這被認為是不可能的：通貨膨脹是因為流通的貨幣比貨物多而造成的，而貨幣多是因為經濟正在高速成長，所以怎麼可能是經濟停滯期出現通貨膨脹呢？

但弗里德曼等經濟學家認為，有時通貨膨脹並不一定是因為經濟增長，原材料漲價也能造成物價高漲。果不其然，在20世紀70年代石油輸出國組織（OPEC）決定漫天要價以後，美國的物價開始飛漲。美國對石油的依賴就像癮君子依賴毒品，所以毒販子不管怎麼要價，美國人都不會想：「老子不吸了總可以吧」，而是多少錢都會出。但物價一漲，老百姓這下子不幹了，所以公司還得給員工漲工錢。但這時石油輸出國看到美國人越來越有錢，他們為了自己的利益又接著漲錢。美國人

沒辦法，只能跟著再漲薪資。如此一來，美國人手中的鈔票越來越多，但其實買到的石油還是一樣多，等於錢越來越不值錢，通貨膨脹嚴重。而且，美國人賺錢雖然多，其實生產力並沒有增加，經濟並沒有得到增長。另外隨著工資越來越高，公司成本也就越來越高，但公司的收入卻沒有增長。慢慢地，公司就負擔不了這麼多高收入的員工，只能開始裁人，不然只有倒閉一條路。

因此，石油漲價給予了美國雙重打擊。在一方面，石油和工資的交替上漲，致使通貨膨脹「螺旋式上升」。在另一方面，公司的收益越來越差，經濟停滯不前，而且員工也都因為公司收益問題而被炒魷魚，形成大量的失業問題。

這種問題一直維持到了*20*世紀*80*年代。雷根當選總統後，決定透過降低稅率來刺激美國經濟。這就是日後美國很多政客嘴中的「雷根經濟學」，大意就是，不論出了什麼問題，減稅即可，因為他們認為，減稅就能夠提高總需求，提高總需求就能帶著供應跟著增長，從而刺激經濟開始增長，而經濟增長後政府能夠收取的稅也就更多，減稅簡直就是無本買賣、只賺不賠。在一方面，降低稅率刺激了經濟；在另一方面，經濟增長使得錢更多，因此即使稅率低，最後收到的錢還要更多。雖說我們從小就被教育「天下沒有免費的午餐」，但雷根以及其共和黨、保守派擁躉就是相信有，減稅無所不能。

但即使雷根經濟學有效，也只解決了美國經濟停滯不前的問題，通貨膨脹還是存在。這個問題無法讓魔術師雷根一下子變消失，還得一步一步來。當時的美聯儲主席保羅·沃爾克知道通貨膨脹危害很大，大家如果覺得錢會變得越來越不值錢，那麼會傷害大家對美國經濟的信心，導致無人願意在美國投資，導致經濟衰退。於是他決定長痛不如短痛，把利率調得非常之高，通過緊縮貨幣的手段來提升美元利率。很快，「鬆財政、緊貨幣」的政策組合在緩解「滯脹」方面取得了一定功效。

但這種政策也給美國經濟帶來了嚴重的問題。天下其實沒有免費的午餐，這個定律連雷根這樣的明星也改變不了。減了稅，美國經濟雖然得到刺激，但政府徵得的稅也少了。但是在政府實際收入減少的同時，雷根花起錢來卻好像美國靠減稅發家了，預算好像黑洞一樣，錢都不知道跑哪裡去了。美國政府的赤字好像美國人的體重一樣，從此直奔天文數字。

但赤字的問題一時半會還沒什麼太明顯的後患，所以雷根直到今日還被美國政客集體崇拜。當時更大、更緊迫的問題是高利率。美國利率一高、貨幣一緊縮，通貨膨脹確實是下來了，但經濟也因為通貨緊縮而小小衰退了下來。同時，因為利率高，各國遊資、熱錢也都聚集美國，想分一杯羹。因此，這些錢都狂購美元，而這使得美元價格節節攀升。在雷根第一個四年總統任期完成後，美元的匯率基本上追回了因為通貨膨脹而喪失的價值。但升值有一個問題，那就是美元一值錢，美國所有的商品都跟著貴，因此國外都不買美國貨了。同時，美國老百姓因為錢值錢，又大肆購買外國貨。但眼看著貿易逆差越來越嚴重，美國也不能降息，因為一降息又該通貨膨脹了。

為了攻克通貨膨脹這個碉堡，美國人只能眼睜睜地看著逆差越來越大，赤字越來越高。到*1984*年，美國的經常專案赤字達到創歷史紀錄的

*1000*億美元。此時，通貨膨脹也已基本控制，逆差變成了頭號公敵，經濟增長成為政府的頭號大業。於是，日本人粉墨登場。

***

一開始美國人的談判對手，其實不僅僅是日本人，還包括歐洲人。上文已經提過，歐洲人和日本人透過向美國出口賺了不少錢。現在美國經濟不好，第一個想到的就是這些盟友。美國人的意思，是能不能看在我是你們黑社會老大的面子上，你們也給我條生路。現在我美元的匯率被我自己的貨幣政策搞得太高，現在大家幫幫忙，讓我下滑到正常價位吧。

鑑於美國是世界經濟的基石，其經濟惡化對誰都不是好事，只能使得大家一起蕭條；而且它又是大家的打手，於是日本、歐洲在美國的利誘威逼下，都同意了美國的要求。*1985*年*9*月*22*日，世界五大經濟強國（美國、日本、西德、英國和法國）在紐約廣場飯店達成「廣場協定」。協定的目的是讓美元對這些國家貨幣的比率有秩序地下調，以解決美國巨額的貿易赤字問題，同時通過貶值讓美國產品更具有競爭力，刺激美國經濟。

廣場協定簽訂後，五國聯合干預外匯市場，各國總共拿出*100*億美元入市，大家一起開始拋售美元，導致美元持續大幅度貶值；在*1985*年至*1987*年期間，美元對日圓的匯率貶值了*50%*以上。光從匯率上來看，廣場協定達到了其目的，美元成功貶值。

但美元匯率只是表像，廣場協定真正的目的是藉由讓美元貶值讓美國收支平衡。從這一點上來看，廣場協議基本上是失敗的。美國與歐洲之間的赤字雖然減少了，但和日本的赤字基本上沒什麼改變，日本人還是大賺特賺。這主要是因為日本和美國的赤字其實和匯率沒什麼關係，而更多的是因為日本多種、多樣的關稅阻止了美國貨的進入，而日本並沒有因為廣場協議而將這些關稅廢黜。另外，與會五國在廣場協議所同意的其他種種政策，也都沒有得到貫徹，比如雷根政府還是一如既往地花錢如流水，各種政府預算赤字權當視而不見。

而即使是廣場協議取得了一定的成功，實際上也沒什麼了不起。日本、歐洲持續對美國有順差，其貨幣本來就應該升值。在一開始我們就看到，在兩國貿易時，貿易順差國的貨幣升值、貿易逆差國的貨幣貶值是很正常的事情。而只有透過這種匯率的調節才能使得雙方貿易平衡，不會出現一國債多了不愁的現象。

因此，即使沒有廣場協定，實際上美元貶值、日圓升值也是早晚的事。實際上，在廣場協議前，這個趨勢已經開始顯現，廣場協議只是將其延續而已。我們可以想像一下，如果當時美元本身其實很高，而其下跌是違背市場規律的，那麼各國政府的拋售即使能夠起作用，也頂多是塊創可貼，只能暫時一用。很快，當各國政府不再拋售美元後，美元的下跌就會停止，甚至還會開始上升，直到市場再次把美元帶回合理的價格範圍內為止。因此，廣場協議在匯率方面能夠成功，很大程度上是因為它是在順勢而行。

但即使是匯率下跌的任務，廣場協議作為一塊劣質的狗皮膏藥、扶不起的阿斗，都沒有百分之百地完成任務。廣場協定本來還有一個功

能，就是能夠確保美元貶值的幅度和速度。但當各國政府干預完了之後，市場上投資者小團體看出美元跌勢，開始拋售個沒完。結果，美元的跌幅遠遠超出五國的設想。從這一點我們就可以看出，在國際外匯市場上，各政府能拿出來操控價格的資金不多，因此實力非常有限。就好像正規軍打不過游擊隊一樣，各國政府的實力也不如市場上諸多熱錢小團體。在浩瀚的市場面前，政府拿出來的那點錢不過杯水車薪，很可能一瞬間就被市場所吞噬。

此時，各國開始意識到，雖然美元跌跌更健康，但美元大幅度貶值對國際經濟不好；作為世界貨幣，還是需要保持美元匯率穩定。這時，美國本來也可以自力更生，透過提高利率拉美元一把，但美國又不想高利率影響自己的經濟。於是，大家在*1987*年又齊聚巴黎，又達成了一個協定，即「羅浮宮協定」。

羅浮宮協定其實跟廣場協定內容差不多，基本上還是強迫雷根不能當個敗家子，必須減少美國財政赤字；另外，各國也同意再次聯手入市，干預並協調美元價格以保證美元匯率的平穩。和廣場協定相比，羅浮宮協定大致完成了任務，美元的匯率的確穩定了。

除了匯率方面的成功，美國人在後來也的確開始處理赤字問題，即使丟了烏紗帽也在所不辭。不過丟官的也不是雷根，人家任期結束、順利退休了。替雷根收拾爛攤子的是他的副總統，中國人的舊識老布希先生。老布希贏得選舉後，本來答應絕不加稅；但後來他看到政府赤字實在慘不忍睹，於是仗著自己打贏了海灣戰爭（波斯灣戰爭）後的人氣，決定冒險加稅。結果他賭輸了，很快選舉敗給了名不見經傳的柯林頓。

老布希的加稅讓柯林頓坐享其成，美國政府很快收支平衡，甚至還有盈餘。

在*1990*年前後，美元的匯率調整好了，國內經濟得到了整頓，基本上已經開始整裝待發，等待*20*世紀*90*年代高科技興起為其帶來的繁榮。而就在此時，日本趴下了。

***

不論是廣場協定還是羅浮宮協定，其主旨都是幫助美國調節國內經濟。而且，廣場協議在很大程度上還是失敗的。那麼，這兩個協議，是怎麼使得日本盛極而衰、一下子一蹶不振的呢？

原來我們就講過，匯率不但能夠影響貿易，還能影響資本的流動。因此，雖然廣場協定及羅浮宮協定沒有阻止日本對美國持續順差，但美元利率的調整影響了世界資金的流動。由於美元匯率的下跌，用美元結算的資產開始貶值，於是大量的熱錢都從美元逃離。日圓成了他們下一個避風港，因為大家都知道日圓要升值了，於是大量資金進入日本市場。

而日圓升值也在國內造成了影響。美元貶值使得日本出口業賺回來的錢變得不值錢了，而且日圓價格越來越高，使得日本產品越來越貴，出口越來越難。因此，日本人更希望把錢花在國內。日本人的消費加上熱錢的流入，使得日本國內興起了投機熱潮，尤其在股票交易市場和土地交易市場。大家都盛傳，日本人這麼有錢，而國土這麼小、人口這麼多，土地肯定是稀有資源，怎麼會貶值呢？因此大家都樂於把全部資本

投入土地買賣。而大家倒買倒賣土地越來越多，土地價格也就越來越高。而每次交易，都會造成一批富翁。富人越多，消費就越多，經濟也就越來越好，股票也就跟著越漲越高。而每次賺的錢又被再次用於買地蓋房。銀行此時也推波助瀾。他們也認為土地是安全資產，於是不斷升值的土地被用來作為擔保，而銀行也向債務人大量貸款。到了後來，東京*23*個區地價的總和已經可以用來購買美國全部國土。

賺了錢的日本人開始四處揮霍。美國各種資產，不管是標誌性的美國洛克菲勒中心，還是各類大小公司，都有日本人重金購置的痕跡。各類名畫、古董、跑車更不在話下，簡直就是毛毛雨。當時的人們認為，只要地價高漲，經濟就不會有問題。即使土地價格超過了實際狀況又怎麼樣？反正還有下家接手。由於大家發現投資遠比幹實業更有賺頭、風險更小，於是所有資金一股腦兒跑去投機。在*1989*年，日本泡沫經濟迎來了最高峰。日本各項經濟指標都達到了空前的水準。日本銀座的地價更是已經到了*1*億日圓（*100*萬美元）*1*平方米。

但就在這時，日本經濟開始出現裂痕。實體經濟和金融土地經濟出現明顯不符。而且，隨著資產價值越來越高，大家都發現，等著靠這些資產賺錢實在太不靠譜了：當*1*平方米*100*萬美元，要賺多少租金才能回本？當時人的收入水準和經濟的生產水準，很明顯沒辦法支撐這樣的漲幅。這樣，大家唯一的期待，就是能夠出現一個比自己更傻的冤大頭，出*101*萬美元*1*平方米買走這塊地皮。而價格越高，這種傻瓜就越少，而且最後一個出價的傻瓜，只能守著*101*萬美元*1*平方米的房子，靜靜地看著自己的財產消失。

眼看泡沫馬上要破滅，政府也意識到了盈不可久的道理。他們心想，與其坐等泡沫破裂，不如主動刺破它，以免泡沫變得更大，將來崩潰時危害加倍。於是，日本中央銀行開始上調利率、要求銀行削減貸款，減少流通性。由於泡沫只有在越來越多的貨幣注入的前提下才能變得越來越大，因此日本政府開始貨幣緊縮，使得泡沫當即崩潰。日本股票在*1990*年開始大幅下跌，各大企業無一倖免。而隨之而來的是土地泡沫的崩盤。泡沫經濟中止了。日本經濟接下來要面對的是一片狼藉，和長達十年之久的經濟緩慢衰退。

***

日本為什麼會形成泡沫呢？從根本上而言，「泡沫經濟」的形成，是因為大量過剩資金追逐相對稀缺的投資機會，從而造成資產價格的不斷膨脹。而過剩資金的出現雖然是日圓匯率升值引起，但真正致命的卻不是匯率，而是日本中央銀行的錯誤判斷。

一開始，日本確實因為日圓升值而小小地受到了負面影響。其實，僅僅是日圓升值後，大家適應的一個過程，市場的一次自動調整。畢竟日圓升值使得日貨的價格上升，因此以出口為生的日本企業不得不進行環境適應。雖然這次調整幅度不大，日本經濟也很快適應了日圓升值，但日本政府卻不這麼認為。他們對日圓升值的恐懼根深蒂固，害怕升值把日本三、四十年經濟增長的後果一掃而空。

於是，在日圓升值的同時，日本政府居然開始降息，即在貨幣越來越值錢的同時，讓市場上的貨幣數量越來越多，形成了日本人手中資金的一次大爆發。而過剩的資金外加惡化的出口環境，使得這筆錢只能用

在股票和房地產等市場上，或者用於買跑車這樣的奢侈品上，而這才是泡沫開始的根源。

之後，諸國政府為了應付通貨膨脹，都開始加息，日本銀行也準備升息。本來日本的災難還不算太嚴重，亡羊補牢還來得及，透過加息實行貨幣緊縮，可能之後的災難也就避免了。但就在此時，老天爺和一群自作聰明的美國人和日本開了個玩笑：在*1987*年*10*月*19*日，紐約股市以及全球其他股市都毫無緣由地開始狂瀉不止；在一天之內，美國股市就下跌了*22%*以上，而這一天從此被稱為「黑色星期一」。

當時，人們並不知道，市場狂瀉其實是幾個美國「風險管理」的「磚家」造成的。原來，這些專家發現，最能確保股票保值的方法，就是在股票下跌的時候跟著賣，然後漲的時候跟著漲；這樣的話，不論下跌多少，投資者都不會虧太狠，而漲的時候也不會被落下。因此，他們寫了一個軟體，讓電腦自動處理這個程序：跌的時候跟著賣，漲的時候跟著買。

當華爾街投資商第一次知道這個軟體的時候，其實他們是拒絕的。因為他們覺得，你不能說自己軟體很好就很好。投資商要試一下，因為他們不想說，在試用軟體期間，被人當招牌忽悠：「效果好得某某某投行（投資銀行的簡稱）都用！」這樣的話別的投資商肯定都罵我們，根本沒有這麼靈！證明這家投資商是騙子。所以投資商說先要給我試一下。後來他們也知道這種軟體確實是高科技，理念也很合理。用了一陣下來呢，起碼他們用的很愜意，每天都開始用。而且不僅每天都用，還給別的投資商推薦。來！來！來！大家試試看！他們給別人看到，我用

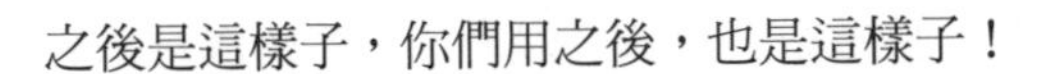
之後是這樣子，你們用之後，也是這樣子！

很快，各大投資商都裝備了這一軟體，但就在此時，這些美國風險管理「磚家」始料未及的一個悲劇發生了。在黑色星期一，也不知道是因為什麼原因，有人賣了一些股票。可能由於市場動靜大了些，投資商的風險管理軟體開始運作，按照程序也賣了一些。結果另一家投資商的程序也發現了，也跟著賣了一些。由於大家都用的是同一技術的軟體，很快大家都賣得一發不可收拾，股票開始狂跌。而且最妙的是誰也不知道為什麼，只知道電腦做出的決定一定是有理的，而暴跌就是這樣糊裡糊塗地形成的。

由於黑色星期一的出現非常隨機，因此大家只把它當作一顆流星看待，誰也沒把它太當回事兒。但美日政府卻不這麼想。美國很害怕這是又一次經濟危機的預兆，於是他們不希望日本政府提高利率，把資金都從美國吸引走，因此導致經濟衰退。而同時，日本政府對日圓升值的害怕依然根深蒂固；他們害怕萬一自己提高利息，這些歐美資金會和驚弓之鳥一樣，都跑到日本來，這樣只能使日本的匯率越來越高，而且也無法減少國內過熱的形勢。於是，在美國的建議下，日本決定繼續維持低利率，以此來促進國內投資和內需。如果說第一次減息還有補救的可能，那麼這一次不去提高利率，對日本來說可就是致命的失誤了。從此，日本國內的資金彷彿爆炸了一樣，泡沫愈演愈烈，再無補救的可能。而這一切，都是因為美國幾個聰明人覺得讓電腦決定股票買賣能夠降低風險。

除了經濟大環境的因素，日本政府並未提升利息，還有一個原因就

是日本當時根本沒有通貨膨脹。日本政府以為，沒有通貨膨脹就意味著國內資金並沒有過剩，因為流動性過剩最明顯的徵兆就是物價上漲。但是他們沒有想到，由於日圓大幅升值，世界其他各地的產品和原材料都變得便宜，所以綜合起來物價才保持了平穩。而在物價穩定階段大幅度提息，很難讓人信服；如果出現錯誤，甚至可能會造成本來態勢良好的經濟開始衰退。這種責任自然誰也不敢當，於是政府也就一直保持了低息的政策，釀成了後來的苦果。因此，日圓匯率的升值不但觸發了流動性過剩，還掩蓋了流動性過剩這一事實。

除此以外，日本政府和企業間的親密關係也是泡沫的原因之一。日本雖然號稱是資本主義國家，但其實商業氛圍充滿了「引導」色彩，到處都有政府插手的痕跡。歐美等國在日本經濟飛速發展時，都認為應該借鑑日本式的資本主義，即政府引導下的自由市場，認為這樣才是最有效率的模式。但其實他們忽略了一個很大問題：由於政府和企業之間的關係太緊密，因此政府很難發揮監督管制企業的作用。企業無論在什麼時候，都希望貨幣越寬鬆越好，市場上流動的資金越多越好。但政府卻不一樣，其必須發揮長期規劃和調節的作用。但日本政府卻因為企業的影響而沒有做好自己的本職工作，這只能說是成也蕭何，敗也蕭何。

***

日本的泡沫破裂，結果是慘痛的。數以萬億計的財富消失了。到了*2004*年，當年價值*100*萬美元*1*平方米的銀座房地產的價格跌到了只有原來的*1%*不到，連泡沫較小的住宅也只剩下了原有價值的*10%*。

泡沫使得太多的企業和投資者在價格上升的時候進行了過多的投

資，因此在泡沫破裂後，這些個人和企業都背上了大筆債務。而由於各種資產價格崩潰，銀行的抵押也變得分文不值。日本各大銀行的不良貸款紛紛暴露，對日本金融造成了嚴重打擊，讓支撐日本經濟發展的長期信用體系陷入癱瘓。

更讓銀行頭痛的是，經濟惡化使得他們很難賺錢，因為不管給誰借貸，對方都很難在條件如此惡化的條件下盈利，因此借出去的錢都是有去無回。而且，大多數企業其實根本就不想借錢。這些企業由於債務過多，大多處於破產的邊緣。企業也不想多賺錢，只想趕快還掉債務。因此，企業只要一賺到錢，就趕緊去銀行還債，沒有人去借債投資，擴大生產規模。

另一方面，老百姓也都不需要任何貨幣。大家看到經濟態勢不好，誰也不敢花錢，而這導致了國內需求減少、貨幣流通減少，造成貨幣緊縮。而國內需求的減少，使得企業不得不降低價格，而降價的後果是企業的利潤越來越薄，能雇的員工也越來越少。而大家看到價格降，就更不願意花錢，期待價格再降。而企業賣不出東西，就只得再降，由此形成貨幣緊縮的惡性循環。

而這就形成了所謂的「流動性陷阱」，意思是市場上的流動性都消失了，而且無法補救。在一般情況下，如果經濟開始惡化，那麼政府可以透過降低利率來增加貨幣供應和流動性，以此刺激經濟。但在日本，降低利率根本沒有用，因為老百姓和企業根本不需要更多的流動性。日本中央銀行甚至把利率降到了零；也就是說，銀行可以白借錢給你，賺了都歸你，風險歸銀行。而即使在有這麼好的條件的情況下，都沒有人願意借錢投資、消費（倒是後來，有不少外國人看到日本利率低，於是開始從日本借錢到外國投資，不過這是後話，按下不表）。克魯格曼等經濟學家甚至說，日本政府應該在保持利率為零的同時，還應該有意地製造通貨膨脹。這樣，實際利率其實就是負數，錢會開始變得越來越不值錢。如果老百姓不花錢、企業不投資，只能眼看自己的財富日漸消失。這招雖然狠，但究竟效果如何，至今仍不得而知。

日本這十年也被稱為「消失的十年」，因為日本經濟基本上是停滯不前。銀行和企業因為經營不善，都處在倒閉的邊緣。政府為了不造成經濟更加惡化和失業率上升，只得往裡不斷砸錢，養著這些所謂的「僵屍」企業。因為家底雄厚，日本政府可以養著這些僵屍企業，可以和美國大蕭條時羅斯福新政一樣，花錢大建基礎設施刺激經濟和就業，但這些都是緩兵之計。基礎設施建設給日本帶來的，是一些只有幾千人的小村子裡也有著像金門大橋一樣宏偉的設施，但日本的根本問題還是沒有解決。大家甚至不知道日本的根本問題究竟是什麼。日本雖然後來靠著向中國出口暫時緩過來一陣子，但隨著美國次貸危機和之後的世界範圍內的經濟危機，日本又回到了原點，再次開始不死不活。世界第二大經濟強國就這樣迷失在匯率帶來的迷宮裡。

***

日本的崩潰讓美國少了一個競爭對手，因此很多人都說，是美國人的匯率策略玩死了日本人。而且，很多人還會把廣場協定、羅浮宮協定、黑色星期一等事件串在一起，認為美國處心積慮，就是要毀掉日本。但這個邏輯有一個很大的問題，就是它自然而然地把一件件事情因

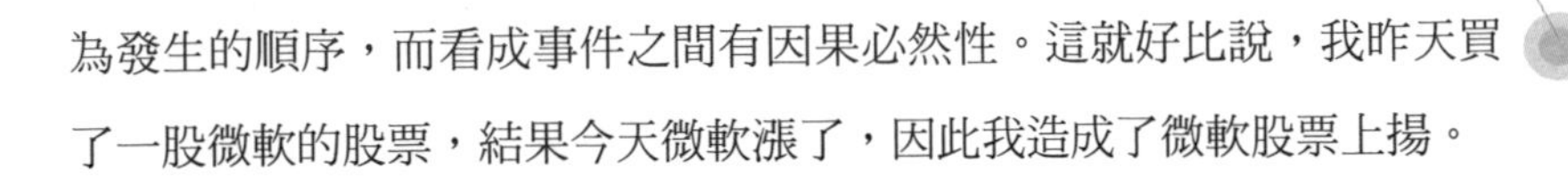

為發生的順序，而看成事件之間有因果必然性。這就好比說，我昨天買了一股微軟的股票，結果今天微軟漲了，因此我造成了微軟股票上揚。

綜上所述，我們已看到，讓匯率貶值只不過是美國自保的一種手段，其主旨在於刺激美國國內經濟、減少赤字。日圓的升值只不過是這種政策的副產品。再說，美國擊潰日本，對美國有什麼好處呢？從美國白給日歐錢，讓其重建，我們就能看出貿易最基本的原理：大家好才是真的好。美國和日本不僅僅是競爭對手，也是貿易夥伴；其中一國沒錢了，另一國只能跟著沒錢。美國又不是人肉炸彈，為什麼要一損俱損？

退一萬步說，即使美國想擊潰日本，如果條件不成熟也是做不到的。首先，日圓必須應當升值，在一個自由市場中，它才會升值。不然的話，上升的日圓匯率根本不會被金融小團體們接受，肯定會把日圓打回原形。其次，美國還要早幾年就開始佈局，讓幾個無事生非的美國人早幾年就開始研究軟體。之後，美國還要軟硬兼施，讓所有投行都採用這個軟體，並同意為了所謂的國家利益蒙受極大的經濟損失，而這也等於美國政府要主動協同同行矇騙所有股市中的投資者，損害其財產權。這些都安排好後，美國政府還要確定，股票必須在日本快要加息的時候崩盤，讓日本不敢加息。

而即使美國如此處心積慮、操縱市場，並且寧願承受20%以上的損失，最後還要能說服日圓在不必要的情形下升值，假設這一切都能做到，日本其實也未必注定會泡沫，更不要說最後經濟崩潰。很多其他國家的貨幣與美元的匯率也都上升，但最終並無大礙。這是因為，泡沫其實是可控的、有規律的。

由於泡沫歷史悠久，所以經濟學家對其早有研究。他們認為，泡沫可以分為五個階段。首先出現的是變革，不論是商人準備出海、法國準備開發密西西比地區、鬱金香突然值錢、還是互聯網開始盛行，總得有這麼一個東西，讓大家覺得，這個世道要改了。之後第二個階段是欣喜，大家看到：「哇，網路真是好東西，它讓我們的生活完全不同，上網的人肯定會越來越多，網站的股票一定會暴漲！」第三個階段則是瘋狂，也是泡沫的巔峰。「我雖然不知道網路是什麼東西，也不知道網站具體是幹什麼的，但我知道只要沾網字的都是好東西。老婆，快賣了房子買網路股！」

但形勢已經開始急轉直下，第四個階段是疑慮。大家開始懷疑，這個新生的玩意，是否有大家說的那麼邪乎。雖然大多數人還沒有開始懷疑網路是否應該存在，但聰明人已經開始懷疑，在網路上賣冰的公司是否應該市值上億。有的資金在這個階段也已開始跑路。而第五個階段是崩盤，大家都意識到形勢不對了，原來說網路好的都是忽悠；即使沒有賣冰那麼弱智，大多數網路公司也都不賺錢。於是大家開始瘋狂拋售網路資產，泡沫被刺破，大量財富消失。

在日本的泡沫中，變革就是匯率升值，所有日本人都意識到，世道要改了，光靠出口估計夠嗆了。但之後大家發現，升值不錯嘛，什麼都便宜了，而且國內房產和資產連連攀升，匯率升值真好！而大家瘋狂的階段，就是認為房價好像失去地心引力一樣，可以一直漲到外太空。大家已經瘋到覺得*1989*年，銀座*100*萬美元*1*平方米的房價不貴，而且還會再漲。而第四個階段，是大夥開始懷疑，我們經濟又沒發展，收入、租金還是那麼多，怎麼有房子值*100*萬美元*1*平方米，比美國高幾十倍？聰明人已經發覺勢頭不對，拋售跑路了。而最後第五個階段就是崩盤，大家都意識到是泡沫，政府開始管制，投資者一起變賣資產，日本經濟徹底完蛋。

從這個角度來看，匯率升值的確是啟動了日本崩潰的始作俑者。但是，變革和泡沫之間是沒有必然關係的；要想成為泡沫，還需要天時、地利、人和。而日本政府的不作為以及利率持續走低，才是日本崩潰的真正罪魁禍首。在瘋狂前任何一個時刻，日本政府其實都可以將泡沫刺破，扼殺在搖籃中。但是，日本政策對時勢的錯誤判斷，使得其寬鬆貨幣政策為泡沫的形成創造了完美條件。

因此，日本失落的十年，雖然有美國的誘因，但從其根本上，是日本的自殘，玩了一次武士道切腹。這和《細細的紅線》中，哈里森飾演的軍官扔手雷時拉錯弦，自己把自己炸死沒什麼區別。從日本的經驗，我們可以看到，雖然我們說匯率是一種表像，但它究竟代表什麼趨勢，我們卻很難看出，世界上那麼多經濟學家，都沒能看透日本匯率升值帶來的後果，阻止日本的崩潰。而匯率戰爭恐怖也就恐怖在這裡：大家都知道匯率能量大，但具體應該怎麼操作，或者經濟到底會怎麼運行，大家是誰也不知道的。

然而，不是每一場匯率戰都是由於自己的錯誤而造成。在大洋彼岸的另一個島嶼，另一個老牌帝國面臨的是一場人為策劃的攻擊……

三、日落的帝國

就在日本開始進入失落的十年之際，英國也經歷了一場匯率引起的金融危機。但是和日本「自作孽，不可活」的路數不同，英國的匯率危機有一個罪魁禍首，他的名字叫索羅斯。

***

索羅斯是猶太人，在匈牙利出生，英國求學，後來在*1956*年來到美國，進入了金融圈。但是，索羅斯和關公一樣，身在曹營心在漢，一直把自己當作了一名哲學家，而不僅僅是一名商人。他最崇拜的老師是哲學家卡爾·波普爾，並從波普爾的理論中衍生出了一套自己的看法。

索羅斯把自己的投資理論稱為「反射理論」。反射理論認為人是無法客觀認識世界的，而傳統經濟學中所謂的「理性人」是不存在的，而這使得傳統經濟學的理論有著致命的問題，其中錯誤之一就是人為什麼會購買資產。傳統經濟學認為，投資者願意為一個資產所支付的價格，是他們在對資產有了一個充分瞭解後所決定的。

好比我們在北京買房，我看到一個房子月租是*2000*元，那麼按照國際上的慣例，房租和房價的比例應該在*200*：*1*，那麼這棟房子應該值*40*萬元。這樣一來，我的年收益在*6%*左右，比買美國債券要高很多；之所以高，是因為房子的流通性和安全性要差很多，不像國債那樣，什麼時

候想賣都能脫手。因此，按照傳統經濟學的理論，為此房支付40萬元是合理的價格。

索羅斯認為，這種假設是錯誤的，而錯誤的根源是因為經濟學家總在假設長期趨勢，一說就是「從長期趨勢看……」；凱恩斯很早以前就譏諷過這種論調，因為「從長期看人都難免一死」，而這種廢話說了跟沒說一樣。所以，索羅斯自己關注的則是短期內市場的浮動。

索羅斯指出，每一個投資者都有自己的主觀看法和偏見，而且他們的看法和市場之間還能夠互動並相互影響。比如我認為那棟房租為2000元的房子價格要升，那麼我根本不在意那區區2000元的租金，我真正期待的是在日後房子價格上升後套利。因此，如果我認為一年後有人會為這棟房子出50萬元，那麼現在我多花點錢，出45萬元把這棟值40萬元的房子買下來，我也是賺的。

而我的舉動有可能影響到別的人。他們看到我在花45萬元買一般認為只值40萬元的房子時，就會想：「看來房子要漲。」於是，就有可能有人出46萬元和我搶，還會有人出47萬元、48萬元……最後的結果，就是我原先的預先成為現實，這棟40萬元的房子真的值50萬元了。而如果是一開始我認為租金要降，所以房子不值40萬元，那麼也是同一現象。我出價低，結果大家就都跟著我低，最後導致房子的租金和價值一起下降。

這就是「羊群效應」，即一個人的行為能夠影響一大幫子人。羊群效應既可以造成良性循環，讓價格越來越高，也可以造成惡性循環，讓價格越來越低。而價格無論是上漲還是下跌，其過程必然是極致的，因為大家都遵循著「買漲不買落」的原理。這是因為，在價格上升的過程中只在一個價位買是錯誤的選擇，即價格上升到頂點、無法再升的時候。除了這一點，其他任意一點買入都是對的，因為總有下家出更好的價格接手，為你創造利潤。在價格下跌時買入，只有一點買入是正確的選擇，即價格已經落到最低點、無法再降的時候。除了這一點以外，任何時候買入都會跟著賠錢，只能看著價格越來越低。

聽著是否有些耳熟？沒錯，日本經濟的盛極而衰，以及市場上任何一次跌宕起伏，其實都可以用索羅斯的理論來解釋。但憑著這套理論，怎麼才能發家致富呢？

索羅斯認為，關鍵就是走在群眾前面，提前發現趨勢；即使是要煽風點火，也必須順應著趨勢來，這樣的成功率才高。

因此，任何煽風點火，都必須是基於事實，至少讓大家覺得有可能、覺得靠譜，才能讓預期中的趨勢成為現實。說40萬元的房子能升到50萬元是有可能的，說40萬元的房子在人均收入不增長的條件下能升到500萬元，那就有些不可能了。一個空中樓閣般的設想，不管多少人忽悠，不管泡沫吹得多大，最終都如夢中之夢一樣，會消失的無影無蹤。

索羅斯在1970年前自立門戶，成立量子基金，從此有了一個平台將自己的投資理念付諸現實。他先後看好房地產業、日本經濟、石油價格以及軍火業，並且每一次都賺的盆滿缽滿。很快索羅斯成了金融界的傳奇。經過估算，如果一個人在1970年時將10萬美金交給索羅斯打理，並讓這筆錢利滾利，那麼這筆錢的年增長率在30%以上，現在這個人的身家也已超過數億。索羅斯本人自然也從中獲利匪淺。在2009年，他再

次入圍了對沖基金經理的最高收入榜，其年收入達到33億美金。《富比士》雜誌估計索羅斯身價超過130億美金，而這還不包括他在過去30年中陸陸續續捐出的70億美金。

雖然已富可敵國，但索羅斯最希望的，還是他的學術貢獻及反射理論能夠被大家所承認。然而，大多正統的經濟學家對他不屑一顧，認為他和一般的華爾街交易員沒什麼區別；他的著作《金融煉金術》也沒有得到應有的重視。更多的人認為他的成功源於他的直覺和運氣，而不是理論的正確性。甚至連索羅斯的兒子都認為爸爸的成功其實是得到了「天助」。

按索羅斯兒子的說法，他爸爸在選擇投資時，身體會有本能的反應。如果一項投資不好，那麼他的後背就會開始抽筋，直到他不能動彈了為止。而如果投資項目前景光明，那麼他的後背就一點事都沒有。因此，索羅斯透過自己的身體反應就能知道應該如何投資。

為了證明自己的強悍，索羅斯開始尋找一個專案，既能賺大錢，又能讓他揚名立萬，讓所有人都能認識到他理論的正確性。這時為量子基金工作的金融奇才斯坦利·德魯肯米勒為索羅斯找到了他夢寐以求的獵物：英鎊。

***

在介紹匯率四大門派時我們曾提到，歐洲很多國家希望歐洲能夠政經一體化，並在很久以前就開始策劃發行歐元。透過歐洲貨幣體系，這些國家設立了歐洲匯率機制，把不同貨幣的匯率都固定在了一起，並由各中央銀行透過干預市場維護這一匯率。英國其實本來也是要加入歐元區的，所以英鎊也加入了歐洲匯率機制，設定了和其他歐洲貨幣的固定匯率。

歐洲匯率機制其實是匯率掛鉤派，因此英鎊等於和歐洲其他所有的貨幣都掛了鉤，各國資金也可以隨意按照這些固定的匯率流動。但是，參加了匯率掛鉤派，也就等於英國放棄了自己的貨幣政策，因為其貨幣政策必須要和歐洲其他國家保持同步，才能確定這些貨幣之間的匯率不會波動。

在這諸多歐洲貨幣中，最強悍的要數德國馬克，因為德國當時是歐洲最大的經濟體。這樣一來，所有參加歐洲匯率機制的國家，實際上都是唯德國中央銀行馬首是瞻。假設德國央行提高了自己的利率，而相對較小的英國央行不提高，還是保持自己的低利率。那麼顯而易見，所有的投資者都會拋棄手中其他國家的貨幣，將其賣掉，然後去買德國馬克，希望透過高利率獲得高利潤。這麼多人搶購馬克，那麼馬克的價格勢必上漲。那麼，英國如果想保持同步，只有賣出馬克、增加供應，以及讓英鎊也跟著升值這兩條路。鑑於英國央行無法隨意印馬克，那麼它只有跟著讓利率上漲、讓英鎊增值這一條路可走。同樣一個道理，在德國央行降低利率時，英國央行也要亦步亦趨，才能保證掛鉤的價位。因此，在各國央行同意貨幣掛鉤後，其實等於同意了讓歐洲最大經濟體德國來決定所有國家的利率。

但這樣一來，匯率掛鉤派的缺點也就凸顯了。歐洲各國經濟發展程度不同，週期也不同，很難有同一種貨幣政策是同時適合所有國家的。

但按這種德國為主的體系，其他各國只能按照德國的喜好和需求來調節自己的貨幣政策，難免是會出現問題的。

在*20*世紀*90*年代初，東德和西德剛剛統一。德國人本來認為自己合適了，因為經過了數十年的慘痛經歷，他們終於又成為一個大家庭！但成為了大家庭他們才發現，大家庭也有大家庭的問題。覺得最不上算的其實是西德人，他們本來認為和自己合併的是一個強國，但經過清算後才發現，東德根本就是外強中乾，到處都是問題。西德人不但得不到什麼資產，反而背上了不少問題，很多地方甚至連基礎設施都需要他們投資重建。但國家利益大於一切，總不能因為東德窮就讓國家永遠那麼分著。因此，德國政府覺得增加開支，說什麼也要讓東德實現和西德一樣的現代化。但這麼做的結果，就是德國政府需要大幅增加政府開支，從而導致德國的利率大幅上升。

利率上升是符合當時德國的利益的，但英國的情況卻完全不同。英國當時經濟衰退，他們需要的是低利率，這樣才能讓資金出去溜達，刺激經濟發展。但是，為了讓英鎊保持和馬克的匯率相當，他們只能保持與德國央行同步，也讓自己的利率上升。這相當於一個人不大健康，這時還不給他補充營養，還讓他少吃，那麼最終的結果就是這個人的病情會因為營養不良而變得更嚴重。英國經濟也是如此；得不到低利率、多餘貨幣的刺激，英國經濟一直委靡不振。很多人都開始懷疑，英國是否應該接著留在歐洲匯率機制中。但是，英國政府的態度卻是堅決的：無論前途多麼困難，我們都要成為歐元的一份子！

鑑於英國政治和經濟的力量，以及政府言出必行的決心，很少有人會去懷疑英國政府是否有能力去實現自己的諾言。至於一個人是否能以一己之力撼動這個老牌帝國，更是連想都不必想的問題。英國的央行「英格蘭銀行」歷史悠久，世界上很多國家的央行實際上都是模仿英格蘭銀行打造的。擊敗英格蘭銀行，貌似是不可能的任務。而索羅斯的機會，就來自於這貌似的不可能中。

***

和許多人一樣，索羅斯的量子基金很早就意識到英國遇到的難題。但和大多數人不同的是，他們意識到這可能是一個契機。這時，當時身為量子基金經理的德魯肯米勒在分析了各種資料後，斷定英鎊不但理應貶值，而且英格蘭銀行這個世界上所有央行的楷模，並非堅不可摧，充其量是一隻紙老虎。雖然這不過是一家之言，但索羅斯經過斟酌之後，認為這個想法是正確的。他甚至認為，英國早晚會因為經濟惡化而讓英鎊貶值。他雖然也可先布好局，然後耐心等待這一時刻的到來，但如此一來，他只能是一個普通的投資者，頂多是一個聰明的投資者。但索羅斯要的不僅僅是這些，他還要成為眾人眼中的金融「先知」。於是，量子基金開始準備，盤算如何調動自己的力量，送英鎊上路，逼迫它貶值。

在一場匯率戰中，資金就是武器，誰的資金多，誰就會獲勝。因此，索羅斯不但準備好了自己手上的錢，還聯繫了諸多金融機構為其提供信用，以便在自己的彈藥耗盡後，還能源源不斷地進行補充。另外，索羅斯還到處散佈消息，讓其他投資者也覺得英鎊要貶值，這樣他們也能和他一起，向英鎊施加壓力。

一切準備就緒後，索羅斯瞅準機會，在*1992*年開始放空拋售英鎊，藉由增加英鎊的供應量讓英鎊貶值。同時，他還四處炒作，到處上電視、上報紙說英鎊要貶值了。此舉主要是為了其他投資者和自己一起，一同拋售英鎊，給英格蘭銀行施加壓力。大家都在拋售英鎊，使得英格蘭銀行必須拿出自己的外匯儲備來購買英鎊，才能保證英鎊不會供大於求，並以此維護匯率的穩定。但索羅斯本身就有錢，再加上那些被他忽悠的人們，他們拋售的英鎊幾乎是一個天文數字。數週內，英格蘭銀行被迫花了*500*億美金保持英鎊的價格。

但這麼下去也不是辦法，英格蘭銀行的外匯儲蓄很快就花光了。想要保持英鎊匯率平穩，英國最後的招數就是提升利率以及再借更多的外匯來保護英鎊。英國財務大臣拉蒙特發表聲明，表露了英國背水一戰的決心，說英國準備再借*150*億美元維護英鎊的匯率。但索羅斯並不害怕。他後來稱，他們當時其實已經放空拋售了超過*100*億美元的英鎊，但他們的信用足以讓量子基金再拋售*150*億美元的英鎊。再加上其他投資者的跟風，英格蘭銀行借再多錢也是杯水車薪，拋售英鎊者的彈藥遠比英國政府充足。

而英國提高利率也不是辦法。提高利率雖然會吸引投資者購買英鎊並增加英鎊的匯率，但當時的英國本就處於衰退期，希望以低利率刺激經濟，怎能再提高利率？再次提高利率會讓英國出口業受到打擊、讓英國投資減少，而這會讓經濟衰退變本加厲，說不定形成更大規模的經濟蕭條。

無奈之下，英國政府只得放棄對英鎊的保護。在*1992*年*9*月*16*日，英國在這一天退出了歐洲匯率體系，英鎊開始自由浮動，這一天也被英國人稱作「黑色星期三」。沒有了保護，英鎊價值很快開始下跌，所有拋售英鎊的人都大賺特賺。而英國政府卻因為當初收購了大量英鎊，虧損極其嚴重。據英國政府統計，僅僅在黑色星期三一天，政府就損失了34億英鎊。

但在同一天裡，索羅斯因為拋售英鎊的淨收入達到了10億美金；加上其對瑞典克朗和義大利里拉的投機行為，當日索羅斯共獲得20億美金的利潤。索羅斯成了這場擊潰英鎊行動中最大的贏家，從此他被稱為「打垮了英格蘭銀行的人」。

***

因為擊敗了英格蘭銀行，索羅斯很快被神化和妖魔化。但是，這兩種說法無疑都太過誇張；索羅斯不是古希臘戲劇家歐里庇得斯筆下的「解決之神」。歐里庇得斯的戲劇，經常寫著寫著，寫到後面寫不下去了，這時候他就憑空寫出一個和前面完全沒有關係的神靈或英雄來，然後依賴這個最後出場的英雄改變事情的走向，解決所有的問題。比如他寫《阿爾刻提斯》時，刻畫了一個以鍾情丈夫、自願代丈夫就死的角色。但越寫到後來、氣氛營造得越悲情，阿爾刻提斯就越是非死不可。但寫到高潮，歐里庇得斯改變主意了，他不希望阿爾刻提斯死。於是，他讓希臘最偉大的英雄赫拉克勒斯出場，拯救了阿爾刻提斯的性命。

這在戲劇中不失為一種手法（但也被很多人所批評，包括亞里斯多德和尼采），但生活中基本上很難找到這種力挽狂瀾的英雄，即使索羅斯這樣的能人也算不上解決之神。一般情況下，是該發生什麼，就會發

生什麼。英鎊本來就搖搖欲墜，索羅斯雖然從中策劃獲利，但其實並沒有改變事情發生的軌跡，只是讓該發生的事情早到了些而已。索羅斯以及其他金融大亨並沒有改變事實的能力。這就是為什麼在英鎊被擊潰之後，法郎雖然也先後兩次受到投機者的圍攻，但均被法國擊退，而法國也成功地加入了歐元區。如果攻擊貨幣是一種違反經濟規律的行為，那麼即使攻擊者實力再雄厚，也注定會失敗。

從這個角度上來分析，索羅斯更像莎士比亞《馬克白》裡的女巫。莎翁筆下的馬克白，本身就是一位野心勃勃的將軍。一次，他遇到三個女巫，女巫告訴他，他命中注定能成為王。聽了女巫的話，他回去後很快以下克上，弒王篡位。但不久他自己也因為倒行逆施，落得個身首異處的下場。馬克白的悲劇，是他本身性格使然。即使女巫不出現，他也早晚會因為野心作亂，女巫只不過是加快了他的腳步。英鎊也是如此；英國經濟本來就因為自身問題，需要英鎊貶值。索羅斯作為女巫，只不過提前看到了結果，並加快了事情的進程。

但和《馬克白》悲劇的結尾不同，英鎊雖然被擊潰了，英國卻有一個完美的結局。英鎊貶值雖然讓英國丟臉到家，但實際上卻是「賠吆喝賺本」。連因為英鎊被擊敗而丟了官的拉蒙特都意識到，貶值的英鎊是當時衰退的英國經濟所最需要的。很快，英國因為英鎊貶值而重振旗鼓，不論是出口還是國內投資都有了明顯的改善，很快經濟又開始飛速發展。

因此，從結局而言，貌似這次英鎊的貶值沒有一個輸家。索羅斯贏得了這場匯率戰爭，但輸了的英國政府也達到了他們的目的，復甦了英國的經濟。這樣的結局可以用莎翁的另一句話形容：「只要最後的結果是好的，那麼一切都好」（*All's Well That Ends Well,*中譯《終成眷屬》）。但是，不是每一場匯率戰爭都如此皆大歡喜，下面我們要說的兩個國家，就是匯率戰爭的經常性受害者。

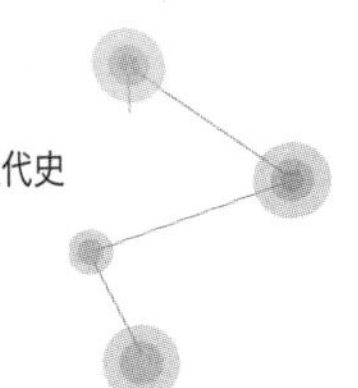

四、拉丁美洲之殤

如果現在給你一個機會選則，必須移民到北美、歐洲或拉丁美洲中的一個，你會選什麼？雖然人各有所好，但從每年的資料以及遠走高飛的人們的軌跡來分析，大多數人恐怕都會選擇北美及歐洲，很少有人會願意去拉美。這個選擇的原理很簡單：北美和歐洲的生活應該比國內要強些，所以背井離鄉也就罷了。南美甚至還不如中國好，我們為什麼要走？

但如果現在是一百多年以前，我們再來問同樣一個問題，答案就不是這麼顯而易見了。當年的中國是窮鄉僻壤，不論是北美、歐洲還是拉美，相比之下都是好地方。不要說中國人，連歐洲人都想遠走美洲，而當時甚至有很多人不知道應該如何在北美和拉美中做出抉擇。也就是說，曾幾何時，拉美國家和美國是一樣富足的。

在*19*世紀，拉美各國紛紛獨立，正式擺脫剝削了他們數百年之久的西班牙和葡萄牙。這時的拉丁美洲生氣勃勃。加上得天獨厚的條件和豐富的自然資源，當年那裡的百姓生活極為富足，以至於大量在歐洲本土混得不如意的人們選擇了墨西哥、阿根廷等地，而不是美國、加拿大。這就是為什麼即使在今天，我們還能發現很多南美球員去歐洲踢球時不算外援，因為他們的祖輩正是在百餘年前去的南美，因此這些子孫至今

擁有雙重國籍。

雖然說個人究竟生活怎樣，具體還是看奮鬥和造化，但總體而言，我們不得不說，這些去了南美而不是北美的人，算是倒了大楣了。在北美成為發達國家後，拉美國家卻止步不前，基本上直到今日也都還是發展中國家。其中，隕落速度最快的可能要數阿根廷，他們的國家富庶度從*1900*年左右的世界前十，一下子墮落到了今天的第三世界。

為什麼兩個地方會有這麼大的差別呢？這裡面有兩個原因：一來拉美國家時運不濟，二來他們不求進取。時運不濟是說他們作為原材料出口國，經常在世界經濟危機時受到震盪，因為大家窮了，沒有人來買他們的原材料；其中危害最大的要數大蕭條時期，當時資本主義國家自己都泥菩薩過江，真正的成了地主家沒餘糧，為他們提供原材料的拉美的日子自然也不好過。

但世界經濟跌宕起伏，基本上所有的國家都會經歷，僅此一項無法解釋為什麼有的國家富裕了，拉丁美洲卻在原地踏步。這麼看來，對拉美國家來說，真正致命的要數他們的制度。和北美國家政治和經濟走自由路線不同，拉美國家一般都走「保母路線」。什麼叫保母路線呢？就是拉美國家的統治者把自己的子民看成嬰兒，然後事無巨細，一切都由國家決定。要說國家這個保母還真不賴，基本上願意滿足民眾的一切要求。工資不夠嗎？漲！福利不夠嗎？給你。基本上是有求必應。

以上制度如果要能運轉良好，必須得有一個前提條件，那就是拉美國家必須要有數不清的錢。假設拉美國家一年內能靠生產和貿易賺*100*塊錢，而老百姓要*75*元才能滿足，而當權的諸多貪官污吏也是要*75*元才能

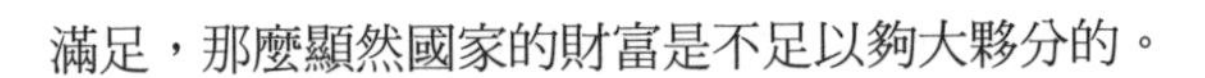
滿足，那麼顯然國家的財富是不足以夠大夥分的。

錢不夠了，光是養老百姓，政府都要財政赤字。這時，拉美這些政府想了一個絕妙的解決方案：和外國人借錢，許以厚利。本來國家雖然只有50元了，但從外國人那裡又借來了100元，這不就夠分的了？至於日後還不了債，那是日後的事，反正今朝有酒今朝醉。

但這樣做無疑是飲鴆止渴，到最後總有外國人發現這樣不行，給再高的利息也不借錢了，到了這個田地就沒轍了，但他們反正自己黑夠了，錢也換成了真金白銀了。於是，他們開始狂印鈔票，用於支付老百姓的各種福利及工資，然後各種債務能還多少算多少。這樣做的結果，自然是外國人憤然離去，大喊一聲：「我再也不回來了！」國內老百姓則拿著一堆廢紙，憤怒地鬧事造反。於是國家破產並正式改朝換代。如此周而復始，再來一次。

這時可能有人會問，外國人怎麼不長記性，還投資啊？原來，雖然都是外國人，但此外國人非彼外國人，外國人也改朝換代。比如在近代，外國人已經從歐洲人變成了阿拉伯人。阿拉伯人20世紀70年代靠買石油發了財，現在拿著一手美元，又知道當年美國通貨膨脹嚴重，不願看著美元貶值，於是四處尋找機會投資。拉美歷史再不好，也是個機會不是？很快，拉美國家的債務從750億美元升至3150億美元，讓他們可以繼續養民、貪污兩不誤。隨著債務的增加，隨之而來的自然是更慘重的崩潰。

這就是拉美的近代經濟史，基本上是周而復始的崩潰。在阿根廷，外債還不上的歷史甚至可以追溯到1890年。由於經濟的崩潰，相繼而來

的是匯率的狂跌，財富不是被轉移至更穩定的貨幣中去，就是完全的消失。每次新幣推出取代老幣，基本上就是這一故事周而復始，崩潰再崩潰。

***

這種惡性循環一直維持到了*20*世紀*70*年代，這時出現了一股新生力量，企圖扭轉這種局面。原來，很久以前，拉美有錢人就已經有了送子女去美國讀書的習慣。現在，這些孩子們已經從哈佛、麻省理工等常青藤學校學成歸來了。他們看到自己的祖國實在不是回事，於是一心想革新，把美國的先進理念帶回國內。

恰好，智利當時剛剛再次經歷了政權交替。新當權派是皮諾切特將軍。

在皮諾切特的支持下，這幫小年輕基本上完全採納了經濟學家弗里德曼提倡的新自由主義經濟。他們的政策包括匯率穩定化、貿易自由化、經濟市場化、財產私人化，同時減少政府財政支出和赤字、通貨膨脹率及關稅；智利由此成為以純理論為基礎政策的實驗土壤。而最讓人想不到的是，新自由主義居然讓智利人夢想成真了。智利經濟很快開始復興，發展速度和亞洲四小龍有的一拼。加上外資的不斷湧入，智利很快開始騰飛，經濟和老百姓生活開始日新月異，並且成為了資本市場的寵兒。更讓美國人驕傲的是，經濟發展居然使得皮諾切特在*1990*年老百姓不高興時還政於民。

看著智利的榜樣，其他拉美國家自然心裡不是滋味。最難過的恐怕是阿根廷，看著這個窮鄰居發財致富，自己還在間歇性崩潰，怎能不哭泣？此時的阿根廷已經由100年前的世界前十，不知道跌到了世界第幾。從貝隆開始，阿根廷就開始全面保母化，而且關稅極高，基本開始自閉政策。很快，阿根廷就開始負債累累。到了20世紀80年代末，阿根廷的外債已經累計到了1550億美元。為了對付各種負擔，阿根廷開始瘋狂通貨膨脹，在1989年一年通貨膨脹率就高達到5000%，導致匯率再次狂跌不止。期間，阿根廷還創造了一個紀錄：當時阿根廷貨幣貶值是如此可怕，以至於政府都買不回紙張和墨來印鈔票，而印刷工也早已罷工。國家窘迫到無法印錢的地步，這可能是世界上頭一遭吧。

鑑於國家經濟危在旦夕，從美國回來的阿根廷年輕人在榮歸故里後，也希望學習智利年輕人，在阿根廷實施華盛頓共識的政策。除了阿根廷，學習智利比較勤快的還有墨西哥人。他們和美國近在咫尺，因此學習起美國新自由主義經濟自然更得心應手。他們滿心期待，山姆大叔的靈丹妙藥能夠讓他們再次富強，就好像智利一樣。鑑於新自由主義的成功經驗，美國自然也是力挺他們的改革。但是……他們錯了。墨西哥和阿根廷的經濟再次崩潰，而罪魁禍首不是別的，正是匯率。

***

剛才說道智利成功改革時，有一項很重要的政策就是匯率穩定化。為什麼智利需要穩定匯率呢？我們知道，一個國家無論是貿易、借債，還是吸引投資，只有在匯率穩定的情況下，外商才會來交易。而拉美由於持續性崩潰，在國外聲名很不好。因此，智利等拉美國家必須用盡一切手段穩定匯率，這樣才能說服洋大人們再給他們一次機會，幫助他們

發家致富。

由於智利的案例很成功，墨西哥和阿根廷也都來了個照方抓藥。墨西哥的策略是把本國批索與美元的匯率直接掛鉤，正式加入匯率掛鉤派。而阿根廷決定直接和美元等價：一美元換一批索。

這招確實夠狠，因為這等於把阿根廷批索和美元的匯率固定了，基本上和美元化沒有什麼區別。和金本位制時代相仿，現在的阿根廷等於向世界承諾，我們將用美元做儲備金，有一美元的儲備金，我們才在國內發行一批索流通。而阿根廷做出的犧牲則是，自己的中央銀行基本上已經喪失了發行或緊縮貨幣的權力，真正當權的是負責維持和美元同步的貨幣局。這也就是說，阿根廷政府自願將自己的貨幣政策交在了華盛頓手中。

墨西哥和阿根廷用這樣強硬的措施穩固匯率，再加上採取了華盛頓共識的其他措施，兩國經濟一下子風生水起，吸引了大量的國外遊資。但是，很快兩國也發現，和美國掛鉤和固定匯率後出現了一個問題：由於在20世紀90年代初期美國經濟堅挺，美元價值不斷走高。由於墨西哥和阿根廷和美元掛鉤，結果他們各自批索的匯率也跟著高漲。而貨幣價格太高的後果，就是墨西哥和阿根廷的貨物在國際市場上的價格增加，因此導致出口量減少。同時，兩國人民也因為自己手中的貨幣價值增加，發現進口商品很便宜，反而大幅購買進口貨。

從這一點來看，不能浮動的匯率也就無法體現兩國真正的經濟狀況，並做出適當的調整。因此，雖然兩國經濟表面上風風火火，但實際上都有著致命性的問題。在墨西哥，這種問題的體現是經濟增長率低，而在阿根廷則是失業率居高不下。但在很長一段時間裡，國際遊資都寧願相信，華盛頓共識奏效了，拉美經濟開始騰飛。

然而，這種樂觀堅持到了*1994*年，風向突然不對了。墨西哥選舉後政權交接時出了點小亂子。本來這不算什麼大事，但本來就一直對墨西哥隱隱不安的投資者一下子慌了。他們開始關注墨西哥政府常年的赤字、大量的外債、出口不多、增長不高等缺陷。於是，那些膽子最小的投資商們率先拋售墨西哥批索，撤離墨西哥市場。

由於墨西哥批索的匯率是和美元掛鉤的，因此當有人拋售批索時，墨西哥中央銀行必須適量接手，以此確保批索的匯率不會下跌。但問題是，墨西哥政府本來財政的問題就還沒解決，花美元維持匯率，手中的美元就更少了。而墨西哥政府手中美元越少，遊資越害怕將來墨西哥政府沒錢，不能接受他們拋售的批索；如果真的到了這個地步，那墨西哥批索就只有貶值一條路了。

因此，墨西哥批索還是進入了索羅斯反射理論所謂的惡性循環：墨西哥央行越是進入市場購買拋售的批索以確保掛鉤不變，他們手中的美元就越少，而投資者就越是害怕他們將來沒了美元後批索會下跌。如此一來，賣批索的人越來越多，墨西哥政府手中的美元也越來越少。很快，大家都意識到，墨西哥政府看來必須讓批索貶值、重新調整掛鉤的匯率了。知道了批索必然貶值，大家反而心安了些。大家本來就認為批索價格被高估，現在掛鉤的匯率一降下來，墨西哥政府需要支付的美元數量就少了，因此也就不會出現經濟問題。另外，貶值了後流通的批索會增加，能夠刺激墨西哥經濟，並且能夠讓墨西哥的出口商品價位更

低、更具有競爭性。如果一切如願，那麼批索的貶值和英鎊貶值一樣，能夠因禍得福。

在*1994*年*12*月，墨西哥央行和大家期待的一樣，宣布批索的掛鉤匯率下調，批索貶值。但讓投資者大跌眼鏡的是，墨西哥批索的降幅遠低於大家的預期。大家一致認為，這點貶值根本就是杯水車薪，墨西哥所有的問題還是沒有解決，頂多是現在政府的美元能夠多支撐一些時候而已。到了最後，批索還得貶值。

結果，本來可能是好事的貶值反而讓投資者心理更為不安，堅信批索下一次貶值就在拐角處。於是拋售批索的行為愈演愈烈。眼看著批索又要貶值，大家此時又注意到了墨西哥政府的外債問題。原來，拉美國家由於經常性透過通貨膨脹解決自己的債務問題，現在外國人借他們錢都不用本地貨幣結算，而是直接以美元為單位。這樣一來，他們借出的是美元，拉美人還回來的也是美元，不管通貨膨脹與否，都已與外國債主無關了。

本來用美元結算、讓外國人不再擔心通貨膨脹，對墨西哥政府也有好處，因為減少了債主們的擔憂，墨西哥政府借債的利率就更低。但現在批索開始大幅貶值，大家開始擔心了：墨西哥政府本來手中的美元為了維護匯率掛鉤就越來越少，以他現有的那點銀兩還債是肯定沒戲了。

那麼，眼看著明年就要到期的一大筆美元債務，他們只有兩個選擇：要麼能夠再找別人借債，把錢續上，要麼他們就需要多印鈔票，然後換成美元還給人家。而現在批索在下跌期間，基本上沒有人會願意借錢給墨西哥政府，因為大家都擔心，將來墨西哥政府沒美元了，說不定他們心一橫，乾脆故技重施玩破產，自己的錢收不回來。這樣，墨西哥政府就只剩下印鈔票還錢這一辦法。

但如果墨西哥因為沒有美元被迫貶值還債，墨西哥批索就必然一路貶值。假設墨西哥的債務是*10*美元，然後現在批索對美元的匯率是*1*：*10*。為了還債，按照現價墨西哥必須印*100*批索，但此時墨西哥政府還必須拿著熱乎的*100*批索換成*10*美元才能還債。但此時市場上所有的投資者都知道，墨西哥政府沒有美元了，無論如何也得還*10*美元來還債，那麼如果我們不賣給他，他只能再去印更多的批索來跟我們換美元。而墨西哥政府也的確只有接著印批索這一條路，因此他們又印了*100*批索，希望用*200*批索換*10*美元。但這時市場上的人還在想，如果我們不賣他美元，他還會印，並由此周而復始。也就是說，由於大家都期待批索下跌，因此誰也不出手購買批索，而最後的結果就是大家的期待造成了批索的大幅下跌，一直跌到大家覺得換批索買墨西哥商品有利可圖為止。

而由於大家都在期待批索因為墨西哥政府無法維護匯率掛鉤和還債而下跌，手上握有批索的人，以及那些資產是以批索為單位的人都害怕了，生怕通貨膨脹和匯率貶值讓自己的財富受到損失。於是他們也開始拋售批索換美元，而這讓形勢變得越來越糟。

在諸多壓力之下，墨西哥政府終於撐不下去。他們無法再繼續控制批索的價格，於是批索匯率開始暴跌，跌幅甚至高達*50%*。墨西哥經濟受到重創，眼看就要崩盤。這次經濟事件，史稱「龍舌蘭危機」（龍舌蘭為墨西哥著名國酒，好像我們的茅台一樣）。

***

然後，一塊批索引發的慘案並未由此終結，很快其他拉美國家也不行了。墨西哥城門失火，阿根廷也殃及池魚。在阿根廷存錢和投資的人雖然知道阿根廷政府有著足夠的外匯儲備，也相信自己手中的阿根廷批索價格不會暴跌，但他們不相信墨西哥這麼一亂，阿根廷還能和美國保持匯率同步。畢竟在大夥心目中，所有的拉美國家都是一丘之貉，同樣有著不靠譜的歷史。

現在出了問題，大家首先想到的就是趕快賣掉自己的批索，換成美元。阿根廷政府和墨西哥不同，他們怕的倒不是手中沒有足夠的美元，因為阿根廷立過法，只有在有美元儲備的情況下，才能印批索。因此，每一塊流通的阿根廷批索都一比一按原價換成美元是沒有問題的。阿根廷面臨的問題是：美元都撤了，我們流通什麼？

我們都知道，經濟的基礎就是貨幣的流通。一個市場上如果沒有貨幣流通，那麼我們就回到了遠古的以物易物的時代。而阿根廷面臨的正是這一問題。由於只有在手中有美元的情況下才能印批索，因此如果美元沒有了，阿根廷就沒有貨幣了，經濟也就完全崩潰了。

這個問題本來很容易解決：當流通性缺失時，中央銀行只要多印鈔，增加流動性即可。但阿根廷由於立法規定必須有美元才能印鈔，因此中央銀行無法調節貨幣的供應。這本來是為了防止阿根廷習慣性通貨膨脹設置的措施，並被不少經濟學家視為神來之筆，但現在卻成了阿根廷經濟的致命弱點。

由於貨幣在流通時能夠相應倍增，其在撤走時也是同樣倍減，阿根廷經濟彷彿被釜底抽薪，大家因為流動性不足而開始蕭條。很快，大家都意識到，如果批索繼續被拋售、美元繼續流出，那麼阿根廷要玩完。而大家一開始這麼想，拋售批索的速度就變得越來越快，誰都不想把財富留在一個即將回到石器時代的國家。很快，阿根廷和墨西哥一樣，也快撐不下去了。

但墨西哥和南美都在美國的臥榻之側，墨西哥更是剛剛加入了北美自由貿易協定，美國怎麼能讓這兩個國家崩潰？不說一國崩潰對其貿易夥伴有害無益，從另一個角度講，美國也不願意自己推崇的華盛頓共識失敗，讓華盛頓共識兩個最虔誠的信徒倒閉。於是，美國和世界銀行出手，為墨西哥和阿根廷分別提供了*500*億和*120*億美金，讓墨西哥政府可以還清債務，讓阿根廷政府可以再印批索，這麼一來，災情緩解了。拉美雖然經歷了一場劫難，但好歹活了下去。其經濟雖然受到重創，但很快也緩了過來。災難避免了。

***

經過了龍舌蘭危機，很多人還是馬後炮，認為危機的起點是墨西哥批索貶值時政策有誤，外加投資者不理智，以至於差點釀成大禍。有智利珠玉在前，誰也不敢說華盛頓共識的不是。墨西哥和阿根廷如果災難了，那肯定是因為他們照貓畫虎，學得不像。

接下來的經濟復甦，讓大家以為都沒事了。不想，在*2001*年，阿根廷又開始要習慣性崩潰。這次的起因是因為美元升值，使得阿根廷批索跟著升值。這本來就不利於出口，恰好阿根廷最大的競爭對手巴西貨幣大幅貶值*30%*。這無異於雪上加霜，使得阿根廷產品貴的不可思議，遠勝於巴西產品，根本出口不了。

這樣一來，阿根廷的經濟受到很大衝擊。大家都意識到，批索跟美元一比一不是回事，兩國根本驢唇不對馬嘴，讓美聯儲來設定阿根廷的貨幣政策真是愚蠢透頂。和墨西哥不同，美國不是阿根廷的最大貿易夥伴，因此阿根廷沒有必要和美元掛鉤來維護兩國的雙邊貿易；阿根廷此舉純粹是為了讓投資者相信，自己的貨幣以後會和美國這個國際貨幣一樣安全穩定。但如此一來，假如美元因為美國經濟堅挺而對歐元升值，那麼阿根廷批索也會相應升值，但這會導致阿根廷出口貨物價格增加、出口減少。這說明適用於美國的貨幣政策根本不適用於阿根廷。因此，投資者們認為，批索必須貶值，以此來恢復阿根廷出口商品價格的競爭力。由於大家都開始期待阿根廷批索貶值，大家又開始拋售批索，而這使得批索貶值的壓力急劇增加。

此時，大家又發現，阿根廷還欠著大筆外債，如果批索貶值，那麼阿根廷和*1994*年的墨西哥一樣，也只能藉由對國內通貨膨脹來還外債。而對外債的擔心使大家對批索的信心更低，拋售的批索也越來越多。由於投資者都逃離了這個重災區、資金流失嚴重，沒有了投資也沒有了出口的阿根廷只得放棄批索和美元一比一的匯率，批索開始瘋狂下跌，最終跌幅達到*70%*以上，而貶值使得阿根廷人再次體會了一次惡性通貨膨脹的滋味，上街遊行抗議的人們絡繹不絕。同時，由於批索暴跌，所有從外國銀行借了外債的公司都還不起債務，被迫倒閉。阿根廷政府也同樣還不了外債，無奈之下只有在*2001*年宣布有*810*億美元的債務無法還清，正式破產。阿根廷開始進入大蕭條。

阿根廷雖然在*2002*年由於貨幣貶值很快恢復了元氣，但老百姓卻著著實實又受了一次傷，這也是無法否認的。阿根廷的再次崩潰，讓人開始懷疑，華盛頓共識是否要得。也許，它沒有吹得那麼厲害，在智利不過是走運了而已。

但是，很多新自由主義經濟學家指出，阿根廷和墨西哥本身的問題也是十分嚴重的。比如在匯率方面，掛鉤使得當地貨幣價格過高，而政府的債務又不合理、有太多外債，以至於國家的外幣儲備根本不足於同時處理這兩個問題。同時，這些國家經濟結構本身也有問題，加上這些國家歷來表現不好，使得投資者們對政府無甚信心。如此一來，一旦有什麼風吹草動，投資者就開始心慌慌、生怕自己的資本當月光光。這種心理再加上金融小團體在危機時候的推波助瀾，使得出現了問題後投資者跑得比兔子都快，而喪失了投資者信心的拉美國家只有崩潰一條路可走。

但是，如果問題都可以歸罪於拉美國家的歷史和其結構性問題，那麼我們不禁要問，如果一個國家經濟相對健全，其匯率是否就不會被攻擊呢？即使被攻擊，這樣一個國家會因為匯率問題而導致經濟崩潰嗎？要回答這些問題，我們還是來聽一聽亞洲的故事。

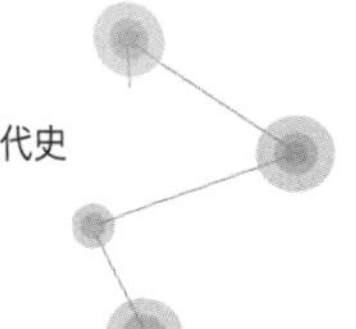

五、亞洲金融風暴

拉丁美洲國家雖然在崩盤之前風風火火，但20世紀90年代最被看好的國家卻不是他們。和經常性崩盤的拉美國家相比，親眼目睹了中國台灣、韓國、新加坡、中國香港等亞洲四小龍騰飛的外國投資者們更偏愛亞洲國家。同時，亞洲國家看到四小龍的經驗，也決定像阿根廷、墨西哥學習智利一樣，學習四小龍的成功經驗。

和智利走華盛頓共識的路線不同，四小龍的經濟特點非常獨特。他們走的是日系出口路線，即先由政府把匯率固定在一個較低的價位，之後利用低匯率的特點大幅出口。同時，用高利率鼓勵國內儲蓄和限制通貨膨脹，用高增長吸引國外投資、保證資金的充足。這一切政策的結果，就是國內失業率低下，同時經濟飛速地增長，投資機會不斷出現，然後用這種好形勢鼓勵再去吸引更多外資，形成良性循環。由於這個模式非常成功，因此四小龍模式成了許多亞洲國家模仿的對象，而這其中就包括泰國。

***

泰國的路數基本上和四小龍一樣，經濟的重點也放在了出口和外資這兩方面。由於國內資本不足，泰國需要大量從國外吸金，這樣他們才有錢來建廠出口，或者在當地進行投資，促進經濟、提高人們的生活品

質。因此，泰國在１９９２年取消了對資本市場的管制，讓外國的資金可以暢通無阻流入泰國境內。但在開放資產市場的同時，泰國為了確保泰銖匯率的穩定，也開始與美元掛鉤。

在開放資本市場後，很多外國人都看好泰國，於是泰國湧入了大量的外幣。這些外幣是怎麼進來的呢？我們可以想像一下，假設泰國「潘石屹（*SOHO*中國有限公司董事長，北京房產大亨）」想蓋房了，他資金不夠，只能去銀行借錢。這時一家日本銀行很看好他，因為他人又有能力，泰國機會又好。日本銀行盤算一下，自己國內經濟不好，借錢出去都是肉包子打狗。借給泰國「潘石屹」呢，這麼好的形勢，他肯定賺錢，到時還錢給我們是十拿九穩的事情。而泰國「潘石屹」也樂意從日本銀行借錢，因為日本銀行錢不但多，而且日本由於經濟不好，政府為了刺激經濟把利率設置的遠低於泰國的利率，所以從日本人手中借錢比較划算。

但日本銀行再借錢給泰國「潘石屹」後，他收到的雖然是日圓，但還需要把日圓換做泰銖，因為他所有的支出都是用泰銖計算的。這樣一來，泰國「潘石屹」就會到外匯市場拋售日圓，購買泰銖。外匯市場和所有其他市場一樣，也是靠供應和需求定價。泰國「潘石屹」一賣日圓，日圓的供應多了，價格會下跌，而他求購泰銖使得泰銖需求增加了，結果就是，泰銖的價格升了。

如果只有一個泰國「潘石屹」，那麼日本人借的錢對泰國的利率還影響不大。但如果泰國有成千上萬個「潘石屹」都去日本借錢，然後再加上日本公司投資入股成千上萬個泰國「王石」，那麼這影響力可就大了。如此多的外幣資金需要購買泰銖進入泰國市場，勢必會讓泰銖價格越來越高，並會一直高到在泰國投資無利可圖的時候才會罷手。但到了那個時候，泰國商品將變得太貴而無法出口，當地人也會因為貨幣升值而買了太多外國貨。總而言之，就是一連串貨幣增值時的症狀都會顯現出來。

為了避免這種情況、保證泰銖價格平穩，泰國中央銀行必須印更多的泰銖（增加泰銖的供應），並且購買日圓（增加日圓的需求），以保證泰銖對日圓不會升值。因此，向泰國借貸和投資的結果之一，就是導致泰國增加外幣儲備（因為買了日圓），並增加流通貨幣的數量（因為印了更多泰銖）。

這也就是說，為了保持泰銖的匯率平穩，泰國央行等於放棄了貨幣政策。現在，到底有多少鈔票在國內流通已經不由泰國央行決定，而是由遊資來決定。遊資只要流入泰國，那麼泰國央行就必須增印泰銖穩定匯率，所以外資的多少直接決定了到底有多少泰銖在泰國境內流通。

在一般情況下，其實泰國央行還是可以透過控制利率來控制流通的。如果他們覺得泰銖太多，他們可以透過提高利率的手法來降低流通的貨幣。而泰國中央銀行也的確這麼做了。在外資流入時，他們會先印泰銖出售來平衡匯率。但是在泰銖進入流通後，泰國央行會發行債券，等於透過政府借債的方式讓這些資金重新回到政府的手中。政府只要不花這些錢，這筆錢就等於退出流通了，泰國央行就是希望藉由這種手段來控制流通資金的多少。但這麼一來，泰國政府的借債等於增加了泰國國內對資金的需求，因此導致國內的利率提升。

在瞭解國家調控利率的手段時我們已經得知，利率的提升會使得資金的需求減少，因為這意味著資金變得貴了。但由於泰國的資本市場是完全開放的，因此泰國國內利率的提升只意味著泰國的資金貴了，但無法影響國外的利率。泰國「潘石屹」可能覺得從泰國國內借錢開始有些得不償失，但國外的利率還是一樣的低。這樣，對泰國「潘石屹」而言，國內的利率越高，國外的資金就越具有誘惑力。因此，泰國央行的債券買賣非但無法透過利率來控制貨幣數量，反而使得泰國「潘石屹」變本加厲地從日本等地借債。這樣一來，外資進入的就越來越多，而泰國央行也必須印越來越多的泰銖來維持平穩的匯率，而泰國國內的貨幣流量也就越來越大。

***

當然，在國外借到錢或者拉到投資，對泰國來說本來是一件好事，這也是他們的初衷。最先進入泰國的外資幫助泰國開工廠、發展經濟，委實幹了不少好事。外資的到來讓泰國可以出口賺錢，也讓一部分人先富了起來。這一部分先富起來的人會消費、會增加就業機會，因為他們也帶領著賣任天堂遊戲機的人們和保母們一起富了起來。大家都有了錢，泰國「潘石屹」也就開始去日本銀行借錢，然後為發家了的人建大房子。這樣錢再滾錢、利再滾利，泰國經濟自然是欣欣向榮。

但隨著經濟變得越來越發達、人們收入越來越高，泰國的經濟模式開始出現問題了。首先，有了錢的泰國人開始購買越來越多的外國貨物；另外，收入越來越高的工人使得泰國出口貨物開始變得越來越貴。兩者加起來，使得泰國的出口業變得不再那麼有利可圖，甚至開始從貿

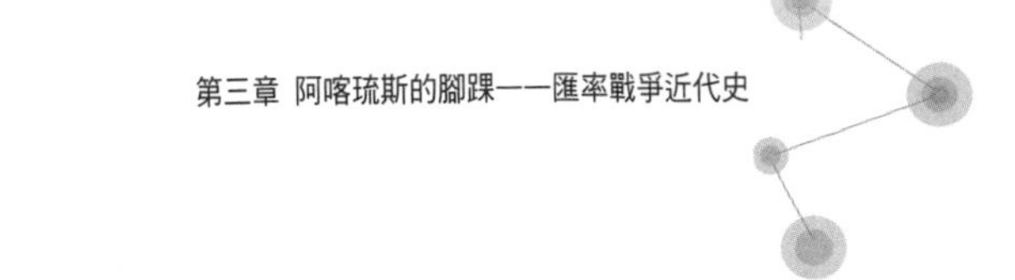

易順差走向貿易逆差。

同時，由於泰國經濟越來越好，國外的資金更願意進入泰國分一杯羹。由於泰國央行調節利率的手段毫無作用，因此泰國根本無法阻擋這些資金的湧入，最後開始出現了資金過剩的局面。資金過剩的結果，就是投資專案的風險開始變得越來越大、回報越來越低。我們如果從泰國「潘石屹」的角度想想，就會發現這種現象在所難免。

比如，泰國「潘石屹」看到有*100*個人發家致富，然後每個人都願意花*1*萬元買一套大房子。而為他們大夥建這*100*套房子的成本則是*50*萬元。那麼，如果資金的價格（即利率）恰到好處，不會貴到泰國「潘石屹」借不起，但也不是便宜到他隨便借，那麼泰國「潘石屹」就會去借*50*萬元回來，建*100*套房子，之後把房子賣掉後還掉本金、利息，剩下的就是自己的利潤。

但是，如果資金的價格極低，那麼作為泰國「潘石屹」來說，他為什麼不去借*500*萬元，建*1000*套房子？如果他運氣好，泰國經濟發展得快，或者泰國被封為「國際旅遊國」，那麼到時候本國的新貴、從「溫州」來的炒房客或者希望到泰國買大房子、看人妖秀的外國富豪足夠消化這*1000*套房子，那麼他的利潤就不是*50*萬元而是*500*萬元了。退一步說，即使他房子賣不出去，那麼他至少也能留下造房子時的油水。假設油水只有*10%*，那麼也有*50*萬元，和借*100*萬元正常運作一般多了。因此，多借錢對於泰國「潘石屹」來說不虧，最後房子賣不出去，虧的是收回產權的日本銀行。

由於大家都知道機不可失、失不再來，因此大家都拼了命地從外國

借錢。其中很多泰國當權者利用職權更是大借特借。不但自己出馬，讓自己在老家種地的七大姑、八大姨也一起上陣。很明顯，這些人借錢完全不是為了專案能夠操作成功，而是從一開始就是奔著油水去的。在這種狂熱局面下，即使有專案，也開始變得越來越不靠譜。鑑於泰國「潘石屹」這樣靠譜的生意已經有人做了，更多的人拿了錢是到處重金砸，希望把「王二麻子」的豆腐店投入鉅款後包裝成新時代原生態環保食品企業，然後堂堂上市，繼續獲得股民和外國人的錢。

這麼做生意，其結果可想而知。到了最後，泰國很多投資專案都爛尾了。而一看投資專案爛尾，外國人似乎忽然發現，去泰國投資似乎不大划算。好的專案都被搶走了，剩下的都很有可能爛尾。於是借錢和投資給泰國人的外資開始減少。很多泰國項目本來就是用錢堆起來的，現在錢沒了，自然開始爛尾，「王二麻子」豆腐店又從原生態環保食品企業被打回原形。也就是說，外資越少，泰國爛尾越多，因此外國人更慌，外資就更少，由此形成惡性循環。

這麼一來，願意用外幣買泰銖的外國銀行投資者就開始少了，泰銖的需求也就下來了。但與此同時，很多泰國人都因為油水吃肥了，他們變本加厲地用泰銖買進口貨。這樣一來，等於泰銖的供應越來越旺盛（泰國消費者的購買欲），而泰銖的需求卻下來了（遠走的外國投資者）。

***

由於泰銖越來越多、需求越來越少，泰國央行的面前此時出現了一個截然相反的問題：泰銖太多、要貶值了怎麼辦？對泰國央行來說，這無異於「拿了我的給我送回來，吃了我的給我吐出來。」泰國央行前幾年在外資湧入泰國時出售了大量泰銖，換回了大量外幣。現在為了保持泰銖價格不變，泰國中央銀行必須用這些外匯儲備購買泰銖，透過增加泰銖的需求和增加外幣的供應，來保證泰銖價位穩定。

但是，和原先出售泰銖、購買外幣時不同的是，那時候的泰國央行是無限子彈制，因為他們想印多少泰銖都可以。但現在用外幣買泰銖，泰國央行的供應可是有限的。他們不能隨意印，日圓、美元，外匯儲備就那麼多，用完了就用完了。因此，很快大家都看出來，如果大家還是這樣拋售泰銖，那麼泰國外匯儲備總有用完的時候，到時候央行一停止干預市場，泰銖必然暴跌。

這時如果還想保持匯率掛鉤，泰國央行還有兩個方法。他們可以透過增發債券來減少泰銖的流通，也就是透過增加利率讓外國投資者再次願意用外幣換泰銖。但提高利率的問題也有它的問題。由於泰國很多專案最後爛尾，現在經濟形勢已經不容樂觀。按理說此時泰國本該降低利率、提高流動性刺激經濟才對。如果反其道而行之，反而提高利率來維護泰銖的價格的話，那麼很有可能使得本來就不佳的經濟開始大幅度的衰退。

除了債券以外，泰國央行還有一個辦法，就是更換門派，讓泰銖自由浮動。但這麼一來也有個問題：當年經濟過熱時很多泰國企業都去外國借了外債，而這些外債都是以當地貨幣為單位的。比如說，泰國「潘石屹」從日本銀行借來的是日圓，那麼將來他還給日本銀行時也需要還日圓。這樣一來，如果泰銖開始自由浮動，那麼缺少了央行保護的泰銖

必然貶值。而如果泰銖貶值，那麼這些和外國公司借債的企業勢必無法還債，只能倒閉。而大量企業倒閉的結果也是經濟大幅度的衰退。

由於兩個選擇都比較垃圾，因為泰國央行一時也不知道究竟該如何是好。就在泰國央行舉棋不定之時，在世界各地興風作浪的金融小團體們出現了。這些小團體本來是泰國經濟的朋友。在泰銖價值穩定時，他們從國外借來了大量的外幣，將其換成泰銖投入了泰國經濟中。這本是雙贏的買賣：泰國得到了外資，金融小團體則因為外幣換成了泰銖而享受了泰國央行提供的高利率。

但現在形勢不同了。小團體們都看出泰國經濟的根本問題，也都意識到泰銖可能要貶值。在這種情況下，小團體們的策略也就改變了：他們先從泰國銀行借泰銖，然後將其換成外幣，坐等泰銖貶值。等泰銖貶值後，他們再用外幣換成便宜了許多的泰銖還給泰國銀行，從中獲取暴利。但小團體們的舉動讓泰銖的壓力更大，因為他們借泰銖、換外幣的行為也等於在增加泰銖的供應和貶值的壓力。這樣一來，泰國央行不得不去買更多的泰銖、花更多的外幣來維護泰銖的價格，而外匯儲備也就流失的越快。眼看外幣越來越少，泰銖貶值的壓力也就越來越大，而金融小團體從泰國銀行借錢換外幣的行為也就越來越瘋狂，最終形成惡性循環。

***

在*1997*年*7*月*2*日，泰國終於堅持不下去了，只得宣布退出匯率掛鉤派，加入自由浮動派，讓泰銖自生自滅。當天，泰銖兌換美元的匯率就開始大幅下跌，金融市場和國內經濟一片混亂。到了後來，即使在泰國大幅提高利率、保護匯率的情況下，泰銖依然貶值*50%*。原來的投資過剩問題本就讓外國投資者信心缺失，現在的匯率暴跌更是讓大家決定珍愛生命、遠離泰國。而利率高漲則導致泰國國內經濟開始衰退。這樣三管齊下，泰國經濟好像被泰森打了三拳，一下子一蹶不振。

泰銖的崩潰引發了一場遍及東南亞的金融風暴。投資者突然發現，原來亞洲每個國家或多或少都有和泰國一樣的毛病。在投資者信心動搖之際，金融小團體們自然不會放棄這個天賜良機，於是開始如法炮製，四處攻擊所有亞洲國家。很快，菲律賓、印尼、馬來西亞也相繼淪陷，各國貨幣相繼大幅貶值，其中印尼受傷最大，經濟開始大蕭條。國際貨幣基金組織不得不出手力挽狂瀾。

除了這些發展中國家，金融風暴甚至席捲了經濟相對發達的國家。新加坡和韓國相繼受到衝擊，韓元更是很快因為暴跌被逼入絕境，韓國政府也不得不向國際貨幣基金組織求援。到了最後，連實力最強的日本也受到影響。日本由於*20*世紀*90*年代初泡沫崩潰，所以國內一直奉行低利率政策。結果，日本的這些錢不但沒有刺激國內的經濟，反而流向了亞洲其他各國。流入泰國的資金中，很多就來自日本。結果現在經濟惡化導致日本一連串的銀行和證券公司也相繼破產，日圓也隨之大幅貶值。

同時，金融小團體們開始覬覦我國香港。港幣和美元的匯率一直掛鉤。現在香港經濟有衰退跡象，美國則一路高歌，因此從掛鉤的匯率看，港幣已有被高估的跡象。於是，小團體們開始大量賣空拋售港幣。面對小團體們的猛烈進攻，香港特區政府反覆強調不會改變先行掛鉤匯

率。為了保護港幣，香港特區政府除了用外匯干預市場、購買港幣以外，還不斷提升利率以保護港幣匯率。

眼見形勢不利，小團體們開始撒石灰使陰招。他們每天都極其規律地繼續大量拋售港幣，讓眾人知道他們擊潰港府的決心。同時，他們還雇人寫負面新聞到處煽風點火，試圖讓大家對港幣喪失信心，然後在大家擠兌般地爭先恐後從港幣換外幣時，獲得巨額利益。同時，他們還留了後手：大幅拋售香港股票和期權。小團體們的如意算盤是：如果港府提高利率保護港幣匯率，那麼高利率就會讓香港流動的貨幣減少、導致股票下跌，他們賣空的股票就賺錢了；如果港府不保護港幣，那麼港幣就會被擊潰，他們賣空的港幣就賺錢了。總而言之，不管港府如何，他們都是穩賺不賠的。

香港政府眼見玩不過金融小團體，突然改變了自己的金融規則。香港本來是自由經濟體，也就是說政府基本上不干涉任何市場行為，因此在香港保衛戰前期不免束手束腳，而小團體們也就是因為這點才敢肆無忌憚。但小團體們又忘記了：狗急了跳牆，兔子急了咬人。歐洲為了戰爭可以退出金本位制，美國為了債務可以退出布雷頓森林體系，香港為了保護自己不被小團體們蹂躪，難道不會傾囊而出？

很快，港府改變了自己的金融管理制度，禁止任何人賣空港幣、港股，同時動用外匯基金進入股市和外匯市場，大肆購買股票和港幣以穩定價格。由於小團體們無法繼續拋售港幣和港股，很快香港金融市場就平穩了，港府甚至還略有盈餘，而小團體們只得鎩羽而歸。

小團體們大呼不公，認為港府此舉好像在中途改變了遊戲規則，等於足球賽剛踢到一半，突然不許小團體射門，還允許港府自己可以像橄欖球一樣拿起球來就跑。這樣輸了，他們不服！港府的答案則是，我既是參賽球隊又是裁判，你奈我何？再說，金融又不是小孩過家家、遊戲比賽，這關係到千千萬萬人的生活，關鍵時候我們自然會破釜沉舟。不論誰是誰非，最後的結局是香港倖存了下來。

***

亞洲金融風暴為很多國家帶來了致命性的打擊。亞洲國家數年的努力在一夕化為烏有；東盟的國內生產總值（也就是傳說中的*GDP*）因為風暴而大跌*30%*。最後亞洲諸國雖然因為國際貨幣基金組織的介入而免遭滅頂之災，但死罪雖免、活罪難逃，各國還是被國際貨幣基金組織的各種以華盛頓共識為基調的強制性改革措施折騰得頭昏腦脹。

雖然亞洲國家日後陸續都恢復了健康，但很多國家對他們當時的待遇都甚為不忿。他們非常反感國際貨幣基金組織強制他們採取的各種措施，認為那是華盛頓在向他們灌輸美國價值觀和經濟理念。當時很多美國人認為這些亞洲國家明明自己錯了卻不認錯，只是在推卸責任。但現在看來，亞洲人的觀點也不是沒有道理。美國在次貸危機中就沒有遵守自己的華盛頓共識，而是大肆發行貨幣、增加債務刺激經濟。除此以外，諾貝爾經濟學獎得主約瑟夫·斯蒂格利茨及克魯格曼等人也認為，國際貨幣基金組織的很多措施不符合凱恩斯派的原理，只能讓經濟狀況和人們生活更加惡化。

但是，亞洲國家從這次危機中也學到了不少東西。大家意識到，發展中國家沒法只是微微貶值，因為投資者從根本上來說對其缺乏信心。

只要有一點風吹草動，投資者就會想撤，而這種心理恰好被小團體所利用，使其攻擊自我合理，最終投資者們的擔心成為自我實現的預言，讓國家經濟崩潰。在信心缺失後，任何正確的政策和措施都無濟於事，因為在混亂中根本無法得到實施。因此，日後發展中國家務必要記得要避免根本性的經濟結構問題，並且少從國外借外債，並且多存外匯以防萬一。

但無論如何，亞洲國家都無法原諒這次經濟危機的罪魁禍首：金融小團體。這些國家非常不高興被金融小團體們如此折騰，多年積攢的財富也被他們席捲一空。他們同時認為，貨幣交易本身就是不道德的，而這些投機商都該不得好死。這些金融小團體雖然辯解說，他們之所以投機，是因為亞洲經濟本身就有問題，所以即使他們不動手，亞洲崩潰也是遲早的事。但是，亞洲政府卻不承認這種邏輯，因為同樣的道理也可以說，長期看來人難免一死，但你也不能說因為我肯定會死，就上來給我一槍、提前送我上路啊。

由於金融風暴太過猛烈，很多人甚至認為，這次的攻擊有政治目的。馬來西亞首相馬哈蒂爾·穆罕默德在*1997*年*9*月*20*日公開指責索羅斯操縱匯率市場，目的就在於懲罰東盟各國吸收緬甸加入。

當然，說索羅斯擊潰了亞洲貨幣，不過是「一個愚人所講的故事，充滿了喧嘩騷動，卻找不到一點意義」。他的能量遠遠不足以擊潰亞洲所有國家。但如果他背後有大樹呢？難道，亞洲金融風暴真的是一場陰謀？

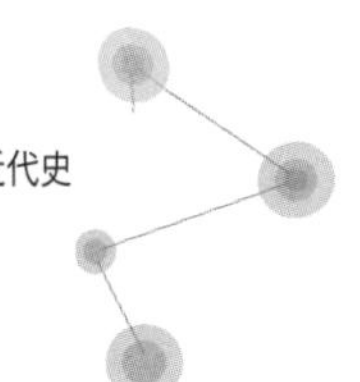

六、來自俄羅斯的終結者

南美和亞洲的匯率危機過去了，但大家對這兩場災難的解讀和分析至今尚未中止。很多西方人對他們的表現沾沾自喜。他們認為，這些國家的崩潰是因為他們不走正道，出現了結構性的問題，而西方國家冷靜沉著的對策拯救了這些不幸的第三世界國家。同時，還有一種說法認為，西方社會雖然幫助了這些國家，但同時也做錯了不少事情。比如，諾貝爾經濟學獎得主克魯格曼就認為，在一個國家剛剛經歷匯率危機後要求當地政府減少開支，無疑是雪上加霜，只能使得當地經濟更加極度的惡化。

但除了這兩種主流意見以外，還有一種陰謀論稱，世界上的一切崩潰都是西方人精心策劃的，其目的就是搞垮不同意見者、潛在的敵人，並且掠奪對方的財富，而匯率就是他們最鋒利的武器。當用匯率把對方搞垮，使得對方一窮二白時，歐美人可以堂而皇之地以救世主的身分出現，拯救這些處於水深火熱之中的人們。當然，拯救是有條件的。你們這些窮鄉僻壤崩潰了，說明你們的固有做法是有問題的。現在想得到我們的幫助嗎？沒問題，但前提是你們要完全聽我們的。

國際貨幣基金組織和世界銀行雖然能夠借給你們些錢急用，但前提是你們必須接受西方社會的華盛頓共識，同意減少政府債務、資本私有

化、貿易和利率自由化等十個要求。這樣一來，西方社會在解救這些國家的同時，也把他們吸引進了自己的體系，讓他們接受了平常根本不會考慮的苛刻條件。

不要以為上述論調全部是第三國家的失意政客在扯皮，企圖將自己的失敗歸罪於外國勢力。事實上，除了第三世界的人們對此喋喋不休以外，很多西方人也贊同這種觀點。比如，加拿大記者納奧米·克萊恩在其暢銷著作《休克教條：災難資本主義的崛起》中就曾提出這種新帝國主義理論，認為西方政府完全是在重複*19*世紀的所作所為，只不過武器從大炮換成了匯率。如果把這種理論和南美、亞洲等國家的經歷一印證，我們就會發現，這個論調確實有些地方很有道理。從資料上分析，根本沒有證據證明華盛頓共識有多大效應，但每次匯率危機後，西方社會開出來的都是同一份藥方。而且，這次的次貸危機證明了，這是一份他們自己都不信任的藥方。如果不是為了他們自己的利益，他們為何樂此不疲？

而如果上述理論成立，那麼在崛起的拉美和亞洲被搞垮之後，西方人最大的目標恐怕就要數俄羅斯了。這個昔日和美國一爭高下的大國在蘇聯解體後可謂虎落平陽。但即使如此，西方人對俄羅斯這個曾經終結了拿破崙和希特勒兩個歐洲征服者的國家還是畏懼三分，但同時對其豐富的自然資源又垂涎三尺。要說潛在敵人，恐怕沒有比俄羅斯更大號的了；要說掠奪財富，恐怕也沒有比俄羅斯更富饒的對象。因此，如果克萊恩之流的理論是正確的，那麼西方國家在掠奪完拉丁美洲和亞洲後，顯然不會放過俄羅斯。

果不其然，在*1998*年，俄羅斯貨幣極度貶值，經濟崩潰。但讓西方陰謀論者想不到的是，西方經濟因此也差點垮台，這又是怎麼一回事呢？

***

說到這次美歐的瀕臨崩潰，不得不提一個人，那就是梅里韋瑟。而說到梅里韋瑟，我們又不得不從吹牛骰子說起。吹牛骰子大概是任何去過酒吧的人都玩過的遊戲。其遊戲的規則是，每個參加遊戲的人各有數枚骰子，每人各搖一次，然後輪流猜測共有多少個某點數的骰子（如*2*個*3*點、*3*個*4*點），並且只能越猜越高，最後讓對方猜錯者取勝。玩這種遊戲，要求玩家能夠迅速分析出各種點數組合的概率，也能察言觀色、看出對手葫蘆裡賣的是什麼藥，而且玩家還需要膽大心細、敢詐唬。

這樣優秀的計算能力、觀察能力和心理素質，不但玩酒吧遊戲需要，在華爾街炒股票、炒債券也同樣需要。因此，華爾街的交易員閒暇時也玩類似的遊戲；在這麼多牛人之中，公認的天下無敵的高手，就是我們所說的梅里韋瑟。除了擅長賭博以外，梅里韋瑟還是華爾街的傳奇高手，被譽為華爾街債務套利之父。他在曾在當年最強大的債務投資銀行所羅門兄弟供職多年，但在*20*世紀*90*年代初，他因為種種原因決定自立門戶。

他成立的公司名為長期資本管理（*Long Term Capital Management*）。除了從所羅門兄弟帶走了一班老部下以外，他還吸引了各路神仙，其中有學術派的默頓和斯科爾斯，也有政治派的莫林斯。默頓和斯科爾斯都是諾貝爾獎得主，他們參與發明的布萊克—默頓—斯科

爾斯期權定價模式是全世界期權交易的核心公式；莫林斯則是美聯儲的前副主席，相當於美國央行的副行長，政治力量強大。這幾位大師再加上從所羅門兄弟摸爬滾打練出來的商業派精英，形成了一支銳不可當的團隊。

這麼強大的公司，籌集資金自然不是問題。在*1993*年正式開業後，長期資本管理很快就從各大投資者手中拿到了*13*億美元。而這些大師也的確出手不凡，到*1997*年底，公司總資產翻了好幾倍，增值到了*75*億美元。而且長期資本管理的業績是如此之好，以至於他們不再擔心沒有人給自己投資，而是擔心手頭的錢太多，回報率可能無法保持那麼高。於是，在*1997*年*12*月，長期資本管理讓客戶又贖回了*27*億美元，把自己實際管理的資產鎖定為*48*億美元。

長期資產管理公司是怎麼賺到這麼多錢的呢？首先，長期資產管理認為其他投資者不善於評估風險。投資者購買一種資產時，出的價格是和預期的風險與回報息息相關的，而其中的一種風險就是流動性。如果我買的資產很不容易賣，那麼除了資產上漲還是下跌外，就有了額外的風險：萬一我急著用錢怎麼辦？由於有這個擔心，在市場上，那些容易賣的資產被稱為流動性高，而這些流動性高的資產被認為風險較小，因此價格也就更高。與之相反，那些流動性較低的資產則被認為風險較高，因此價格較低。

而在長期資產管理公司眼中，大多數投資者其實都不知道自己在幹什麼。比如，有兩種美國國債，同樣的利率，一個發行量較大、*1*年後到期，一個發行量較小、*1*年半後到期。按理說，這兩種債券的價格應該差不多，因為它們唯一的區別是一個比另一個晚半年兌現，而美國政府幾乎不可能在半年內破產。但是，投資者會因為其中一個早到期，並且發行量大，認為這一種債券流動性比較高，因此會願意付出高價。而長期資產管理則會理性分析，然後購買*1*年半後到期、被低估的債券，從而獲得更高的收益。按公司自己人的說法，這就好像上長安街上撿零錢；一般人會因為覺得危險大、收益小而放棄，而長期資產管理公司則因為計算更精準，所以根本不會被車撞到，他們只是在一個看似危險的地方，安全地一點一點撿錢，積少成多。

長期資本管理公司的另外一個賺錢方式是賣投資者保險。雖然操作起來異常複雜，但實際上賺錢的原理很簡單：透過複雜的衍生合同，長期資本管理公司保證投資者不會因為市場波動而賠錢。由於未來不可預期，因此一般投資者都是惶惶不可終日，生怕哪裡出了差錯。為了規避風險，他們很多時候只願意購買那些最安全的資產。長期資本管理公司的合同則保證他們，萬一市場波動幅度太大，公司會賠錢給他們。和一般的保險一樣，長期資本管理公司其實是在和那些在公司投保的投資者對賭：長期資本管理公司賭的是市場不會有太大波動，投資者則賭市場會有超出預期的波動。和在長安街上撿零錢的原理一樣，長期資本管理公司深信投資者們根本不理性，只有他們自己才是透過精心計算真正知道風險的，因此接收投資者的保費簡直就是白來的錢。在*1998*年初，長期資產管理公司涉及的衍生合同總額已超過*1*萬億美元。

為了達到利益的最大化，長期資產管理公司還向各銀行、券商機構借貸了將近*1250*億美元，其資金槓桿比率達到了*20*多倍。這也就是說，

長期資產管理公司的每*1*元錢其實都在當*20*多元花。這樣的話，即使公司每一元錢只能賺*1%*，但乘以*20*多倍後就成了驚人的*20%*以上的回報率。

但是，即使對自己的判斷深信不疑，長期資產管理公司還是在四處對沖，比如在賣出美元的同時也買進些美國國債，這樣不論美元是漲是跌，他們都有得賺。長期資產管理公司的專家深信，按他們的組合，在任何一年虧錢的概率只有數億分之一，和地球被奧特曼毀滅的概率差不多。當讓這些大師們沒想到的是，沒想到在*1998*年，奧特曼真的來臨了。

***

給長期資產管理公司致命一擊的不是別人，正是美國的夙敵：俄羅斯。但長期資產管理這次還真不能怪俄羅斯人居心叵測，因為俄羅斯人也不是自願的；但沒辦法，他們的貨幣匯率崩潰了，結果還捎帶著長期資產管理公司和諸多大佬的一世英名。

細說起來，盧布的崩潰其實也只是表像。俄羅斯的經濟問題其實是多方面的。首先，俄羅斯在蘇聯解體後生產力下降，但還要養一大批老百姓，因此經常入不敷出。在貨幣方面，俄羅斯採取的是匯率掛鉤以維持盧布的穩定性，但是俄羅斯也允許盧布在掛鉤後在一定程度內浮動。當時俄羅斯中央銀行的定價為*5*：*3*至*7*：*1*盧布比*1*美元，也就是說，如果盧布升至*5*：*3*盧布比*1*美元或者跌至*7*：*1*盧布比*1*美元的時候，俄羅斯央行會透過拋售盧布購買美元以及拋售美元購買盧布的方式入市干預。這樣的政策意味著俄羅斯必須將大量的外匯儲備用於維持匯率掛鉤。由於政府每年都在虧損，外加需要經常干涉外匯市場，因此俄國除了努力出

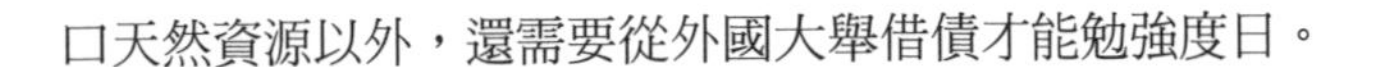

口天然資源以外，還需要從外國大舉借債才能勉強度日。

然而，當時大多數的投資者還是對俄羅斯很有信心的。他們認為，俄羅斯雖然暫時混的不如意，但家底比較厚，既有人才又有資源，資金只要注入，總有能崛起的一天。再說，美國和歐洲也不會讓俄羅斯垮台，畢竟人家好幾千個核彈頭，實在沒錢了兜售核彈頭都能讓西方吃不了兜著走。

但*1997*年的亞洲金融危機使得世界經濟受到了很大的打擊，因此很多對石油和金屬的需求也隨之消失了。這對俄羅斯來說可不是好消息，他們*80%*的收入都是來自出售此類資源。但屋漏偏逢連夜雨、船遲又遇打頭風，俄羅斯國內又鬧得沸沸揚揚，大家罷工的罷工、鬧事的鬧事，要求政府把拖欠他們的工資還給他們。

如此內憂外患，導致俄羅斯連外債的利息都快付不出了，更不要說馬上就要到期的債務的本金了。俄羅斯政府想要運營，就需要更多的外債來解燃眉之急。但現在大家都已經看出俄羅斯很危險了，誰還敢借錢給俄國人？迫不得已，俄羅斯人想起了重賞之下、必有勇夫這個道理，開始不斷增加利息以吸引外國資本。

但這樣做無異於飲鴆止渴，因為利率越高，說明俄國人越絕望、越借不到錢，而借不到錢俄羅斯就只有死路一條。因此，俄羅斯利率越高，投資者就對其越來越恐懼，信心就消失的越快。而信心消失的越快，大家拋售俄羅斯原來債券的就越多，俄羅斯債券的價格也就越低，使得利率也就越高。這樣的債券拋售惡性循環，使得大家早把什麼核武力威懾拋到了爪哇國。投資者只認錢，錢都沒了，誰管有沒有核戰爭？

到了1998年7月，俄羅斯人基本上已經走入了死胡同，他們欠的利息比自己當月的稅收居然多了40%。這時，索羅斯又像大灰狼一樣站出來說，俄羅斯其實應該讓盧布貶值，這樣中央銀行就不再需要用為數不多的美元來維持匯率，能夠暫且緩解一下俄羅斯的財政危機。

索羅斯這話其實非常有道理，盧布硬挺著的確不是回事，債都還不上，何必花錢來維持匯率。大家都能看出來俄羅斯危在旦夕，你維護盧布的利率也恢復不了投資者的信心，還不如來個長痛不如短痛，讓盧布狂跌一下子，之後用騰出來的錢來解決根本性的問題。但索羅斯此舉當然不僅僅是為了俄羅斯人著想。這時，拋售俄羅斯資產的已經不僅僅是投資者了，金融小團體們也再次粉墨登場。索羅斯也想借此機會煽風點火，逼著盧布貶值後，自己大賺一筆。不想俄羅斯人性格剛烈，還是垂死掙扎，居然直到8月14日還把盧布的匯率釘在了6.29盧布比一美元。

但這樣浪費美元，無異於上吊後又喝了一瓶老鼠藥，只能讓俄羅斯死得更快。眼看俄羅斯經濟崩潰，大家都知道，只要俄羅斯外匯儲備一花光、不再干預市場，盧布馬上要貶值；盧布貶值，債就更還不上了。於是，所有的投資者都開始瘋狂拋售自己手中的盧布或以盧布為單位的俄羅斯資產及債券，生怕自己被貶值所傷害。無奈之下，俄羅斯中央銀行只能越來越快地花掉手中的美元維持盧布。在1997年10月至1998年8月期間，俄羅斯人花了將近300億美元的外匯儲備維持匯率掛鉤設定的匯率。但越是維持盧布，花掉的美元越多，人們越覺得，俄羅斯人美元花光的日子不遠了，於是拋售手中盧布就越快，由此形成了貨幣匯率惡性循環。

在8月13日，俄羅斯的股票、債券以及外匯市場基本已經崩潰，因為所有的人都認為，俄羅斯的外匯絕對不夠維護匯率，盧布必然貶值；而即使不維護匯率，俄羅斯可能也還不了外債。此時，俄羅斯的債券利率已經到了200%，股票跌了65%被迫停盤。俄羅斯的數家銀行也宣布破產。

在8月17日，俄羅斯終於撐不下去了，他們採取了三項措施救市：第一，盧布的匯率範圍從5.3至7.1盧布比一美元拓寬為6.0至9.5盧布比一美元；第二，俄羅斯宣布將進行債務重組；第三，俄羅斯在90天內暫停還債。

暫停還債其實就是宣布俄羅斯破產，而匯率浮動範圍拓寬的意思是說，盧布可以狂跌了。原來央行允許盧布跌到7.1盧布比1美元，就是說在盧布這個價位時他們會介入，將價格人工固定。現在他們宣布最低價為9.5元盧布比1美元，等於說只有盧布再跌30%後，他們才會介入人工固定。在俄羅斯宣布不還債、盧布已注定要一瀉千里的態勢下，這無疑意味著政府已經默許了盧布跌30%。果不其然，在之後的日子裡，盧布開始在俄羅斯中央銀行的控制下穩步下跌。在9月2日，俄羅斯乾脆連可浮動的匯率掛鉤都不要了，直接讓盧布自由浮動，等於宣布自己不再干涉，盧布自生自滅去好了。到了9月21日，盧布已經跌至21盧布比1美元，一個月中價值暴跌66%。盧布的暴跌導致了通貨膨脹，當年俄羅斯的通貨膨脹達到了84%，進口商品的價格更是漲了幾乎4倍；很多俄羅斯人都已開始搶購日常生活用品，並造成了商品緊缺。

***

俄羅斯人是怎麼影響到長期資產管理公司的呢？原來，在1997年末，長期資產管理公司的專家們認為，亞洲金融風暴使得所有投資者都疑神疑鬼，不願意碰發展中國家的資產，只願意投資那些最安全、流動性的資產。長期資產管理認為這些人根本就是大驚小怪，1998年事態應該逐步安穩才對，於是他們把他們那借來的1000多億美元都壓在了世界會安逸這一寶上。

結果俄羅斯打了他們一個措手不及，由於盧布的崩潰，世界經濟再次開始大幅波動，而這和長期資產投資的電腦模式是完全相反的。俄羅斯的崩潰不僅使得盧布無人問津，所有發展中國家的資產都被認為太過危險而門可羅雀。大家都奔向了最安全的資產，比如美國和德國的國債。

這樣，長期資產管理公司可就倒了大楣了。在一方面，判斷錯誤導致其投資損失呈幾何級數增加。到8月底，它的資本已虧損了一半，降到了23億美元。到了1998年9月中旬，長期資產管理公司的損失超過40億美元，資產總值只剩下6億多美元。

長期資產管理公司之所以會如此狂跌，就在於他們和一般投資者的價值觀背道而馳，本來他們買的就是一般投資者不看好的資產，現在這種世道自然就更沒流動性了。這就好比是說，長期資產管理因為他們的電腦程式判斷1998年是盛世，而其他投資者因為1997年的經驗認為1998年還是亂世。於是，投資者把手中的古玩字畫都低價賣給了長期資產管理，換得了他們手中的黃金。本來長期資產管理公司還認為自己賺到了，明年一盛世，我一倒手，這批古玩還不得翻番？不想1998年真的是亂世，現在他們也急需用錢了，但他們的古玩字畫根本一文不值，沒有人願意買，只得任其暴跌，自己暴死街頭。

很快，隨著損失的不斷增加，那些借給長期資產管理公司*1000*億美元玩的銀行也開始害怕，要求他們拿出資產來做抵押。本來市場就有壓力，再加上銀行逼債，兩頭一夾擊，長期資產管理公司基本上已經奄奄一息了。

但是長期資產管理公司認為手中拿的畢竟是好玩意，只是暫時沒有人識貨而已。為了生存，他們開始四處兜售公司所有資產，希望能堅持到危機過後；但索羅斯和巴菲特等人看到長期資產管理的困境，都出價極低。士可殺不可辱，長期資產管理也有這個骨氣，心想與其受這份氣，不如來個玉石俱焚算了！

但它願意焚，美聯儲可不願意它焚。這倒不是因為美聯儲對其有任何偏愛，而是實在是長期資產管理公司太過重要。如果其倒閉，他們的交易對象以及競爭對手都會受牽連，而且他們手中那*1*萬億美元的合同也殺傷力太大。如果長期資產管理真的虧空倒閉了，那麼這*1*萬億元合同想必就沒有人來支付了，而這意味著美國金融界的各大公司要累積虧損至少*1*萬億美元，甚至更多。而這種虧損很有可能讓美國銀行也和俄羅斯銀行一樣大批量倒閉，導致投資者對美國經濟的信心喪失，最終導致美國崩潰。而如果美國崩潰，那麼包括日本和歐洲在內的整個西方社會也就差不多了。

迫不得已，美聯儲召集了美國華爾街最重要的金融機構的首腦，秘密商議是否大家都出點錢，把長期資產管理公司買下，這樣一來將來危

機過後能賺點小錢，二來能夠避免美國經濟的滅頂之災。這些一方諸侯倒也通情達理，知道此事事關重大，大家倒都願意拿出些錢來，賺不賺錢倒是小事，經濟能不崩潰就好。於是一番討價還價後，大家基本有了一個協議。但不想這時出了一個愣頭青，一貫以各色著稱的貝爾斯登的老大凱恩說，憑什麼梅里韋瑟虧了我要救他？其他人雖然百般遊說，但凱恩就是不同意，無奈之下，其他各銀行只得多出些錢。但這些人把凱恩恨得牙癢癢的，各個發誓：有朝一日貝爾斯登時運不濟，我們也不救它！十年後，這個怨念實現了，貝爾斯登崩潰的時候，果然沒有人伸出援手，但這是後話了。

言歸正傳，在這些金融機構出了錢後，長期資產管理總算躲過一劫，勉強撐到了經濟平靜。後來，美聯儲也積極救市，連續降息增加流動性以刺激經濟，美國總算躲過了一劫。在變賣各項資產後，各大機構果然都賺了些錢，但他們誰也不想再次讓大師們玩票、再經歷一次瀕臨崩潰，很快解散了長期資產管理公司。

***

不論是長期資產管理還是俄羅斯，雖然過程悲慘，但結局都充滿了陽光。俄羅斯很快就從危機中緩了過來，這主要得益於當時拖垮俄羅斯的罪魁禍首：油價。隨著世界油價在之後兩年內的飆升，俄羅斯很快貿易又有了盈餘。同時，貶值的盧布讓俄羅斯的產品在世界市場上變的特別便宜，因此大幅增加了出口。貶值的盧布意味著市場上流動的貨幣多了起來，而這額外的貨幣也刺激了俄羅斯的經濟。

長期資產管理公司雖然差點搞垮世界經濟而被解散，但大家混的都

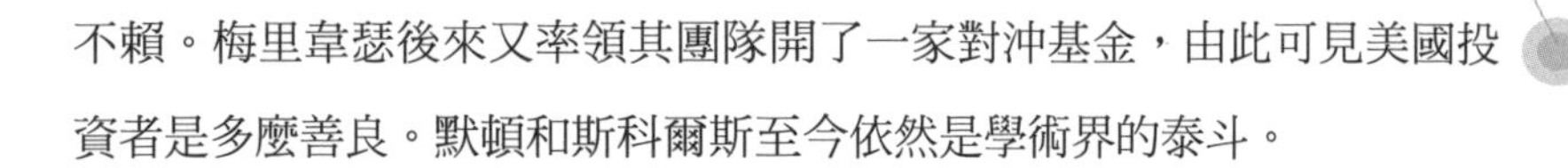

不賴。梅里韋瑟後來又率領其團隊開了一家對沖基金，由此可見美國投資者是多麼善良。默頓和斯科爾斯至今依然是學術界的泰斗。

那麼，我們能夠從這場匯率危機中學到什麼呢？首先，長期資產管理公司「人定勝天」的理念是不對的；他們是一群美麗的紫霞仙子，只算到了開頭，卻算不到最後的結局。他們忘記了美國經濟學家奈特的理論：能夠計算的風險其實並不可怕，可怕的是未來的不確定性。因此，千萬不要去長安街撿零錢，不論你算得多麼精準，那都是得不償失，絕對被70碼了。

而從俄羅斯人的身上，我們再次看到了，一個國家貨幣的崩潰，背後是有著實實在在的原因的。俄羅斯的根本問題在於，他們的經濟太過單一、太過依賴出售資源，缺乏分散風險的體制；這些資源一旦貶值，他們就沒有經濟來源了。同時，他們國內財政問題多多，既沒有開源、也沒有節流，整個財政系統只有在能夠借到足夠外債而且外債利率夠低的前提下才能運轉。而他們維護上述貿易和借債的手段，就是藉由中央銀行的干預來營造一個相對穩定的盧布匯率。但他們明顯低估了風險，沒有意識到貿易、財政和貨幣是相輔相成的，一個塌下來其他兩個也得跟著倒，他們不可能在貿易萎縮、財政入不敷出的前提下維持穩定的匯率。而採取匯率掛鉤使得問題更加嚴重，因為俄羅斯從此不能隨心所欲地控制自己的貨幣政策，他們不但要觀望華盛頓，還要計算手中的美元儲備方能行事。

像俄羅斯國這種根本就不健康的經濟體系，早晚要崩潰一次，之後才能改革，1997年的亞洲風暴看似是起因，其實不過是壓垮駱駝的最後

一根稻草。索羅斯的煽風點火也是同樣：如果俄羅斯經濟多元化、財務良好，那麼他再起哄架秧子，也無法撼動盧布的根本。

***

在介紹了這許多崩潰後，我們看到，匯率戰爭實在頻繁，而且無處不在，世界上幾乎沒有任何一個國家能夠不被匯率所影響。上至大英帝國，下到發展中國家，沒有一個能夠潔身自好。匯率彷彿是海洋；雖然經常碧海青天，但也能剎那間波濤洶湧；它能給人帶來無盡的財富，也能讓人葬身魚腹。

匯率的海洋是如此廣闊，以至於我們無法把一切事情的起因就歸功或歸罪到西方人頭上。誠然，西方人也想賺大錢過好生活，但這不代表他們一定要藉由迫害別人才能得到財富。按博弈論的說法，西方人的利益並不來自於差異，而來自於絕對值。好比有一樁生意，結果可以是西方人賺*5*元、第三世界國家賺*3*元，或者西方人賺*3*元、第三世界國家賺*0*元；這時，西方人並不在乎第二種方案中他賺的比第三世界多（*3-0=3*），而在意的是絕對值，即第一種方案他賺的比第二種方案多（*5-3=2*）。由於經濟和貿易本身就可以達到雙贏甚至是多贏，因此西方人大可不必搞階級鬥爭，自己能賺到錢才是最重要的。

而且，即使西方人希望透過匯率坑害第三世界的人們，也不代表他們就一定能夠做成。假設西方人能夠透過各種陰謀和手段呼風喚雨，本身就是和長期資產管理公司犯了相同的錯誤：過於高估了人的力量。蘇格拉底常說：「我只知道自己一無所知。」如果西方人能夠操縱匯率和世界經濟，那麼為什麼他們的資本主義世界會經常性崩潰？

而且，西方人也分國家和金融小團體，小團體們的行為並不代表國家利益。從根本上而言，金融小團體們有奶便是娘，沒有所謂的國家意識，如果自己母國有難，他們照樣攻擊，所以美、日、歐出了問題也難逃災難。套用電影《華爾街》的台詞，這些小團體們雖然道貌岸然，但和傑克船長一樣的小海盜沒什麼區別；為了賺錢做生意，他們把自己的母親賣了都無所謂，而且允許貨到付款。

***

從最初的簡單貿易，到後來的重商主義（*Mercantilism*）、亞當·斯密的自由主義（*Liberalism*）、凱恩斯經濟理論以及新自由主義（*Neoliberalism*），這一路走來，西方經濟學才是真正的一將功成萬骨枯，所以因為錯誤理論而流離失所的人們就是那一萬堆骨頭。經濟學雖然號稱是科學，又有著諸多複雜的公式，但它與真正的科學有著本質性的不同。科學能夠告訴你：什麼樣的條件必定會發生什麼樣的結果。經濟學只能告訴你：過去發生的事是什麼原因造成的，但我也不確定我就一定正確，因為各個學派的認知還都不同。另外，我也無法預測未來，不知道什麼樣的條件一定能造成一種必然的結果。我只能說，未來可能會是什麼樣子的。

就因為經濟學如此的不準確，所以在西方才一直流傳著這樣一句笑話：「最近五次的經濟衰退被經濟學家猜中了九次」。一代代的泰斗的鑽研，最後還是無法參透未來的不確定性。即使如此，經濟學卻不是百無一用。它雖不是一個能夠預知一切的水晶球，但它能夠總結出很多普遍的現象。比如，經過資料觀察和細心分析，他們總結出：如果一個國

家財政入不敷出，那麼他們的貨幣匯率就應該貶值。但歸根到底，這種認識是有限的。所以才會出現諾貝爾得主預測不到盧布要崩盤，美聯儲諸多專家想不到康州一個小公司居然可能連累整個世界經濟體。

而且，我能夠預測太陽能夠明天從東邊升起，不代表太陽明天從東邊升起是我造成的。像索羅斯之流不過是在陰天時提前準備了雨傘，他們不是跳大神的，並沒有讓老天爺下雨的能力。匯率危機的根本原因，還是因為經濟的自然規律不可抗拒，該崩潰怎麼都得崩潰，西方金融小團體不過是趁火打劫而已。

但如此的解釋是複雜的，也是和直觀不符的。要想理解經濟，我們需要學習各種各樣的理論，明白各種各樣的資料；同時，接受經濟學原理等於是在承認，人不是萬能的，也是需要按照規律辦事的。但因為進化的遺傳，人天生就不喜歡這兩樣東西。人們偏好的，是簡單而又包羅萬象的理論；人們相信的，是人類本身無所不能。

於是，陰謀論出現了。所謂西方人或者西方一小部分人在操縱世界匯率乃至世界這一陰謀論確有其吸引人的地方。首先，這個理論很簡單，可以被用來解釋任何現象，以及任何事情的來龍去脈。上述幾次匯率戰，都可以用陰謀論來解釋。不論一國的匯率是升是降，陰謀論都可以一言概之：浮動是因為陰謀集團的操控。這樣一來，即使這個現象不符合陰謀論基本的觀點，陰謀論也能自圓其說。比如，陰謀論可以說俄羅斯崩盤是美國人操縱的，那怎麼解釋美國人差點崩盤呢？陰謀論會告訴你，那是美國人自己的苦肉計，就是為了給自己洗清嫌疑，美國不是最後也沒崩盤嗎，因為那都是算好的，只是表像。

陰謀論可以幫我們開脫責任。俄羅斯崩潰了，和俄羅斯政府一點關係都沒有，和俄羅斯民眾也一點關係都沒有：「我們是無辜的」。這一切都是西方人的錯；首當其衝的自然是索羅斯這些炒家，是他們的舉動讓盧布匯率崩盤。但更可怕的，自然是他們背後那居心叵測、試圖征服世界的山姆大叔，是他們希望把俄羅斯整的永世不可翻身。

而且，陰謀論和經濟學不一樣，不用解釋細節。經濟學要告訴你貨幣政策是怎麼影響匯率的，首先必須拿出一個公式，大家在分析後還要覺得，這個公式是靠譜的，這是經濟學成立的前提。之後，經濟學家還要收集大量的實際資料，以證明現實發生的情況符合公式所形容的，只有這也證明了，這種經濟學理論才能被接受。但陰謀論不用，說到任何事情都可以含糊其辭。比如說國際炒家，一般都形容說「他們的操作手段複雜」、「能調動資金龐大」、「與各國政府關係曖昧」，基本上就糊弄過去了，再詳細的沒有了。為什麼沒有了？廢話，是陰謀嘛，我能知道這個陰謀存在就已經很了不起了，怎麼可能連細節都這麼清楚？

而陰謀論最大的特色，就是其無法被證明是錯誤的。比如你可以拿出資料來告訴陰謀論者，俄羅斯石油收入少是有原因的，主要是因為亞洲金融危機；他們會說，資料能信嗎，那都是陰謀集團偽造的，目的就是控制石油價格下降，打擊俄羅斯外匯收入。你可以拿出理論告訴陰謀論者，像俄羅斯這種入不敷出、大舉借債的國家，注定有撐不下去的一天；他們會說，理論能信嗎？所謂的經濟學理論，不過是西方人研究出來的一套把戲，其目的就是剝削擊垮了你以後，還認為你被剝削擊垮是合情合理的。就這樣，一切不符合陰謀論基本論調的事實和理論，都可

以歸類為：這些事實和理論的存在本身就是另一個更大的陰謀。

從這個意義上來說，陰謀論和信仰其實是一回事：如果你相信有神，誰也沒辦法證明世界上沒有神；如果你相信神是善意的，那麼誰也沒辦法證明神不是善意的，因為即使那些一般人可能認為很糟糕的經歷，比如家人病故，也可以被認為是神的一種善意，只不過神表達善意的方法和一般人不同而已。所以按照同一邏輯，如果我告訴你有一個會飛的、由義大利面組成的惡魔在操縱所有匯率戰爭，這個說法也是可行的，因為它也是包羅萬象、無法被證明是錯誤的。

但是，經濟學卻不能如此解釋。如果說經濟學還有一點科學的因素在內，那就是它勇於承認錯誤的態度。也就是索羅斯推崇的大哲學家卡爾·波普爾所謂的「可證偽性（*falsifiability*）」，即一個理論要想被證明是科學的，那麼一定要有一個標準，而這個標準必須允許錯的可能性。也就是說，一個不能被證明是錯的理論，同樣也不能被證明是對的。

和陰謀論不同，經濟學能夠被證明是錯誤的。比如自由主義無法解釋大蕭條，那麼說明其根本有問題，凱恩斯就能提出新的一套論點來解釋這個出現了的現象。如此一來，隨著我們對規律總結得越來越多，對問題認識得越來越清晰，經濟學一定是處於一個在不斷完善的過程中，永遠處於修正主義階段。但永遠都在根據事實完善，說明經濟學本身並不完善，因此和完美無缺的陰謀論相比，自然是相形見絀。而且最痛苦的是，經濟學告訴我們，真正負責的人是我們每一個人，而不是那永遠不露廬山真面目的陰謀小團體。

雖然和陰謀論相比有諸多劣勢，但經濟學還有一張王牌，那就是概率。西方一直流行著一種說法：能夠用簡單解釋說明的，不要再去尋找複雜的解釋；能夠用愚昧解釋的，不要去用精明強幹解釋。如果按這個標準去評判，我們就會發現，經濟學其實遠比陰謀論更為實際。經濟學提倡的理論是：每個人都在為了自己利益而奮戰；但因為參與者太多，而且人類本身就不靠譜，因此未來誰也預測不了，世界根本就是一筆糊塗賬，匯率也就因此上下起伏。這種現象出現的概率，遠比認為有一小群諸葛亮天天在一起運籌帷幄、把未來計算的絲毫不差、並能每次都把他們的計畫完美的執行的陰謀論要大得多。

如果按照相對來說更為靠譜的經濟學原理來解釋，那麼匯率其實是每個人、每個機構、每個政府一起構建的，它遵循的是經濟規律，體現的是一個經濟體的健康狀況。而這其中的每一個參與者的目的都是將自己利益的絕對值（而不是相對值）最大化，而其中任何一個參與者的力量，都不足以藉由一己之力改變大勢、力挽狂瀾。因此，與其說匯率戰爭是精心布下的局，不如說匯率戰爭是由無數自私單位和小團體參與的一場亂成一鍋粥一般的混戰。

英國大哲學家霍布斯在其著作《利維坦》中稱，尚未有社會、生活在自然狀態的人，會野蠻地爭奪世界上的有限資源，形成一場「所有人對所有人的戰爭」。這頗像《射雕英雄傳》裡，郭靖、歐陽鋒等人被困在一間黑暗的小屋子裡，各大高手亂打一氣的感覺。而在脫離了貴重金屬的束縛並市場化的今天，匯率也成為了一場所有人對所有人的戰爭；無論是世界性機構、各國政府、金融大鱷還是平頭百姓，無不被捲入其中。而在下一章，我們會看到，這種一鍋粥的混戰是怎麼造成的，並且

是如何影響我們的現實生活的。

第四章

亞馬遜的蝴蝶——無處不在的匯率影響

講了這許多匯率原理和經典戰役後，我們可以用這些知識來分析一下，匯率究竟在我們的生活中是怎麼變化的，以及對我們的生活又有怎樣的影響。而我們的第一個話題，就是最近讓大家最關心的人民幣升值問題。

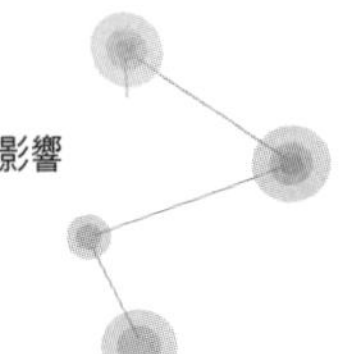

一、木秀於林——中美匯率的博弈戰

在很長一段時間內，美國和中國經濟配合極為默契，這種關係甚至被著名經濟史學教授弗格森稱為「中美共同體」；同時，也有經濟學家將中國和美國之間的關係稱為新的布雷頓森林體系。這個體系的核心就是中國等亞洲國家刻意讓本國貨幣與美元之間的匯率相對較低，這樣亞洲國家的貨物就會因為物美價廉吸引美國人來大舉採購，造成貿易順差。一般在這種情況下，美元會因為美國的貿易逆差而貶值，亞洲國家的貨幣則會因為貿易順差而升值。但此時，亞洲國家會將這些貿易順差用來購買美元及美國資本。這樣一來，美元又會因為這些亞洲國家的需求而升值，從而維護了原來的匯率。

在這種默契關係裡，亞洲國家透過干涉匯率市場保持本國貨幣繼續走低，並以此來推動出口，促進經濟增長和緩解就業壓力。而這些亞洲國家透過貿易和投資美國資產等手段獲得的大量美元又不斷以低廉的價格回流美國的資本市場，而這樣等於彌補美國巨大的貿易逆差。另外，亞洲國家購買的美國國債也解決了美國的赤字問題，並為美國提供了刺激經濟的資本和信用。如此一來，世界上的最大消費國（美國）和最大儲蓄國（中國）之間就形成了一種各取所需的平衡。

但現在，這個運轉完善的機制開始出現問題，而人民幣的匯率成為

紛爭的焦點。事情的起因就是以美國經濟為首的全球開始不景氣，而中國經濟卻一枝獨秀。這時，美國人注意到，人民幣雖然選擇了以一籃子貨幣為參照的浮動派，但實際上匯率跟美元跟得很緊。因此，美國人認為，如今美國的問題和中國的興盛都是因為中國操作匯率導致。而這導致了美國百餘位參眾議員聯名，要求歐巴馬政府把中國列為「匯率操縱國」，對中國出口美國的產品徵收高額反補貼稅。

這其實頗像黑人帥哥丹澤爾·華盛頓主演的電影《訓練日》裡的一個情節：華盛頓是一個戒毒員警，但其實黑白通吃，毒梟如果給他保護費的話，他一樣和人家稱兄道弟。但有一次華盛頓闖禍了，他在拉斯維加斯打死了一個俄羅斯黑幫頭目。鑑於此事，俄羅斯黑幫給了他兩條選擇：要麼拿出幾百萬來賠償，要麼就要錢沒有、要命有一條，乖乖去見閻王。

華盛頓被逼無奈，只得選擇去「做」了那個毒梟，拿出毒梟多年的積蓄來續命。按理說，華盛頓也不想殺那個毒梟朋友，畢竟大家合作這麼多年，而且日後估計也財源不斷。但問題就是，現在他急需用錢，日後這個毒梟再好，他沒了命也享用不了不是。因此華盛頓選擇壯士斷腕，先解了燃眉之急再說。

現實生活中，華盛頓（首府）的想法也是如此。如果能夠和中國長期互利互惠，雙方好好做生意，那是最好。但如果實在不行了，那麼到了最後關鍵時刻，再怎麼犧牲對方，也得先保住自己。因此，逼人民幣匯率升值來打擊中國倒是末節，關鍵是自己的問題要解決。在華盛頓和美國人民看來，人民幣過低的匯率造成了就業問題、赤字問題、經濟泡

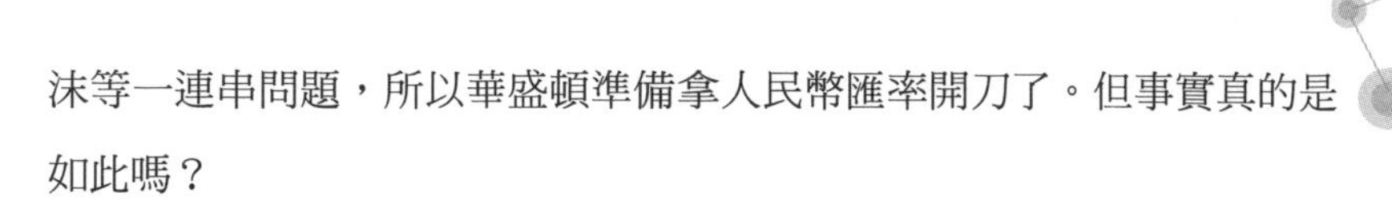

沫等一連串問題，所以華盛頓準備拿人民幣匯率開刀了。但事實真的是如此嗎？

***

美國現在迫使中國匯率升值最積極的要數勞工，因為他們很多人都認為，是中國的低匯率搶走了他們的工作崗位。現在美國在經濟危機後就業環境極差，失業率在*10%*左右，如果算上零工和兼職員工，那麼失業率更是接近*20%*。因此，現在很多美國人都拿失業問題說事，要求中國政府停止不公平的競爭，提升匯率。

面對這些人的憤怒，中國現在有一種說法是，美國人民是不明真相的善良群眾，他們被利用了，所以才會集體憤怒，要求中國讓人民幣升值。這個觀點有兩個地方是正確的：大多數美國人的確是不明真相的善良群眾，美國也的確有很多別有用心的人士。

而且，美國的大眾傳媒還為兩黨的諸國政客提供了平台，有時甚至連名嘴都披掛上陣。民主黨等自由派人士有基斯·歐爾柏曼在微軟全國廣播公司為他們搖旗吶喊，共和黨等保守人士有福克斯新聞頻道的葛蘭·貝克以及電台主持拉什·林伯格製造聲勢。

但是，如果我們仔細觀察就會發現，民主、共和兩黨雖然在很多問題上針鋒相對，但在這個問題上卻少有地達成了一致。這真的是非常少見的景象。

雙方之所以能夠在這個問題上達成共識，是因為基本上所有的美國老百姓都已認定中國奪走了他們的就業機會，因此這時候政客跟著他們

喊喊口號沒有什麼風險，而且越是義憤填膺，越能因為愛民而獲得印象分，下次競選時也就更容易。而且，學習《南方公園》狂喊「他們搶走了我們的工作！」這類口號能夠掩蓋很多政客本身的問題和老百姓自己的缺陷，不花一絲一毫的本錢，也不得罪任何一個有選票的人，這些政客何樂而不為呢？

因此，實際的情況是政客們為了自己的利益順應美國群眾的心聲。這時，有人可能會說，那這還不簡單，我們直接過去教育宣傳，把問題跟美國老百姓和美國政客們說清楚了，那不就得了？

但這個說法有兩個前提：美國民眾必須願意聽你講道理，而且美國民眾必須能夠聽懂你的道理。跟政客們解釋倒不是那麼必要，反正這些人只是為了獲得更多的選票。因此，只要老百姓能夠接受中國的道理，那麼這些政客肯定也馬上會見風使舵。

但是，和美國老百姓講道理真能行得通嗎？美國老百姓中，有一部分是非常極端的人士，他們家家掛著槍，好像時刻警惕著某些人大舉來攻，和這些人講道理，恐怕難度頗大。第二類美國人稍微好些，雖然他們本身知識量稍微少些，容易聽之即信之。比如，歐巴馬推出醫療改革後，很多極端反對者開始說，歐巴馬減少政府醫療開支的方法，就是把所有的老年人都送去集中營，這樣一來政府就可以隨意使用他們的養老保險和醫療保險了。

其實，我們可以跟他解釋，美國自建國以來，就鼓勵每個人、每個公司將自己的利益最大化，現在這些公司將業務外包，本就是情理之中。而且，美國政府自雷根以來，開始推廣市場自由化的政策，人民可以哪裡涼快去哪裡歇著。於是，各大公司都熱衷於裁員和外包，能炒一個員工就炒一個，能炒兩個絕對炒一雙。這些人被辭退剩下來的工資，一半被用於公司擴大運營，另一半被公司管理層作為分紅私下分了。如此一來，公司利潤高了，股票就狂漲，所有股東和管理層就有更多的錢花。

而這些被炒掉的員工應該順應時事，再去找另一份工作。在理論上，這是一個多贏的局面。公司管理層和股東賺了更多的錢，員工則去了更需要他們的崗位，增加了美國經濟的效率。但是在實際生活中，一個50歲突然下崗（失業）的老工人，到底應該怎麼訓練自己，去和那些大學剛剛畢業的新生代競爭？即使去麥當勞做漢堡，這些老工人可能都比不過那些小年輕，畢竟自己是老胳膊老腿了。而不管自己多麼窘迫，政府也基本不管。既沒有幫助下崗工人訓練重新就業的項目，也沒有去創造額外的就業機會，完全是讓這些下崗工人自生自滅。至於他們生活中遇到的贍養父母、養育子女的問題，政府自然更是大撒把。但這些末節問題，政府和自由經濟主義的理論家們，自然懶得操心。

當然，老工人本身也不完全是輸家。鼓勵公司裁員、將利潤最大化的股東中，有對沖基金等金融小團體骨幹。而這些金融小團體的資金，有很多又來自於政府的退休基金；而政府的退休基金其實就是每個勞動人民每年被政府扣下來的稅。也就是說，老工人等於自己攢了錢，把自己趕下了崗。雖然自己的工資沒了，但公司裁員後多出來的利潤，又有那麼一點點分到了老工人的名下。

但下崗的老工人不會想到美國經濟因為自己的失業而增加了效率，

就如同他不會想到自己的退休計畫因為自己的失業而變得多了一點。他不會想到，中國人的吃苦耐勞讓美國一切的物價都降了下來，使得自己生活品質改善，能夠這麼多年以來讓自己可以在工資不漲的情況下獲得更多的購買力；他不會想到，中國人把自己賺到的錢買了美國國債，讓美國聯邦政府和各州、市政府可以成本低廉地借到錢、繼續在赤字的狀態下運轉而不是往他頭上加稅；他不會想到，中國人的錢讓美國國內資金充足、經濟飛速發展，而自己的股票等也因為經濟的發展而大漲；他也不會想到，他之所以能夠住得上大房子，很大程度上是因為中國人的錢把美國的利率降了下來。同時，他也不會追究自己的責任：他自己這麼多年以來購買中國的商品，不是也讓別的美國工人經歷下崗的痛苦嗎；他追捧那些利潤改善的公司，不等於鼓勵這些公司快些裁員、將工作移往中國嗎？

他的教育程度讓他無法理解這一切，他的處境讓他不願意去理解這一切。他只知道，他一輩子努力幹活，但現在工作跑到中國去了。公司為什麼會把工作崗位轉移到中國去？這絕不是因為他不勝任自己的工作，不是因為中國人更能幹，也不是因為中國人收入低、更能吃苦，而是因為中國政府操縱匯率，用這種不公平的手段搶走了他的工作和他的生活。

在這種時候，你和他講，《獨立宣言》雖然是傑弗遜寫的，但中國人也有追求幸福的權利；你和他解釋，中國的低匯率只是問題的很小一部分，你失業，是因為世界經濟全球化的潮流，是因為美國政府的政策，是因為美國公司的戰略，是因為美國投資者的偏好，是因為美國消

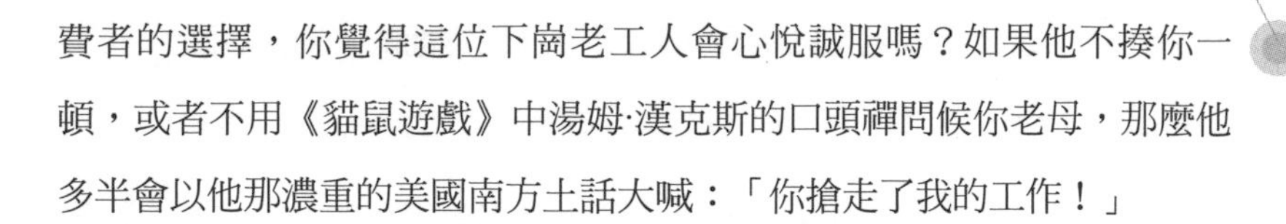

費者的選擇，你覺得這位下崗老工人會心悅誠服嗎？如果他不揍你一頓，或者不用《貓鼠遊戲》中湯姆·漢克斯的口頭禪問候你老母，那麼他多半會以他那濃重的美國南方土話大喊：「你搶走了我的工作！」

鑑於下崗老工人成見已深，美國政客自然也願意順水推舟，把失業問題都歸罪於中國和人民幣的匯率。但和他們的選民不同，不少美國政客其實對美國的現狀心知肚明；雖然偶爾也會有莎拉·佩林這樣無知的政客出來現世，但很多美國政客其實都知道，美國現在的經濟問題，罪人只有一個，那就是美國政府自己。

現在，在美國政策的鼓勵下，一味只知道追逐利率的公司已經嘗到了將工作崗位外包的甜頭，他們是絕不會回頭了。即使人民幣升值，他們也不會把這些工作崗位再移回美國了。人民幣升值對他們來說，意味著中國勞動成本的增加，所以他們的解決辦法就是再去找個更窮的國家，繼續剝削那裡的人民。現在已有趨勢顯示，越來越多的外國廠家開始在越南和孟加拉招兵買馬，不再來中國了。因為，強迫中國讓人民幣升值解決不了美國下崗老工人的問題，就好像以後強迫孟加拉貨幣塔卡和越南盾升值也無濟於事一樣。

但是，怪罪人民幣匯率符合美國政客們的利益。一直以來，美國都宣傳全球化帶來的是所有參與者都會受益。但是在全球化進行了20年後，事實已經很明顯，全球化其實也是有贏家和輸家的，像下崗老工人的就是輸家。但中國人物美價廉的商品在很長一段時間內掩蓋了這個現象；中國讓下崗老工人們忽略了自己其實工資沒漲，錢其實都被金融小團體賺走了這一事實。而且，美國政府也忙著和小團體們分錢，並沒有

為下崗老工人們準備足夠的社會保障或再就業方面的計畫。因此，政客也希望讓人民幣當替罪羊，掩蓋自己的過失。

而對於企業來說，如果他們可以藉著下崗老工人的力量，把人民幣逼得升值，那麼對他們來說是有百利而無一害。他們的成本不會提高，因為只需將工作崗位移至越南或孟加拉即可。同時，他們的收入將增加，因為人民幣升值後，美國的產品在中國人眼中會變得更便宜，因此會有更多的人選擇購買美國貨。

因此，雖然政客、商人、下崗老工人都拿失業問題說事，但其實政客和商人都是心懷鬼胎，一個是掩飾自己的錯誤，一個是爭取能賣更多商品；大家都知道，實際上人民幣升值基本上幫不了失業的美國人什麼忙。而且，人民幣升值對老工人其實還是有害無益的，因為升值的人民幣會讓中國很多的廉價出口變得貴起來，而這無疑會讓老工人本就微薄的購買力再次下降。

***

美國政府讓人民幣升值的第二個理由，是美國由於經常性貿易赤字，所以政府經常虧空導致赤字。在*2007*年，美國一年需要借外債*8000*億美金才能勉強度日，而中國的盈餘則是*2620*億美金。因此，很多美國人認為，只有人民幣升值後，美國人才能多賺錢，這個問題才能解決。

但實際上，美國政府經常性赤字有兩個原因。在一方面，美國人不願意節流，預算中浪費極多。我們且不說美國那天下獨步的國防預算，同時打兩場持久戰爭都無須加稅是怎麼想的，甚至連一年數百億的農業補貼我們都不說；我們僅看那些枝節，就知道美國為什麼會赤字嚴重了。美國共和黨內有一派人自稱「赤字鷹派」，意思就是他們平生最痛恨的就是政府入不敷出，胡亂花錢；他們經常斥責美國預算，裡面太多「分豬肉」一般的特殊預算專案，完全就是政府在亂花錢，變相購買選民選票。但就是這些人在自己分起豬肉來卻毫不手軟。其中最著名的案例，要數阿拉斯加州的「哪兒也不到的橋」。話說阿拉斯加有座孤島，島上只住了50人不到，阿拉斯加參議員居然想到讓聯邦政府撥款4億美元，替他們50人也修一座金門大橋。如果美國每50人就要花4億美元，那麼美國預算赤字也就不足為奇了。

4億美元當然也可以浪費在其他方面。伊拉克戰爭本就開銷巨大，而且裡面的浪費一點不比每年的預算少。比如，在入侵伊拉克之後，美國人在各個方面都企圖讓伊拉克人接受美國的先進經驗，不論適合與否。伊拉克在被侵略前曾有過一個很落後的證券交易所，裡面一切交易基本上靠吼，然後在黑板上記錄。美國人來了後，照搬了紐約證券交易所的一切規則和配置，花了4億美元購買設備，企圖打造中東最先進、最現代的證券交易所。結果美國人一撤，他們留下的電腦又再次被荒廢。伊拉克人拒絕使用電腦，理由是大多數人不會用。伊拉克人湊了湊錢，又買了這個黑板，然後重新開始吼來吼去，這4億美元就又算打水漂了。

在另一方面，美國人變得越來越像他們曾經譴責過的拉美人，也開始執行國家保母制。但美國人的保母制又和拉美人的有所不同：拉美人是為老百姓提供各種各樣的福利，美國人則是透過減稅。自雷根以來，美國稅率逐年遞減；而我們在前面也看到，雷根說的供應派經濟學根本

就是扯淡，減稅的話美國政府的稅收自然是減少而不是雷根所說的會增長。因此，美國人不但沒有開源，反而是來源越來越少。

這在經濟騰飛時不是問題，因為老百姓有錢連帶著政府的錢也多，所以趕上互聯網時代的柯林頓能夠讓政府預算略有結餘。但如果經濟不好、稅收跟不上，或者政府需要增加開支，那麼美國政府只有再次赤字。而老布希在戰爭獲勝後因為加稅連任失利的前車之鑑，讓他所有的後繼者都明白，加稅就是政治自殺。所以，小布希寧可借債打兩場戰爭，也不願意從美國納稅人手中多要一分錢；不僅如此，在打仗這個急需用錢的節骨眼上，他還大幅減稅討好選民，使得赤字問題變得極為嚴重。在小布希的任期末年，他還花了數千億美元拯救即將倒閉的華爾街投行；他的墓碑上如果不刻「債多了不愁」這幾個字，真是對不起美國董狐們。歐巴馬上台後，繼續了小布希的借債政策，不但出手繼續拯救華爾街投行，還拯救了通用汽車和克萊斯勒，並且在不加稅的情況下通過了全民醫保改革。很明顯，這筆長期糊塗債最後也只能用借債解決。

因此，美國政府的赤字純屬咎由自取，不是說中國提升匯率就能解決的問題。恰恰是因為人民幣價格相對降低，中國才能從美國賺到那麼多美元；而因為中國政府希望保持現在的匯率，所以才願意拿出大量的金錢來購買美國資產，其中一大部分都是收益極低的美國政府債券。也就是說，美國政府之所以可以肆無忌憚地亂花錢，完全是拜中國的匯率政策所賜。如果中國人提升了匯率、不再有那麼多錢買美國債券了，那麼倒楣的是美國政府自己。美國國內的老百姓熱衷於消費，儲蓄率極低，因此政府根本指不上從老百姓那裡借錢，因此就算不從中國借，也要從別國借外債方能度日。但沒了中國的支持，現在政府必須支付更多的利息才能保證自己可以亂花錢而不受限制。

現在美國政客拿美國政府赤字說事，這就好像共和黨人當年歡迎布希發動兩場戰爭，現在卻說歐巴馬醫改浪費一樣，根本就是拿莫須有的罪名進行政治作秀。要想解決赤字，美國政府縮減開支、增加賦稅即可辦到，不用與中國就匯率這點事扯皮。

***

美國人經常提到的第三個問題，就是中國人借給他們的錢造成了這次的次貸危機。這種說法的理由是，本來中國人為了保持人民幣匯率的低廉，購買了大量美元，讓大量資金湧入美國。由於資金過多，美國人也開始學亞洲金融風暴中泰國人的做法，開始胡亂投資。而除了美國「潘石屹」亂建房以外，美國的錢多到連普通小百姓都來分一杯羹，拿最低工資的人也敢買豪宅，反正貸款不要本金、也不要利息，萬一房子日後漲了自己就賺到了。因此，次貸危機之所以能興起，就是因為錢太多，最後造成了一個日本式的泡沫，最後當大家發現，一個最低工資的人付不起百萬豪宅的房貸時，一切都已晚了，所以美國開始崩潰，華爾街的銀行業倒了一家又一家。而這一切罪惡和災難的根源，都是因為中國為了保持人民幣匯率的低廉，購買了太多美元。

這個理論聽上去很美，因為原來很多的匯率戰爭都是如此操作的，難不成中國一直讓匯率低廉，就是透過匯率戰爭搞垮美國，取而代之，成為世界老大不成？但如果我們仔細一分析，就會發現這個理論和所有的陰謀論一樣不靠譜。中國之所以往美國輸出資金，其目的只不過是為

了促進本國的經濟。而且，單就次貸危機來說，美聯儲和華爾街諸投行和日本當年的崩潰一樣，完全是在自掘墳墓。

讓我們先來看看美聯儲的責任。當年被認為是經濟先知的美聯儲主席格林斯潘早在*20*世紀*90*年代就發現美國的投資有泡沫化的嫌疑，他甚至用「非理性繁榮（*Irrational Exuberance*）」來形容當時科技股引發的美國投資熱潮。但格林斯潘並沒有提高利率刺破泡沫，因為他認為經濟這麼飛速發展是好事。但任何泡沫都走的是盈不可久路線，美國互聯網泡沫到了*21*世紀初也破滅了。這時，格林斯潘採取的對應措施是降低利率。這雖然終結了互聯網泡沫的危害，但卻造成了美國房地產泡沫。這等於用一個危害更大的泡沫取代了一個危害較小的泡沫，根本沒有治本，只不過是推遲了崩潰的時間。

但格林斯潘卻不這樣認為。他不僅覺得美國人大家一起買房是好事，甚至還親自鼓吹，說美國人應該拿房子作抵押，從銀行借出更多的錢來消費、投資。這些舉動對於美國流動性過剩的影響遠勝於來自中國的資金，但格林斯潘直到今天依然認為自己的功過應該是七三開。之後，格林斯潘的繼任者伯南克基本上原封不動地繼承了格林斯潘的貨幣政策。在眾多經濟學家、職業經理人已經開始警告美國流動性過剩、資產泡沫的時候，伯南克依然保留了較低的利率。

但即使如此，美國本來也可避免次貸危機和經濟衰退。雖然流動性過剩遲早會讓泡沫被刺破，但僅僅是借錢買房子的窮人還沒有多大危害性，撐死了和美國*20*世紀*80*年代的儲蓄貸款銀行危機相仿。真正給美國致命一擊的是美國的各大投行，這些投行的行為讓這次金融危機的金額

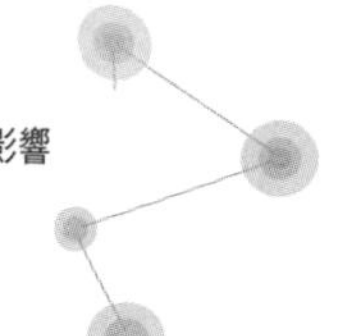

遠超過窮人債務的總額。

原來，這些投行（投資銀行）透過一種名為「合成抵押債務契約（*Synthetic collateralized debt obligations*）」的衍生金融工具將華爾街變成了拉斯維加斯。合成抵押債務契約和長期資產管理公司用過的衍生金融工具相仿，基本上就是一種保險，保險的對象就是窮人買的豪宅。如此一來，買保險的人等於是在賭這些窮人肯定還不起債，而賣保險的則是在賭這些窮人能還得起。到了最後，這種對賭的金額已經遠高於了窮人借錢的實際金額。

而且，這種對賭還有一個不妥當的地方。在日常生活中，我們不能隨便替別人買生命險，然後把自己寫成收益人。因為這樣會讓我們希望生命險被保的對象早點上西天；如果保額夠大，說不定我們還會買兇殺人，或者自己親自動手送他上路。而從本質上來說，合成抵押債務契約其實就是這種替別人買的生命險，因為這些對賭的人根本就沒有借錢給窮人買房，即使窮人還不了債他們也絲毫無損。但現在那些賭窮人還不起債的人因為自己的賭注，開始有了壞心眼，準備送窮人們一程，讓他們提前還不起債。於是，這些人開始忽悠著投資者把錢借給越來越不靠譜的窮人，而他們此類的行為等於直接導致了窮人還不起債。

由於窮人欠債，美國經濟開始出現問題，但實體經濟問題尚小，真正的大問題，是投行和各金融小團體投入的數萬億賭注。這數萬億的賭注讓所有賭窮人還得起債的投行和小團體都基本血本無歸，所以才有了諸多基金和銀行的倒閉。由於大家都不知道別人究竟是怎麼賭的、各自欠了多少錢，所以誰也不敢交易、誰也不敢借貸，所以最後導致了美國

信用停滯、經濟差點崩潰。因此，我們可以說，人民幣的匯率雖然是誘因，但並不是決定性的因素，就好像日本匯率升值是日本泡沫的誘因、但不是決定性因素一樣。真正應該負責的是美聯儲和美國各大嗜賭如命的投行和小團體，連美國人自己都說高盛這樣的投行彷彿是「在人類臉上吸附著的巨大吸血章魚」。而即使是作為誘因，人民幣的匯率也不是主謀，其作用遠不及美國各借債公司、信用評估機構、銀行等機構。如果讓人民幣為美國崩潰負責，那才是比竇娥還冤。

而之後美國的諸多措施也讓美國很難理直氣壯地指責中國為匯率操控國。為了不讓經濟崩潰，美聯儲會出資擔保了諸多面臨虧損的銀行和投行，美國政府則撥出了*7000*億的不良資產援助計畫，幫助這些投行和銀行填上了許多窟窿。美聯儲更是開閘印鈔，基本上是免費地向各大銀行和投行提供資金，以便他們能夠透過利息剝削老百姓來恢復盈利。而這些貨幣政策的效果就是美國境內流動的貨幣數量大幅增加，並因此導致美元貶值至少*25%*。

這一切其實並不出人意料，因為歷史上所有國家的經歷證明了，只要符合自己的利益，各國都會毫不眨眼地讓自己的貨幣升值或貶值。僅美元我們就曾見過它在*20*世紀*70*年代退出布雷頓森林體系後的貶值、解決通貨膨脹時的升值、廣場協議的貶值、羅浮宮協議的升值等，所以現在美國面臨危機又故技重施就不足為奇了。但讓人奇怪的是，這麼明目張膽調控自己匯率的國家，指責別人為匯率操控國時，卻毫不臉紅。

***

綜上所述，我們可以看到，人民幣匯率低廉並沒有對美國造成多大實質性的傷害，在很多方面甚至還有貢獻，因此充其量只能算是功過相抵。而且，選擇匯率四大門派是各國的主權，各國可以根據自己的需要選擇固定的匯率、資本的自由流動以及獨立的貨幣政策中，哪兩個目標是最重要的，哪一個目標是可以捨棄的。因此，美元的自由浮動並不見得就比人民幣的管理掛鉤更道德。

但講完這番下崗老工人不願意聽的道理，讓我們回到現實，想想有什麼方法可以撫平他受傷的心靈，安撫美國人民的躁動。首先，我們要意識到，人民幣作為中國的匯率，雖然其掌控權自然在中國手中，但中國作為出口者，在這次談判中是不利的。這就好像我們日常買賣，賣方由於有所圖，所以永遠處於劣勢。如果美國真的開始對中國貨物徵收關稅，那麼即使中國進行報復，中國都會受到一次沉重的打擊。現在中國對美國的出口是美國對中國出口的4倍，如果雙方同時徵關稅，中國的損失也是美國的4倍。而且，美國可以透過擴大內需來補上部分窟窿，而中國則很難瀟灑地轉身，不帶走一片雲彩。因此，和美國玩強硬絕非上策。

另外，中國現在的匯率政策雖不理虧，但這不是說中國和美國的現狀就一點問題也沒有。這種長期的貿易失衡畢竟不是辦法，雖然美國很喜歡中國白給他貨，之後白給他錢，但美國不斷打白條肯定不能永遠持續下去。

美國不但是一個消費者，同時也是一個製造者。作為消費者的美國自然喜歡中國免費給自己打工，給自己一大堆東西，然後只帶一堆借條走；作為製造者的美國人就會擔心，中國人造東西會讓自己失業。作為

消費者的美國一心只知道花錢，因此買回來的東西越多越好；作為製造者的美國是個打工仔，他會考慮日後這麼多欠條到底應該怎麼才能還得上。

而這些欠條是必須還的，因為這涉及美國的信用。美國之所以能夠到處借債，美國之所以能夠永遠資金充足，主要就是因為全世界所有的人都認為，美國遲早會生產東西出來還債。因此，各國才會接受美國的欠條，用美國的欠條交易來、交易去，並用美國的欠條作儲備。即使在美國次貸經濟崩潰並引發了全世界其他國家也跟著崩潰時，全世界人民依然認為，美元是世界上最安全的貨幣，美國國債是世界上最安全的投資。

因此，債務的增多讓美國更加擔心是有依據的。如果有一天，債務漲到了大家都意識到美國的欠條不過是一堆廢紙，那麼不要說美國人超額消費、美國政府指東打西，整個美國的經濟只怕也要隨著信心的消失而土崩瓦解了。而這對其他國家來說更是壞消息，因為美國的崩潰不僅意味著市場和資金的喪失，而是會順帶著把大家一起拖下水，把世界打回石器時代。即使問題沒有那麼嚴重，永遠入不敷出的美國肯定會透過讓欠條貶值來解決自己的債務問題。而這對中國來說也不是好事，這等於自己多年的付出換回來的欠條一下子不值錢了，多年白打工了。

除了欠條貶值以外，長期貿易失衡也帶來了別的問題。中國不斷從美國賺錢、之後再借給美國人的行為，不但造成了美國國內資本過剩，也造成了中國國內資本過剩。因此，兩國都曾出現投資過熱的情況；雖然沒有當年日本那麼炫目，但泡沫是注定要破的，到時的「去槓桿化」

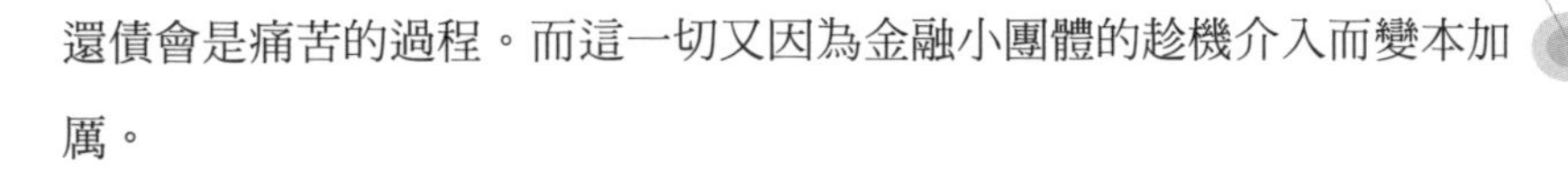

還債會是痛苦的過程。而這一切又因為金融小團體的趁機介入而變本加厲。

因此，雖然美國的問題大多是咎由自取，但中國為了自己的利益也不應癡迷於現有形勢帶來的既得利益，這樣只能越陷越深，讓未來的需要面對的問題越來越嚴重。早晚有一天，中國需要從「中美共同體」中解脫出來，走自己的路，讓美國人去打的。到時，人民幣必定升值，中美貿易趨於平均化，而那一天並不一定是我們的末日。廣場協議雖然讓日本貨幣升值，但最終日本崩潰是因為自己宏觀經濟調控的失誤。相比之下，歐元匯率堅挺的德國一直對美國保有順差。這說明，只要肯吃苦耐勞，那麼即使人民幣匯率上升，我們依然可以依靠中國人民的聰明才智設計出美國人希望購買的玩意來。而升值的人民幣可以更好地控制通貨膨脹、阻止熱錢，也能夠讓老百姓買得起更多洋玩意。

因此，在中國認為符合自己利益的情況下，是可以選擇讓人民幣一次性升值，並允許更大範圍的浮動。但在中國決定升值之前，我們應該和美國人據理力爭，同時「誘之以利、動之以情、曉之以理、脅之以威」，讓他們知道，只有中國想升值時，中國才會升值；在符合中國利益的時候，我們會盡力幫助美國下崗老工人，但我們不會因為美國人的威逼而放棄國家利益。同時，人民幣升值並不是美國經濟的靈丹妙藥，美國政府必須對自己和自己的人民負責。

***

中美之間的利益紛爭雖然驚天動地，但這畢竟是擺在台面上的。任何一個手邊有資料、學過經濟學的人，都大概知道雙方的目標所在以及

有什麼招數供雙方選擇。但是，中美的匯率畢竟不僅僅只是被兩個國家所影響，在他們之間還有一隻看不見的黑手，它就是四處流竄、四處作亂的金融小團體們。接下來，我們將說說這些小團體們在匯率戰爭中的影響。

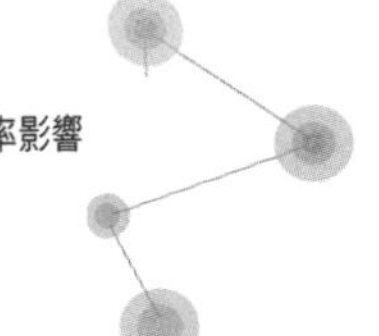

二、炒家——看不見的黑手

亞當·斯密曾經做過一個比喻，說市場彷彿是一隻「看不見的手」，引導著每個自私自利的人促進社會的利益。在當年斯密寫下這個句子時，他根本不會想到日後的世界經濟能夠發展到如此地步，也不會想到匯率能夠在全球化的今天有這麼大的能量，更不會想像到外匯市場上會有一隻看不見的黑手——金融小團體。

***

雖然在匯率戰爭史上，我們看到很多富可敵國的家族，而他們也同樣能夠幫助帝國興起或摧毀一國的經濟，但在近代之前，我們的世界還沒有發展到像今天這樣休戚息息相關。在20世紀以前，世界上雖有貿易，但那多半是為了交換舶來的奢侈品。即使在世界大戰前的第一次全球化階段，貿易依然是大家最關心的主題；資本流動雖多，卻尚未有舉足輕重的地位。實在不行，一個國家拉緊褲腰帶也能自力更生、自給自足。

但在第二次世界大戰後，情形開始不同。布雷頓森林體系的出現帶來的不僅僅是西方世界範圍內的自由貿易化，它同時也促進了資本的自由流動。在布雷頓森林體系解體後，少了各國央行調控的世界經濟系統中，資本的流動亦彷彿脫韁之馬，變得越來越活躍。隨著更多的國家加

入國際市場，流動的資本彷彿水銀瀉地般無孔不入，把世界的每個角落都牢牢地連接在了一起。由於經濟體系的不同和科技的發展，第二次全球化遠比第一次更徹底。到了今天，拒絕參與世界市場幾乎已經不再是一種選擇；任何閉關鎖國的國家都要為其選擇付出沉重的代價。

而作為資金流動潤滑劑的匯率，也開始在世界經濟體系中發揮至關重要的作用。據國際清算銀行統計，每一天外匯市場的交易額平均超過2萬億美元；相比之下，紐約證券交易所的每天的交易額在400億至500億美元之間，是外匯市場交易的四十分之一。在這樣大的市場中，一個國家竭盡全力尚且自身難保，更何況企圖透過匯率去興風作浪了。

國家重要性的退卻，讓我們發現，匯率的傳統角色正在變得越來越次要。曾幾何時，貨幣兌換的主要原因是為了跨國的貿易、投資和消費。今天，隨著金融系統的發達，這些原因雖然依舊重要，但已不是決定性因素；對沖的出現讓跨國公司可以降低匯率變動的風險，但更多的時候它被用來牟利。據資料顯示，每天外匯市場上的交易額是國際貿易需求的40倍。這就是說，今天大部分的外匯交易不是為了達到任何實質性的目的，而僅僅是大量資金企圖利用匯率的浮動進行套利。在這樣一個市場當中，現代的金融小團體們自然當仁不讓地成為了主角。

***

外匯市場的交易量巨大，是因為參與外匯交易的人是龍蛇混雜，有來自各貿易公司和跨國公司的，有來自各類銀行的（投資銀行、商業銀行、中央銀行），也有來自各類機構投資者的（對沖基金、外匯基金、退休基金、捐贈基金等）。當然，也有些小魚小蝦，比如希望去旅遊的個人。這裡面，很多參與交易的人是為了貿易、投資、消費等傳統目的，但更多的人是為了投機。而投機者中，最引人注目的要數對沖基金了。

據統計，全球共有超過7000家對沖基金。這些基金的資金來源多樣，投資銀行、退休基金、個人投資者等都可能為對沖基金提供資本。加起來，所有的對沖基金一共操縱著1.9萬億美元的資本；如果加上他們能夠從別的金融機構和銀行借來的資金和信用，對沖基金的實力根本不可估量。僅僅從他們的收入，我們就可以想像這些小團體們控制的資金總額是多麼恐怖，像鮑爾森這樣收入最高的對沖基金經理，一個人一年就能賺37億美元。

這些基金在進行交易時大多各行其是，根據自己的判斷追求利益的最大化。但是，鑑於對沖基金圈子不大，所以很多時候，很多經理人能相互影響。再加上大家有的時候判斷相同，因此很多時候他們雖然在單獨行事，但看起來彷彿是在集體行動。而根據他們不同的判斷，他們也就形成了一個個金融小團體，不斷在世界經濟各處套利。

金融小團體們的手段雖然極度豐富多樣，但道理卻很簡單。他們會根據經濟學原理以及資料，分析一國貨幣究竟是被高估還是被低估，之後買漲買跌。即使是索羅斯這樣的悍將，手段也僅此而已。而且，他們雖然瞭解各國經濟，但在交易時他們很少考慮交易和交易所造成的匯率變化對實體經濟的影響，其關注僅僅局限於如何買到一種貨幣，可以讓其漲得如滔滔江水連綿不絕，或者一直賣跌貨幣，然後看它跌得一發而不可收。因此，我們在外匯市場上看到匯率的起起伏伏，很多其實可能

和實體經濟毫無關係，只是諸多金融小團體們在博弈賺錢。

買漲的案例，我們可以參照斯坦利·德魯肯米勒的成功案例。在講述英鎊事件時，我們就曾提到過這位能人，當時就是他發現英鎊是可被擊潰的。德魯肯米勒曾是量子基金的經理，現在自立門戶；他被《富比士》雜誌列為美國最有錢的百人之一，而他的財富有很大一部分來自於外匯市場。在*1989*年時，他看到柏林牆倒塌，並由此認定德國一定會合並。同時，他分析了大量資料，斷定德國馬克必定會升值。因此，他購入了數十億馬克，並因此大賺特賺。

如果說買漲還算是一種有遠見、有建設性的行為，那麼買跌就屬完完全全的投機行為，其唯一的目的就是興起匯率亂戰以渾水摸魚。買跌的案例，除了索羅斯本人擊潰英鎊的事件以外，他手下安迪·克雷格的所作所為也同樣引人注目。在*1987*年美國股票暴跌後，很多人都不看好美元，認為美元也一定會跟著暴跌。於是，這些看跌美元的投資者開始將自己的資金四散到其他更安全的貨幣中，坐等美元貶值。這其中的一種貨幣就是紐西蘭元。但由於大家都相信美元還會跌，因此買紐西蘭元的人越來越多，紐西蘭元的匯率也就越來越高。

但當時還在美國信孚銀行供職的克雷格卻認為，美國大體沒事，美元價格應該能保持平穩，現在大家拋售美元，只不過是心理作祟，過了這陣子就好了。因此，他斷定紐西蘭元因為這些人的哄抬，價格已經嚴重被高估，於是他當機立斷，大量賣空紐西蘭元，並且最終獲得了高額的利潤。甚至還有人說，當時克雷格賣空的紐西蘭元數量已經超過了紐西蘭全部的貨幣供應，並已經影響了紐西蘭的國內經濟；無奈之下，紐西蘭財政部甚至還致電美國信孚銀行，要求他們停止克雷格的賣空行為，金融小團體的力量由此可見一斑。

克雷格之所以能夠拋售比紐西蘭貨幣供應數目更多的紐西蘭幣，是因為他採取了一種叫「賣空（*Short Selling*）」的操作手段。賣空是指，當克雷格看跌一種貨幣時，他可以在手頭沒有這種貨幣的時候先將這種貨幣拋售，之後只要再補買這種貨幣、填上這個空當即可。因此理論上來說，克雷格可以無限賣空紐西蘭元，而且賣空的數量不受紐西蘭元實際數量的限制，由此無限增加對紐西蘭元的壓力、迫使其貶值。除了賣空以外，金融小團體們也會採取其他金融工具以盡量花小錢多辦事。

除了這些赤裸裸的買賣交易、套利投機以外，金融小團體們也利用外匯市場進行投資，但即使他們的投資也充滿了投機的味道。比如，在次貸危機前曾經很流行的一種「套息交易」，就是先從低利率國家貸入款項，之後再去購買高利率國家的資產，賺取其中利率差價。當時日本由於長期的經濟問題，利率還是一如既往地保持了全球最低的標準。於是，大量的投資者選擇從日本借日圓，之後兌換成其他貨幣追逐高利率，而這些高利率國家通常都是發展中國家。而在操縱此類套息交易時，投資者借到錢後就需要拋售大量日圓購買外幣，由此導致日圓匯率低、外幣匯率高的現象。在很長一段時間裡，這都是一件高收益、低風險的生意，因此諸多金融小團體都樂此不疲。

***

雖然金融小團體們如此神通廣大，但是在進行外匯交易時，他們面臨的風險還是很大的。首先，他們要考慮自己的判斷和買賣是否符合經

濟原理和趨勢，如果他們逆勢而行，很可能有滅頂之災。

比如上面說的套息交易，這在很長一段時間內都是有利可圖的行為。但如果僅僅關注利潤而沒有觀察經濟大勢，金融小團體們就不可能發現，套息交易是有致命弱點的，而次貸危機就讓套息交易的問題暴露無遺。原來，套息交易最基本的假設，是日圓的利率一直走低、他國的利率一直走高，這樣小團體們才能賺取差價。但在雷曼兄弟倒閉後，日圓因為安全的原因開始狂飆，發展中國家因為還是被視為風險大而貨幣狂跌。這樣一來，所以進行套息交易的人基本上都完蛋了，因為他們手中的外幣資產跌得一文不值，但同時還必須還升值了的日圓債務。這告訴我們，金融小團體的招數再花哨、再討巧，如果不符合趨勢也要完蛋。所以，金融小團體也必須學習經濟原理，這樣才能避免上述風險。

而金融小團體之所以關注經濟和資料還有一個原因，就是他們必須知道其他人是在想什麼。這是因為，任何單一的金融小團體，不論它實力多麼雄厚、資金多麼充沛，在一個日交易額為2萬億美元的市場中都是滄海一粟。同時，小團體們的敵人也不是吃素的，不是一國政府就是其他金融機構及小團體。因此，金融小團體要想成事，必須達到一呼百應的效果。

在興起匯率亂戰時，這一點尤其重要。因為即使是索羅斯，也不可能真的以自己個人的力量擊敗英格蘭銀行。誠然，索羅斯可以四處借貸、累積資金，讓自己的實力比英格蘭銀行更雄厚。但如果整個市場都是反對索羅斯的，那麼他那點錢估計很快就打水漂了。而且不要忘記，金融小團體們並不是眾志成城，而是一盤散沙。如果他們認為另一個小團體判斷失誤，那麼他們也會不遺餘力地攻擊這家金融小團體。在金融小團體看來，世間只有生意，沒有道義。因此，如果索羅斯判斷有誤、不符合經濟規律，那麼第一個被金融小團體擊潰的將不是別人，而正是他自己。

所以，金融小團體們不但要透過分析經濟原理和資料找到一個實質上適合攻擊的對象，還要確定這個對象從表面上看也適合攻擊才行。上面我們也曾說過，有時投資者們因為擔心而採取相應行動，所以導致擔心的事情成為事實，形成自我實現的預言。這就好像《功夫熊貓》中龜仙人說熊貓會成為高手，而他的言語引發了一連串事件，最後真的讓熊貓成為高手一樣。在拉美和亞洲危機中，起因也是由於有的投資者開始擔心當地經濟環境不好，於是開始撤資，而他們的撤資最後真的導致了當地經濟不好。

因此，投資者們心裡究竟是如何想的對金融小團體來說是很重要的。如果不符合投資者的看法，那麼金融小團體即使看法正確，也可能壯志未酬身先死。凱恩斯就此事的看法是：你口袋中金錢流失的速度，往往無法讓你堅持到投資者們恢復理性。長期資產管理公司就是一個最明顯的例子：他們的投資在俄羅斯引起的金融危機結束後被證明是正確的，而這讓往長期資產管理注資的華爾街各大金融機構最後也賺錢了。但是，長期資產管理公司的問題在於他們本金不夠，以至於他們無法在眾人都否定他們的時候，堅持到最後正確賺錢的那一刻。

金融小團體們在進行攻擊時面臨著同樣的問題；他們必須在極短的時間內，忽悠大多數投資者都認同他們的看法，這樣大家的力量才能

像毛利三箭一樣合在一起。如果無法忽悠大多數投資者，那麼挑起匯率戰的金融小團體只有兩個結局：要麼他被眾人群起而攻之、血本無歸，要麼大家打來打去、你來我往，最後資金相互抵消，誰也賺不到錢，政府漁翁得利。因此，一個合適匯率戰的目標，必定本身有弱點，同時又有能被煽風點火的地方。歐洲、美國、日本雖然也有弱點，並也曾因為弱點被攻擊，但更多的時候，被攻擊的是發展中國家。這不但是因為發展中國家實力薄弱、問題多多，也是因為在諸多投資者心目中，「發展中」三個字其實就相當於「不靠譜」，所以小團體只要一說「風緊」，大家就都知道「扯乎」。

在選定了合適的目標後，索羅斯這樣的金字招牌的重要性就顯現了出來。這是因為，在資本市場上，很多資金管理者其實都是在隨波逐流。這也難怪，凱恩斯早就說過，按尋常的方式名聲掃地也好過以不同尋常的方式取得成功。試想，如果我是一名基金經理，然後我虧掉了*100*萬元。如果我跟我的老闆或客人說：「我虧錢是因為我百分百模仿巴菲特，結果誰想到他也虧了」，那麼說不定我的老闆和客人還能原諒我，還覺得我怪可憐的，巴菲特虧一次都讓我趕上了。但如果我的解釋是：「我因為巴菲特錯了，所以我自己單獨設計了投資方案，有的甚至還與巴菲特背道而馳」，那麼我的職業生涯估計也就到此為止了，當我被掃地出門後，老闆和客人可能還想，什麼弱智啊，居然還敢和巴菲特對著幹。由於這個原因，很多投資者願意追隨所謂的大牌以保全自己的飯碗，因此聲名卓著如索羅斯者現在才能一呼百應。

但即使是索羅斯，小團體在操作時也一般採取多元化忽悠，傳媒等手段無所不用其極。他們最終的目的是不僅要忽悠著所有的小團體們一起參與攻擊，還要忽悠著正常投資者和商人也撤資，甚至讓一般老百姓也開始擔心自己的財富會消失而開始逃離本國貨幣。這樣的話，等於一個經濟體裡的所有成員都同時撤資、給政府施加壓力，等於大家由於驚慌而都成為金融小團體的幫兇。到了這個境界，政府即使能力再大，也是回天乏術了。

林林總總說了這許多後，我們就會發現，任何金融小團體如果想在市場上興風作浪、展開匯率戰，必須要符合以下條件才能有勝利的可能：首先，他們要資金充沛，最後還能準備好後續資本及信用；之後，他們要透過分析，找出一個有弱點的貨幣，而且他們還要確定該貨幣是可忽悠型的；最後，他們才能去攻擊該貨幣，並要想盡一切辦法忽悠，拉攏所有生力軍，這樣才有擊敗該國政府的可能。而即使這些條件全部具備，小團體們的策略也可能因為次貸危機等突發事件而土崩瓦解。因此，小團體們挑起的任何匯率戰，其難度不可謂不高，其風險不可謂不大。

***

而除了上述風險和難題以外，這些金融小團體們面臨的政府風險也是非常大的；畢竟各國政府是貨幣的最後一道防線，其實力亦不可小覷。首先，他們要考慮，在攻擊和炒作一國貨幣時，政府究竟會使用什麼招數來防禦。政府的招數分為好幾種，其中最常見的要數「正常攻守」型。比如，一個國家可以透過提高利率、進入外匯市場干預等方法來調控自己國家的利率。採用正常攻守招數的國家一般還都心態比較

好，其主旨是調節匯率，防止匯率影響正常經濟的發展。遇見這種招數，金融小團體風險也比較小，因為只要對該國宏觀經濟有所瞭解，他們大概能知道政府會採取什麼招數。比如在亞洲金融風暴時，小團體們就猜到，泰國不會提高利率保護泰銖的匯率，因為如此一來會傷害到泰國的經濟。

但除了正常攻守，政府還有一種招數是「玉石俱焚」。這時，政府的心態已經失衡，開始走向毀滅之路。他們在被金融小團體們騷擾到一定程度以後，會發現自己似乎找不到一個能夠解決所有問題的正常攻守招數。因為他們匯率派別本身的結構性問題，不管他們怎麼選擇，結局似乎都注定悲慘。在這個時候，有的政府會選擇採取比較極端的手段。比如在*1993*年，愛爾蘭中央銀行曾將隔夜利率提升至*100%*，這讓當時的愛爾蘭磅大幅飆升，很多賣空愛爾蘭磅的投機者都血本無歸。這樣一來，雖然他們自己得不到好果子（經濟衰退），但他們至少可以拉著投機者們一起下水（血本無歸）。這樣一來，投機者們可能就會被嚇到，以後就不敢來隨便騷擾了。

但最讓金融小團體們頭痛的，恐怕是第三類招數：「修改規則」派。在使用此類招數前，政府也一般和玉石俱焚招數的政府一樣，被金融小團體們騷擾的不勝其煩。但是，此類政府的處境更加窘迫，他們甚至想玉石俱焚都玉石俱焚不了。比如亞洲金融風暴期間的中國香港政府，無論提高利率與否，最後都是香港經濟衰退，小團體們攜款潛逃。這主要是因為港府在明，小團體在暗，而且小團體還能藉由對沖規避風險，無論如何都能從香港人身上扒一層皮。在這種時候，政府就只能採取最極端的方式，修改遊戲規則了。丹澤爾·華盛頓在《訓練日》裡狂吼：「這是國際象棋，不是西洋跳棋！」基本上就是這個意思。

由於修改規則，所以小團體們原來發現的各種經濟上的弱點或匯率制度的根本性缺陷就完全不存在了，因為政府完全可以用非市場的手段來解決這些問題。而且，此時金融小團體們完全沒有辦法，因為他們投資在當地的錢等於掌控在政府手中，政府想如何處置他們都可以。就因為政府既是比賽參與者，又是規則制訂者，所以他們才可以在關鍵時刻為所欲為，像港府一樣入市干預，像歐美政府一樣宣布退出金本位制、布雷頓森林體系，或者像拉美、俄羅斯一樣，直接宣布原來的債務作廢。

當然，金融小團體們並不是毫無還手之力。雖然在政府改變規則時他們沒有解決辦法，但他們可以從長計議，透過以後不來此地進行投資或貿易來懲罰政府不受規矩。小團體們也有自己的一套理論：如果一個政府會隨意地改變金融市場的遊戲規則，那麼就等於我們投資於此的財產得不到保證，導致我們的風險倍增。因此，我們會拒絕再次投資，除非你願意支付比原來高出很多的利率以彌補我們的額外風險。

而金融小團體們也確實是這樣做的。在很多小國貨幣政策崩潰後，他們借債的利率一下子就高了許多倍。金融小團體們希望能夠殺雞儆猴，讓政府意識到，雖然改變規則有短期的利益，但長期是不合算的，所以千萬不要走這條不歸路。

但小團體們也有小團體們的弱點，就是他們記吃不記打。新興國家即使不斷倒閉，他們看到有錢可賺還是會像貓聞到腥一樣，一定要過去

一探究竟。即使知道這些政府不守信用、風險極大，小團體們也會為了利潤而飛蛾撲火般義無反顧。畢竟，世界上投資的機會只有這麼多，小團體如果堅守原則、拿了錢不去生利，那麼很快別人就會另謀高就，找能夠生錢的小團體去了。而且，像強大如美國者，更是可以指定遊戲規則而不承受後果。即使美國在次貸危機時開始有意加大貨幣流通、使得美元貶值，金融小團體不也得跟爺似的伺候著，並且瘋狂購買美元。畢竟在大家心裡，世界上最安全的貨幣還是美元，而美國就是倚仗著這一點為所欲為的。

因此，金融小團體們無法根絕修改規則的風險。他們只能是在修改規則後裝模作樣，提升一下利率，嚇唬嚇唬政府。而政府鑑於小團體們的懲罰在短期內能夠造成危害、在長期內造成不確定性，也就裝裝樣子，宣誓痛改前非，雖然到了必要時候，他們還是會面不改色地修改規矩。小團體們和政府們就這樣靠擺姿態達成了某種雙方都不放心的平衡。

***

金融小團體們的行為雖然能夠讓匯率得到更公正的價格、讓政府無法掩蓋事實或為所欲為，但更多的時候，金融小團體們的所作所為是貪得無厭的、是徒勞無益的、是影響實體經濟的。雖然他們也是在冒著極大風險做事，但是他們的工作從本質上與踏踏實實貿易和投資是不同的。「以為天下利害之權皆出於我，我以天下之利盡歸於己，以天下之害盡歸於人，亦無不可」，正是這些小團體們的寫照。他們不是經濟上那只看不見的手，幫助大家創造利益和財富，而是一隻看不見的黑手，總想偷偷摸摸拿走點什麼，而且根本不在乎他人是否被傷害。從匯率戰爭史，我們可以發現，金融小團體不但攻擊拉美、亞洲等發展中國家，如果有利可圖，連母國也可以是目標。

但透過分析金融小團體，我們也發現，他們雖然能量極大、肆無忌憚、招數更是層出不窮，但還是遠沒有到達神的境界。小團體們既不是萬能，也不是萬知，他們面臨的也同樣是未來的不確定性和風險。在行動時，他們不僅被經濟實體所牽制，還要顧及市場上其他投資者們的心態、小團體之間的鉤心鬥角以及政府可能採取的種種招數。

這也就是說，和國家一樣，金融小團體們也無法在匯率這樣的亂戰中，完全控制自己的命運，在很大程度上也需要糊裡糊塗地隨波逐流。因此，對金融小團體們來說，他們雖然想從匯率上黑錢，但在實際操作中，他們被匯率影響的程度，遠遠超過他們能夠影響匯率的程度。連實力雄厚的小團體們都是如此，我們作為個人就更不要提了。因此，接下來我們要看看，匯率究竟對我們的生活有哪些潛在的影響，以及我們究竟能夠在什麼方面小小地影響匯率一下。

匯率戰爭

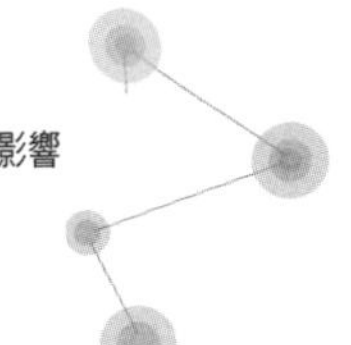

三、為什麼我們的麥當勞比外國貴——身邊的匯率

前面說了那麼多關於匯率的事情，其中大多數是軍國大事，和我等小百姓的生活距離甚遠。像我們一般人提到匯率，首先想到的可能不是匯率門派、調控政策、國際貿易、跨國投資等，而是銀行螢幕上那跳過的一行行數字，或者是新聞裡播報的一人民幣兌換多少日圓等數據。這種匯率即一開始我們說的名義匯率。在銀行和機場兌換外幣，用的都是這種匯率。而我們一般生活中接觸到的，也只限於名義匯率。

兩國之間的名義匯率，是由於兩國之間的貿易政策、財政政策、利率、通貨膨脹率等因素所造成的，但我們使用匯率時不需要懂這些東西，到了機場直接換錢走人就是。人家如果說美元和人民幣是一比七，你總不能在那裡喋喋不休，跟他們解釋為什麼在分析利率後，你覺得真正合理的匯率是一比四，讓人多給你些錢。

而且，除了那些出國跑的人們，其他人可能都很少有機會接觸到名義匯率。而即使那些經常需要兌換外幣的人們，其所作所為對匯率的影響也是微不足道，在一天兩萬億美元的交易額中，不要說毛毛雨，可能連一滴雨都算不上。因此，我們會覺得，如果不接觸外國，匯率在我們生活中的影響是極其有限的，而我們對匯率的影響更是微乎其微。

***

然而，匯率實際上在我們生活中無處不在，只是我們感覺不到而已。這是因為，在某些時候，匯率的影響會顯得比較明顯直白，其他時候則隱藏的很深。比如，在日常生活中我們和匯率最親密的接觸，恐怕要數那些出國旅行的時候了。出國的人能感受到匯率的存在，首先是因為中外標價不同。在歐洲買東西的時候，都要想著乘以十，才能算出相應的人民幣來（名義匯率換算）。

其次，出去旅行的人有機會在異國他鄉買到物美價廉的好東西。比如，現在很多人都願意偶爾去趟香港，然後從那裡大包小包買回化妝品來，因為那裡的價格比國內要便宜不少。但是，我們很少會發現，在外國有什麼東西比國內是便宜特別多，差價大多在*20%*、*30%*左右。

買來買去，我們還會發現一個有趣的現象：雖然巴黎都是用歐元結算，吃一頓飯也要比在國內貴些，但包包或化妝品其實算下來，有的可能比國內便宜。而去一些經濟不那麼發達的國家（如墨西哥），我們則會發現，雖然當地批索比人民幣低廉（差不多一元人民幣能換兩批索），吃飯也比國內便宜，但是便宜的東西帶不走；而能帶走的東西，價格又和國內相仿了。更有趣的是，像日本等經濟比我們發達的國家，名義匯率可能比我們要低，當地消費卻比我們高，而買東西什麼的，又和我們差不多了。

為什麼不能帶的東西，有貴有賤，而能帶的東西，大家價格基本上差不多呢？原來，這樣才符合在傳統經濟學的一個原理，即世界各地的商品的價格都應該差不多才對。這是為什麼呢？比如老王賣瓜，不能早上在西城賣*2*毛一斤，晚上到了東城就賣*1*塊一斤。大夥又不傻，這種情況如果出現了，大家都去西城買瓜就是；或者有聰明的小販也可以早上先在西城從老王那裡把瓜買來，晚上再和他一起去東城賣，這樣也可以賺錢。按現代流行的術語說，這樣的行為叫「套利」，很多金融小團體就是藉由套利發家的。由於群眾眼睛之雪亮以及投機倒把分子之精明，因此老王最後肯定會把東城和西城的價格設定得差不多。

經濟學家把這種現象叫做「購買力平價（*Purchasing Power Parity*）」，即各國雖然物價和貨幣單位不同，但換算後各地的價格和購買力應該都差不多。所以，老王不應在東城和西城設立不同的西瓜價格，因為任何能帶來帶去的東西，在不同的地方都應該價格差不多。這是不受名義匯率影響的，不會因為一個地方用歐元結算，東西就貴，用人民幣結算，東西就便宜。也就是說，在法國賣*1*歐元的東西，到了中國就賣*10*人民幣上下；如果太高太低都會有人想辦法套利，最終還是會導致兩國價格一致。這種理論被稱為「一價定律（*the law of one price*）」，即透過匯率折算之後，同一種商品在各國間的價值是差不多的。

因為這個原因，很多商品在各國的價格其實都差不多，因此雖然名義匯率（*1*歐元等於*10*人民幣）不同，各國貨幣的實際匯率（即原來講過的兩國商品的相對價值，*1*歐元的東西賣*10*人民幣）應該差不多才對。

當然因為進口稅、運輸成本之類的因素，有點差價還是在所難免。比如經濟學家薩繆爾森就提出，運輸時會有「冰山成本」，因為貨物每搬運一次就貴了些，這就好比在運輸途中「融化」了一部分，而損失的那一部分便是運輸成本。另外，各地的關稅不同，比如中國就高些、自

由港就低些，這就是為什麼在香港這樣的自由港能買到便宜的東西。

但即使差價不高，也會有人投機倒把。比如淘寶網上很流行的一種服務就是代購，意思是人家替你買貨，之後帶給你；即使算上運費和手續費，這也往往比自己在當地買還要便宜。比如香奈兒的皮包在法國賣*1500*歐元（*15000*元人民幣），在國內買*2*萬元人民幣，那麼淘寶上找個人，手續和運費扣掉*3*千塊，最後到手的包還是便宜*2*千塊，這就是小量的套利。但即使有差價，這差價也不應太高。因為如果一個包在法國買*1500*歐元，在國內賣*1500*元人民幣，那麼在國內狂購後，坐個飛機去巴黎賣包也是暴利行為。

我們通常接觸到的名義匯率只是外匯銀行進行外匯買賣時所使用的匯率，它並不能夠完全反映兩種貨幣實際所代表的價值量的比值（實際匯率）。這是因為，名義匯率只能代表兩國貿易、跨國投資以及各種金融小團體們投機所導致的貨幣價格的不同，卻不能體現日常生活中我們使用的貨幣到底具有多少購買力。要想知道實際匯率是多少，我們還要經過一番計算。

***

計算實際匯率非常複雜，但也有通俗易懂的簡單方法；其中一種最快捷、最知名的方法就是英國有名的《經濟學人》雜誌發明的。《經濟學人》是經濟學領域的權威出版物之一；按理說，這類雜誌應該很晦澀難懂才是。但《經濟學人》卻深入淺出，搞了一個「巨無霸指數（*Big Mac Index*）」，來解讀各國匯率，並從名義匯率分析每一種貨幣的實際匯率。

顧名思義，巨無霸指數測量的就是一個在麥當勞連鎖速食店裡售賣的巨無霸漢堡包在不同國家的價格。選擇巨無霸的原因是因為它耳熟能詳，在很多國家都有出售，而且一個巨無霸漢堡的價格可以反映出當地很多商品的物價，比如農產品（麵包、牛肉、蔬菜）、工資（打工仔和管理層）、租金。由於購買力平價的假設，因此按理說各國的巨無霸價格應該是差不多的。如果有差異，就說明貨幣的市場價格被高估或者低估。由於簡單實用，因此雖然巨無霸指數有諸多不夠完美的地方，但大多經濟學家都認為可以用其來粗略估計一下，一個國家的實際匯率究竟是多少。

經過《經濟學人》的統計，在美國一個巨無霸漢堡要*3.57*美金，而在中國則只要*1.83*美金。也就是說，中國的漢堡只有美國的一半價，也就是說人民幣的購買力和實際匯率被低估了*50%*。因此，基於巨無霸指數，人民幣與美金的比較是*6.8*應該變成*3.4*元人民幣能換*1*美金。

很多人就依照這個資料，說中國人民幣價值被低估了，要求人民幣升值。但是他們忘記了，巨無霸指數只是個粗略估計，本身就不太靠譜。而且最不靠譜的是，巨無霸指數的基礎是購買力平價，而購買力平價也被發現有點不靠譜。

購買力平價說每個國家的物價應該差不多，但在*20*世紀*40*年代，一群賓州大學的研究人員就發現這個理論有問題。他們發現，如果一個國家較為貧困（第三世界發展中國家），那麼這個國家的物價一般要低於富國的物價（發達國家）。比如，在中國剪個頭，可能*10*塊錢就搞定了，而在美國剃個頭則要*10*美元，之間差價好幾倍。這個發現後來被稱

作「賓州效應（*Penn Effect*）」。

之所以有賓州效應，是因為我們身邊的匯率走的是雙軌制，在一方面，是那些可以被交易來交易去的商品，比如在化妝品和奢侈品。由於在北京買到的香奈兒和在巴黎或紐約買到的香奈兒完全沒有區別，所以才有代購和去香港掃貨之說。此類產品的價格往往不受某一個地區物價的限制，而是全球同步。

香奈兒不會考慮到中國人收入較低，所以單獨為中國人設立一個低廉的價格，比如在美國賣*1000*美元的包放到在中國賣就賣*1000*元人民幣，因為如果這樣就會導致中國人民瘋狂套利，香奈兒血本無歸。因此，香奈兒對全球人民一視同仁，價格一致。這麼一來，此類產品的實際匯率和名義匯率比較接近。

但在另一方面，香奈兒可以這樣，其他產品未必可以這樣。研究發現，一個地方相對收入低，那麼自然這些不能被交易的商品和服務的價格也相應較低。這很容易理解：一個人如果一個月賺*2*千塊人民幣，而理髮一次要*10*美元（*70*元人民幣），那麼估計他就會選擇走藝術家的長髮路線，因為這種收入水準，只能接受*10*塊錢理個頭。有些產品和服務的當地價格，完全由當地收入水準決定，外人很難影響：一個老外不會吃飽了撐的，飛到中國來花*10*美元理個頭。即使那些千里迢迢來到中國的外國友人，來了以後也都入鄉隨俗，花*10*塊錢剃頭。

這些由當地決定價格的商品和服務都是無法透過交易而獲得的，只能在當地自給自足。比如美國底特律因為經濟長時間衰退，空了半城，有的小獨棟別墅幾十美元就能搞定。這在北京上海，還不夠半個月蝸居的房租。但即使這樣你也不可能像機器貓一樣，弄個哪兒都能去的門穿越空間，白天在北京生活，晚上在底特律睡覺。因此像房子這類的產品只能限於當地產銷，與外國或外地相比沒有意義。不要說底特律，你如果在北京工作，即使大同的房子很便宜你也無法去居住。除了房子這樣的商品，像剃頭這樣的服務也只能在當地解決。北京人總不能為了理髮便宜，專程坐火車去大同搞定，就算開車去燕郊剪頭也不划算。

講到這裡，我們就知道為什麼憑巨無霸指數讓人民幣升值不靠譜了。巨無霸雖然遍佈全球，但也算是一個不能被交易的商品，總不成有人打著飛的去東京就為了一頓速食。因此巨無霸只能在當地自給自足，導致其類實際匯率和名義匯率可能有很大的差價。這樣一來，要計算巨無霸這樣當地產品的實際匯率，我們還要算算中美兩國人的平均收入水準。按這個方法算，在芝加哥一個美國人平均工作*15*分鐘左右就可以按美國價格（*3.57*美金）買一個巨無霸，而在中國上海，平均工作半個小時左右才可以按中國價格（*1.83*美金）換一個漢堡包。因此，如果我們算上工資因素在內，那麼中國的巨無霸反而比美國還要貴一倍！無怪乎麥當勞在美國是最便宜的速食，而在中國則也算小小開一頓洋葷了。

***

那麼，我們接下來一個問題就是，為什麼洋人賺得比我們多呢？經濟學中有一種理論叫「巴拉薩—薩繆爾森效應（*Balassa Samuelson Effect*）」（為了紀念梅西、伊涅斯塔、哈威攻無不克，簡稱巴薩效應），解釋的就是這種洋人賺大錢現象。

他們認為，高收入國家的員工之所以工資高，是因為他們的生產力

高。比如，洛杉磯電影水準高，製作《阿凡達》後期，*10*個人*1*年就搞定；而中國電影人只能拍拍什麼《機器俠》，即使勉強能替《阿凡達》做後期，也需要*100*個人做*2*年時間。在這種情況下，美國後期製作這夥人獨步天下的手藝和效率自然會為他們帶來更高薪的回報。

但隨著他們收入提高，跟著獲益的是剃頭匠們。從本質上來說，技術發展對剃頭沒有本質性的改變，雖然可能效率會略有增加，但剃頭還是主要靠師傅們的勞動力。比如，洛杉磯的剃頭匠再有水準，也不可能比中國剃頭匠一天多剃幾個頭。所以說，光從勞動力的付出來分析，洛杉磯剃頭匠不應該比中國剃頭匠多賺錢。

但是，洛杉磯的電影後期製作人總不能每月飛到中國去理頭，他們最後還是得在當地消費。這時，剃頭匠們就可以獅子大開口了，要求電影後期製作人將自己收入的一定比例拿出來做他們的酬勞，不然他們都可以變成真正的藝術家玩長髮飄飄。鑑於他們沒得選，這些電影人只得妥協。如果他們的收入是*1000*美元、而剃頭的費用是收入的*1%*的話，那麼剃頭匠的收入就是每個頭*10*美元。

與此同時，手藝同樣出色的中國剃頭匠也沒法出國給美國人剃頭，只得留在當地給中國的電影後期製作人們剃頭。這些人因為生產力較低，所以每人的收入只有*500*元人民幣，那麼收入的*1%*只相當於一個頭*5*元人民幣了。

這樣的結果，就是洛杉磯很多人的收入都因為一部分人先富起來了而水漲船高，而大家有錢了就導致當地所有東西的物價都跟著貴了起來。與此相反，領頭羊生產力低的地方，大家的收入也都跟著低，所以各種當地物價也都低。但這裡的高低也僅限於衣食住行等生活必需品和服務。像香奈兒包等可以流通的商品的價格還是被富人所引導，一般會也會隨著收入的增加而變得昂貴。

除了跨國的差異以外，即使在國內，巴薩效應也是存在的，比如北京、上海等地的收入和消費就是發展相對落後地區的數倍。這也就是說，即使在中國境內，大家都使用人民幣、名義匯率都一樣，資金和貨物可以隨意自由流通的情況下，也是由收入決定實際匯率和當地的物價。而北京、上海人的收入之所以高，是因為這些地區的領頭羊生產力高，所以帶領著大家也一起脫貧致富。

無論是一個國家還是一個地區，其經濟增長的原因，往往是因為科技創新、資本引入等因素造成了這個國家的生產力提升；而且，當地的工資也會隨著生產力而增長。比如一個村子裡現在有十個人遊手好閒，這時來了個人投資開工廠，雇用這十個人生產電腦，發這十個人工資，那麼投資開工廠的人的資金等於讓這十個人有了生產力，所以他們的工資也漲了。之後，如果科技發展或者這十個人越來越能幹，將生產力提升了一倍，那麼廠子效益好了之後，這十個人的收入也會跟著提高。收入的提高會造成實際匯率和購買力的提高，讓這些工人成為領頭羊，而他們的收入多了，會讓剃頭匠們的收入也增加。領頭羊的拉動也被稱為平均化趨勢，即當地所有的物價和收入都會變得越來越接近領頭羊們的收入水準。

由於整體物價的提升，使得實際購買力的增長遠低於工資的增長。因此，我們在看一個地區的實際收入時，不能只看當地老百姓的工資是

多少，還要看物價是多少。這就是為什麼在美國賺一千美元還算赤貧，但在中國賺七千元人民幣已經可以稍稍小資一把了。

***

就因為購買力不能和工資同步增長，所以很多人會想盡辦法，如何不受整體物價提升的影響。洛杉磯電影人就算收入再高，也不願意永遠做冤大頭，天天被當地人剝削。剃頭這種實在無法轉移的工作也就算了，其他能外包的工作，他們都要找收入更低廉的人外包。

比如，裁縫也是一件以勞動力為主的工作。洛杉磯的裁縫手可能和中國裁縫一樣巧，但雙方的成本卻不相同。由於整體物價很高，再加上當地領頭羊有錢，因此洛杉磯裁縫可能會收取洛杉磯電影人*5%*的費用來製作衣服，也就是*50*美元。

但是，和他們生產力相仿的中國人，其物價卻是由中國的領頭羊、中國電影人決定的。如果他們從中國領頭羊手中也收取*5%*的費用，那麼他們縫製一件衣服才*25*元人民幣。洛杉磯裁縫即使手比中國裁縫巧些，其差距也沒有差*14*倍。鑑於衣服這類東西完全可以在中國製作，然後送到洛杉磯銷售，洛杉磯電影人自然不願意花*50*美元幹*25*元人民幣就能搞定的事情。

所以，最終的結果是洛杉磯電影人花*30*元人民幣，把中國裁縫從中國電影人手中搶過來，這樣加上運費他們也才花了*35*元人民幣，也就是*5*美元，而這僅僅是他們原來花費的*10%*。洛杉磯裁縫因為中國裁縫的競爭全部下崗，需要去轉業幹一些領頭羊產業或者是不能被外包的體力活。而中國裁縫則收入提高，中國經濟也因為美國電影人的貢獻而得到發展。

而這就是中國在國際市場中競爭的優勢所在。外國工廠付給中國工人的價錢，是員工在當地生活所需的工資。由於中國普遍收入較低，因此在當地生活的費用也低，所以外國工廠支付的薪水也就不高，等於利用了中國當地的實際匯率。但當外國工廠把貨物運到國外後，他們是按可交易商品來銷售，所以價格是由國外較高的實際匯率決定的，因此他們貨物的價格要遠高於他們在中國這樣低收入國家製造時的成本。而他們製作貨物的原料，亦是按照當地較低的價格支付，然後到國際市場上以較高的價格賣出。所以，最後這些廠家賺的，就是兩地實際匯率之間的差價。

***

綜上所述，我們可以看到，實際匯率主要涉及人民的市場生活，主管內；而名義匯率涉及與外國的交往，主管外。但是，實際匯率和名義匯率之間是相互影響的。比如，美國電影人因為技術提升而收入高了，雖然當地開銷也高了，但他們實際收入畢竟還是增加了。這時，他們可以拿出額外的收入去買法國香奈兒包，因此需要將美元換成歐元，而這會造成歐元名義匯率的提升；由於香奈兒多賣出去了一個包，法國人當地的實際匯率也跟著上漲。

實際匯率和名義匯率就是在這樣一次次的買賣中起起伏伏。而不論是打工還是消費，我們的每一個決定實際上都影響著實際匯率和名義匯率。而四大門派、調控政策、金融小團體們的決定，其實最終都是基於

我們每一個人的決定，因為他們只有順應大勢後才能成功達到自己的目的。因此，雖說「有生之初，人各自私也，人各自利也」，但「天下有公利而莫或興之，有公害而莫或除之」這樣的做法還是不好的。所以，在匯率問題上，瞭解國家利益，在滿足自己的欲望後稍稍做點貢獻，也沒什麼不好。

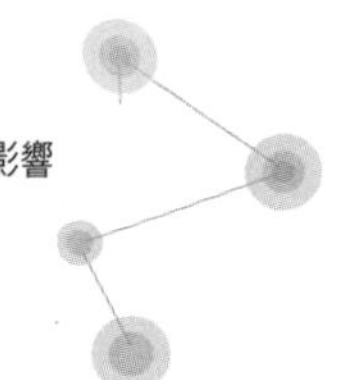

四、誰是下一個貨幣主宰

在經歷了諸多場匯率亂戰以後，很多人開始對現狀不滿，希望做出改革，避免一次又一次的崩潰讓各地人民受苦受難。至於如何修補目前的體系，一般來說有兩派意見。有的人主張「憶苦思甜」，採用過去的金本位制、特別提取權等體系來一統江湖，取代當今四大門派的混亂局面；也有的人主張「天下創世」，我們應該像歐元一樣，打造一個新的、完美無缺的貨幣體系。但是，就目前的形勢而言，這兩種建議都有著巨大的缺陷，在很多方面甚至還不如現行體系。

***

現在處於多事之秋，經濟又崩潰得一場糊塗，按美國主流經濟界的說法，是碰上了自美國大蕭條以來最嚴重的一次經濟危機。在這種時候，有些人開始憶苦思甜，試圖讓貴重金屬再次成為貨幣就不足為奇了。

憶苦思甜派認為，這次經濟危機，很大程度上是因為美國希望透過通貨膨脹剝削他人的財富。凱恩斯曾經說過一句話，「透過連續的通貨膨脹過程，政府可以秘密地、不為人知地沒收公民財富的一部分。用這種辦法可以任意剝奪人民的財富，在使多數人貧窮的過程中，卻使少數人暴富。」因此，憶苦思甜派認為，只要世界上的貨幣還是紙幣，就無法阻止一個國家透過通貨膨脹進行財富的剝削。能夠阻止陰謀小團體和邪惡政府剝削我們的方法，只有儘快恢復金本位制；這樣所有的貨幣都是真金白銀、本身有價值，而不是像紙幣一樣僅僅基於信用，政府就無法隨意通貨膨脹了。

但是，黃金的擁躉似乎忘記了經濟的原理以及黃金作為貨幣在歷史上呈現出來的種種弊端。從經濟學原理上來講，經濟只有在總需求和總供應同時增加的情況下才能發展。但是，金本位制卻無法很好地協調總需求和總供應之間的關係。

假設有家廠，一共有10個工人，一年能生產10台電腦；同時，他們的小村子一共有10塊錢在流通，恰好又想要10台電腦，這樣一台電腦1元，供需正好平衡。但如果廠家現在技術提升了，一年能生產20台電腦，恰好這時小村子裡搬來了生力軍，現在小村子想要20台電腦了，本來還是供需平衡。但此時如果村子裡流通的還是只有10元錢，這時電腦的價格等於跌了50%，成了5毛一台。但這對電腦廠來說是不合適的，所以最後他們會炒掉5個人，還是生產10台電腦。最後的結果，是5名員工和想買但買不了電腦的村民一起「杯具」。

這時，最佳的解決方案就是村委會再印10元出來，這樣需求和生產力就一起增加了。但如果是村委會是金本位，他們就無法隨意印鈔，因為村子的黃金儲備不夠。所以如果生產力提升，在金本位體系下，「杯具」幾乎是不可避免的結果。

雖然太多的通貨膨脹是不好的事情，而金本位制也是抑制通貨膨脹的良藥，但現在的社會更怕的是通貨緊縮以及僵硬的貨幣政策，而這兩點都是金本位制這個老古董的致命弱點。有時，少量的通貨膨脹是良性的，因為它可以用來刺激經濟。但是，在金本位制體系中，這是無法實現的，國家只能眼睜睜地看著經濟緩慢衰敗。因此，金本位制國家要麼最後像歐美國家一樣拋棄黃金，要麼作繭自縛、經濟崩潰，除此以外別無他法。

而如果恢復金本位制，匯率也將成為問題。國家經濟低谷時，降低匯率能夠刺激出口、解決部分赤字問題，這是良性的。但金本位制的國家等於加入了固定匯率派，貶值是不允許的。這樣下去，其結果也無異於自殘。

至於說只有黃金才真正有價值的理論，就更為搞笑了。黃金本身的價值是作為貴重金屬的價值，並不是它作為貨幣的價值。不論是巨石還是黃金，任何物品作為貨幣時，它的貨幣價值都是一樣的，都是來自於對發行貨幣方實力的判斷以及隨之而來的信心。因此，任何物品的貨幣價值勢必來自於信心，不論是黃金還是紙幣。

而作為黃金而言，它的不可再生性、運輸和儲存的難度等都是很大的弱點。如果說在世界經濟尚不發達、生產力尚不旺盛的階段，有限的黃金還可以承擔起貨幣的功能，其保值的優點也可以掩蓋其諸多劣勢，那麼到了現代社會，作為貨幣的黃金基本上可以說是完敗於紙幣、電子幣。這就好比，一個步伐遲緩、身材矮小的白人可以在20世紀50年代在美國職業籃球聯賽聯盟橫行霸道，但如果把他帶到現在，給黑人球員們當陪練都不夠資格。這個白人球員可能有很多優點、有領袖風範；在當年大家都身體不行的時候，這可能是制勝的法寶。但到了今天，這個法

寶早已過期，身體跟不上還不是天天被韋德灌。

因此，只要不是世界經濟被打回石器時代，那麼將來注定是紙幣、電子幣的天下，黃金只能是作為貴重金屬存在。這樣一來，黃金保值的作用也能得到發揮，因為它是一種抗高速通貨膨脹的良好投資方式。也就是說，當通貨膨脹來臨時，買黃金最靠譜，因為它的價格會跟著水漲船高。黃金另外一個好處就是能夠在亂世保值，所謂亂世黃金一說絕非浪得虛名。

但我們這裡說的黃金，還不是說像黃金首飾一類的東西。黃金首飾的價格裡包括了太多商家的利潤以及手工藝的費用，而這些都不是保值的。從這個角度上來看，黃金首飾和寶馬車沒什麼區別，兩者都是消耗品，一出門就掉價。最後黃金本身雖然還值點錢，但這和開廢了的寶馬車作為廢鐵也值錢沒什麼區別。

因此，很多人投資黃金時，要麼買金磚、金幣，要麼買黃金證券。其中黃金證券有很多種形式，但他們的操作方式大致相同，就是一家公司或一個金庫儲存黃金，然後在黃金證券上明碼標價，告訴你一個證券能換多少黃金。由於儲存和運送實體黃金的成本極其高昂，因此很多人投資黃金時會直接選擇黃金證券。但仔細分析，我們會發現，黃金證券其實就是金本位制時代的貨幣，也是有人答應你到時讓你隨意用紙幣換成黃金。如果當時的紙幣都不安全、政府都能隨意撕毀，誰又能保證黃金證券不被撕毀呢？因此，你投資黃金證券，最終還是因為信任：你相信這些公司或金庫不會跑路。

在另一方面，黃金作為一種貴重金屬、一種商品，其投資風險也非常大。如果不是經濟衰退、通貨膨脹或者戰亂時期，那麼黃金的價格一般會逐步下跌，因為黃金只能保值，無法產生額外的價值。相比之下，股票、債券、地產等資產皆可產生利潤，而且最近幾十年綜合下來，升值的速度要比黃金快些。另外，股票、債券等資產還有一個好處，就是能夠多元化投資，避免把所有的雞蛋放在一個籃子裡。

因此，只要你不相信世界會長期亂下去，認為世界總體來說會平穩發展，那麼就沒有必要單獨迷信黃金。在美國，對黃金迷信的人很多是超右翼、超白癡的主持人葛蘭·貝克的信徒。他們大夥都相信，歐巴馬和希特勒一樣邪惡，最終會把美國打回石器時代；因此，大夥一定要購買黃金、糧食罐頭以及種子，這樣等世界回到遠古後他們也能生存。當然，如果沒有葛蘭·貝克這麼極端，長個心眼、把黃金也作為自己多元化投資的一部分也是很好的選擇，這樣可以保護自己在衰退期間不受損失。

***

在介紹憶苦思甜派另外的大招特殊提取權之前，讓我們先看看天下創世派是怎麼想的。天下創世派其實和憶苦思甜派殊途同歸，最終的目的都是想統一貨幣，只不過憶苦思甜派是想復古，天下創世派則是想創一個世界幣出來，解決現有貨幣體系的一切毛病。他們兩者的差別就好像康有為希望君主立憲，而孫中山希望走向共和一樣，都是對現狀不滿，但提出的解決方法不同。

天下創世派也同樣認為，現在匯率所造成的種種問題，是因為不同的貨幣體系所導致。因為有了外匯交易，所以才引發了之後的一連串問

題和災難。如果貨幣市場可以千秋萬載、一統江湖，那麼這些問題自然也就迎刃而解了。

天下創世派指出，固定匯率派並不僅僅只有金本位制，像美國國內流通的美元，不也是等於讓美國全部50個州加入了固定匯率派，並用美元作為唯一貨幣而強制維繫的嗎？就是在這樣的大一統體系下，出現了世界上最強盛的國家。因此顯而易見，世界上最有效率的事莫過於將所有的貨幣取消，只流通世界幣。

而在天下創世派心目中，第一個吃螃蟹的就是歐洲諸國。前面講過，歐盟之所以統一貨幣，是因為他們希望透過經濟上的合作，達到政治上的合作。他們覺得，美國50個州、那麼大的地方都可以使用同一種貨幣，為什麼歐洲就不行？在歐洲人看來，像美元一樣使用統一貨幣有著許多好處：首先，使用統一的貨幣能夠增加歐洲的綜合實力、減少內部矛盾，這樣小團體們就不敢造次了；其次，強大的統一貨幣可以讓大家對歐洲產生信任，吸引更多的貿易和投資，而如果有人願意用歐元做儲備那就更妙了，等於大家白拿錢給歐洲人花；另外，在歐洲境內交易和投資時，統一的貨幣能夠簡化流通手續，降低大家的交易成本；另外，統一的貨幣能夠刺激貨幣的流通、增加消費，因此吸引更多的投資。

在經過不懈努力後，歐洲人也確實達到了他們的目標，推出了歐元。歐元區各國都同意，總部位於德國法蘭克福的歐洲中央銀行將為所有成員國設定統一的貨幣政策。這樣的風險其實極大，在介紹英鎊危機時我們就看到，很多時候兩個地區需要的貨幣政策不同，但統一的貨幣政策卻無法因地適宜。但是，歐洲人認為，歐元的益處遠遠多於其可能的風險，因此諸多國家還是義無反顧地加入了歐元區。在歐元成立的前幾年，歐元的確順風順水，並隱隱有取代美元之勢。天下創世派也開始想，如果歐洲人能成功，我們是不是能夠擴大範圍、建立世界幣呢？即使不行，歐元的出現至少也打破了美元的霸權，糾正了既有匯率系統中的特里芬難題。但是，這次的次貸危機揭開了歐元「皇帝的新衣」。

***

在歐元帶來的諸多好處中，資金的自由流動是比較重要的一項，葡萄牙、希臘等小國加盟歐元區，很大程度上是因為使用歐元能夠讓他們得到大量廉價的資金。從理論上來說，資金的自由流動是好事，可以把錢花在刀刃上，提高效率和回報率，但如果不加控制，其危害也是很大的；泰國就是吃了太多資金的虧，讓泰國「潘石屹」和「王石」們為所欲為，最後資金退潮後經濟崩潰。這次的歐元危機和泰國危機差不多，也是因為資金過剩造成。

一開始，希臘等國充分享受了作為歐元區成員的好處。由於包括了歐洲最強大的德法等國，歐元的信用一直非常好，大家都相信歐洲絕不會破產賴賬，也都認為歐元基本上和美元一樣安全，因此在某種程度上來說，歐元區成員國享受了很多美國一直以來享受的特權，比如即使在利率很低廉的情況下，也有大量的資金願意流入歐洲投資或尋求安全的港灣。

但除了幫助希臘等國發展經濟外，過剩的資金也開始在歐洲重複泰國的經驗。愛爾蘭、西班牙等地的「潘石屹」也開始瘋狂造房，之後當

地的「溫州炒房團」再讓各地的房子如氫氣球般飆升，廉價的資金又讓所有人都買得起房，不管他們負擔不負擔得起。很快，建房、炒房、買房的人都發了，他們又將這些資金用於消費。本來歐元的出現就讓各地的物價水準逐步統一，現在這些原來的窮國的人民發家致富了，更是出手闊綽。加上使用同一種貨幣本就有讓物價趨於統一的趨勢，很快希臘等地的物價開始變得和人均收入高得多的德法等地一樣高。由於開銷上升和資金產生的速度遠快於生產力的增長，這些國家也開始出現通貨膨脹。

本來這個現象各國的中央銀行可以透過調控利率控制，但現在這個權力已經歸法蘭克福掌控，因此各國基本上沒什麼辦法，只能騎驢看唱本，走到哪裡算哪裡。再說，這些國家也不是特別想控制這些外來資本的流入。原來，這些國家不但像泰國，還像拉美國家。他們的政府也頗有保母的風範，大筆大筆地給民眾提供各種福利。而且，與拉美一樣，這些國家的經濟政策問題多多，像希臘、葡萄牙等國家根本就沒有什麼拿得出手的王牌產品可以出口賺錢。因此，這些歐洲國家也是經常性的虧損。要是拉美國家像他們這種表現，說不定早就利率飆升被廢掉了。但因為這些歐洲國家用的是歐元，因此雖然他們國內問題多多，但外債的利率還是很低。

但美國的次貸危機改變了這一切。美國資本的氾濫、金融體系的無能、小團體們的趁火打劫讓美國離崩盤只有*0.01*公分的距離。美國的危機嚇得世界各地的資金手腳發冷，大家察覺到危機來臨，急忙拋售了自己手中的各類「危險」資產，大家集體去安全資產避難。歐洲小國資產氾濫的好日子一去不復返了。由於資金轉向，這些國家的國內經濟也開始通貨緊縮並造成衰退，而這嚴重影響了老百姓的就業和收入，同時也使得政府來自稅收的收入銳減。

而通貨緊縮造成的高利率也影響了這些國家的出口。本來他們就沒什麼有特別競爭力的貨品，現在一加入歐元，等於他們的產品變得貴了，因此更是無人問津。最慘的要數葡萄牙，他們自2000年加入歐盟開始，出口就開始下降。收入的減少也是促使這些政府借貸的原因之一。

巴菲特曾說，只有當潮水退卻後，你才能看到誰在裸泳。很快，希臘、葡萄牙、西班牙、愛爾蘭等國家發現，在裸泳的正是他們自己。像愛爾蘭、西班牙等地，房子雖然建了不少，但資金的湧入沒有讓他們的實體經濟有多麼大的發展；葡萄牙更慘，連地產泡沫都沒趕上。這也就是說，這些國家雖然收入沒有多大實質性的增長，但老百姓們買東西時，面對的價格也因為和德法同步而高了許多。現在熱錢都跑掉了，老百姓收入和資產又下來了，很多人也開始失業了，他們的生活水準實際上下降了不少。

此時，這些國家的債務也已經太高，像希臘的政府債務已達到了GDP的113%，也就是說，全希臘人一年不吃不喝、把錢都捐出來也還不起全部的債務。希臘的債務嚴重程度已經和美國打完了「二戰」後欠的債差不多是一個比例，由此可見希臘政府在這許多年中是個多麼浪費的保母。葡萄牙的問題雖然沒有希臘那麼嚴重，但其國債也已達到了GDP的90%。從前收入多的時候，這些國家的政府都是不斷借債、入不敷出，現在經濟開始衰退、這些國家收入更少，更還不起外債了。而2001

年阿根廷破產時，其債務也只相當於*GDP*的*64%*。

要想解決這些問題，最簡單的方法是發行更多貨幣。更多的貨幣可以刺激經濟，從而解決老百姓的就業和收入問題，並為政府增加稅收。同時，發行的貨幣能夠讓當地貨幣貶值，這樣可以解決一部分國內債務問題，讓國家不再那麼依賴外債。匯率降低還能夠讓這些國家的出口更具競爭力、賺更多的外匯解救燃眉之急。

但此時這些歐洲小國因為使用了歐元，因此無法透過發行更多的貨幣來解決這個問題。同時，歐元作為安全的貨幣，價格還十分堅挺，因此這些國家也就無法得到貨幣貶值的益處。對於這些國家來說，他們最大的希望就是苟延殘喘至全球經濟復甦。到時候資金再次流入，他們就又可以靠泡沫過活了。

但是，要熬到那一天，希臘等國的政府需要大舉借債，要不然每年赤字的他們很快就無錢可花、必須破產了。如果這些國家是日本、中國，那麼國內的資金還能幫政府解決一些問題。但希臘等國和美國一樣，是世界上存儲率最低的國家之一，現在出了問題，老百姓手頭也沒錢，更不要說借給政府花了。

無奈，這些國家也只得學習美國，從國外借債。本來在過去陽光還燦爛的日子裡，這些國家借債不但利率低，條件也很好。由於當時的希臘和葡萄牙借債，都是既不還利息，也不還本金，而是直接借新債還舊債，和現在「月光族」挪用一張信用卡的額度補另外一張的窟窿是一個道理。

但現在這樣做是不行了。美國再怎麼亂花錢，都是世界的唯一超級大國，是世界經濟的基石，因此美國還是被認為是安全資產。但對於希臘等國，投資者已經不相信未來有個更大的傻瓜來接盤，因此借錢給希臘等國時，這些政府必須要跟債主們說清楚，他們準備用什麼來還債。一個每年都欠錢的政府自然沒錢還本金和利息，所以要想向債主證明自己信用沒問題，這些國家要做的首先是把自己的赤字降下來，並要稍有盈餘。比如，即使葡萄牙能夠找到冤大頭以5%的低息借錢，按他們現在的GDP計算，他們需要留出5%左右來還債，但現在的情況是葡萄牙每年不僅沒有盈餘，還欠相當於GDP的5%左右的債。因此，他們要想證明自己能還債，就需要裡外裡減少相當於GDP的10%的開支。

本來，這些國家還有一個辦法，透過經濟騰飛來還債。美國在「二戰」後雖然欠債多多，但當時美國的經濟開始了高速發展，大家變得不是一般的有錢，因此那些在過去看來數目巨大的債務很快就成了毛毛雨。但希臘等國卻無法學習美國的成功經驗，因為拋開世界都在蕭條以及他們國內結構性的問題不談，即使他們國內的經濟想騰飛，他們也需要首先發行更多的貨幣，但這在歐元體系下又是不受他們控制的。

因此，他們想要證明自己能攢錢還債，只有減少政府開支和增加稅率，讓政府不再赤字。但這些措施等於在減少他們國家的總需求，無疑是讓國內的經濟和失業問題雪上加霜。但當地失業的問題已經很嚴重，像西班牙等地的失業率已經接近了20%。如果再縮減開支造成失業，那麼這些無法養家的民眾上街鬧事、推翻政府也不是不可能的事情。

也就是說，希臘等國基本上沒有什麼好辦法。不減少開支，外債

就不來，那麼國家只有破產崩潰；減少開支，那麼國家裡一大堆人會失業、經濟衰退會更嚴重，甚至有可能革命。如果破釜沉舟、退出歐元，那麼雖然可以自由控制貨幣，但估計所有的投資者對其喪失信心，造成銀行擠兌、財富大量外逃、經濟崩潰。

由於經濟狀況惡化，並且無法藉由貶值解決問題，希臘借債成本已是非常之高。希臘的財政部長甚至全球找錢，都沒任何投資者願意以原來那種低廉的利息借錢給希臘。而由於無人肯借錢給希臘，債券市場認為希臘在資金耗盡後必定無法還債，希臘本來就高的成本還在攀升。希臘本來連稍高的利息都負擔不起，這更高的利息自然更沒有辦法對付，其經濟已是岌岌可危，很多個人和公司都已開始從希臘轉移資產。

雖然形勢危急，但希臘、葡萄牙等國都沒有改過的意圖。他們雖然開始減少自己政府的開支，但都是邊邊角角、無傷大雅的東西，連表都治不了，更不要說治本了。難道這些國家已經預見到國際經濟馬上就要騰飛、他們的經濟馬上就要復甦、利率馬上就要下降了嗎？非也。這些國家其實什麼都沒有預見到，他們心知肚明的是歐洲其他的國家肯定不會讓他們倒閉。如果他們和阿根廷一樣還不起外債了，那麼信用掃地的不僅僅是他們本國，更是整個歐元區。如果他們不能還債，那麼整個歐元區都會留有案底，以後所有的投資者用歐元交易、投資時，都會想起這個案底並要求更高的利率作為額外風險的補償。

因此，這些國家坐等的不是經濟騰飛，而是德法等大國出手相救。鑑於整個歐元都可能受影響，很明顯希臘等國沒有人救是不行的了。但這時問題又來了，到底誰該出手拯救希臘等國呢？國際貨幣基金組織雖然可以出手，但讓國際貨幣基金組織介入，希臘等國還是要被強迫削減國內開支，而這會讓這些國家的經濟和政局極具惡化。同時，出動國際貨幣基金組織會讓投資者看到，歐元諸國根本沒有意願自救，而這也會是讓投資者看到歐元是沒人疼的孩子，讓眾人對歐元喪失信心。

但如果歐洲其他國家拍馬殺到，把錢雙手奉上，這又有其他的問題。其實，對德、法等大國來說，如果沒有歐元信用一說，不救希臘等國的危害是有限的，像希臘只占歐元區經濟的*3%*，根本無足輕重。但如果他們救了情況最危急的希臘，那麼日後的麻煩要多很多。首先，這等於是讓負責的國家替不負責的國家買單，這會讓很多納稅人心中忿忿不平。而且，下次如果葡萄牙開始倒閉怎麼辦，是救還是不救？不救的話，救希臘的行為等於前功盡棄，歐元還是要被打擊；如果救了，就要花更多的錢，而且也意味著他們要接下去救更多的國家，不然損失的沉沒成本更多。

而救援了這些國家，道德風險就增加了。比如葡萄牙本來問題還不嚴重，甚至可能還會採取一些財政改革來自救；但如果看到希臘惡化到一定程度就有人救，那麼他們會不會也乾脆放任自流、放棄改革，讓情況惡化呢？他們會想，反正這一切都由歐洲其他國家買單，何必苦了自己。如此一來，像愛爾蘭、義大利等已經開始措施自救的國家可能會大呼不公，然後下次再出問題時乾脆也什麼都不幹，坐等德、法資金。但如果反覆如此，歐元其他國家也總有受夠了的一天，如果歐盟諸國不停止亂花錢，那麼早晚有一天沒有人會來送錢，而他們也只能坐等自己國家和歐元一起崩潰。

經過盤算，德、法等國終於決定，歐元區國家破產的破壞力是最大的，因此要用一切手段來避免這種結局。於是，希臘如願以償地得到了*450*億歐元的急救低息貸款，相當於每個希臘人都分到了*4000*歐元。這次送錢的諸國中，最惱火的要數歐洲的龍頭——德國。德國人素來勤儉持家，因此拿錢出來讓這些不負責任的國家打水漂，心裡是一萬個不願意。但鑑於自己是歐洲經濟的火車頭，歐洲中央銀行又基本是自己說了算，因此這次給錢也就算了。但如果一而再、再而三讓德國人把自己的血汗錢繼續給別國花，德國人很可能拒絕再次拿出支票本來。

除了給錢，歐洲中央銀行允許希臘政府等國的債券可用來換取現金，等於給了他們一張空頭支票。作為代價，歐元其他國家也要求希臘必須削減開支。即使如此，希臘等國的救贖都將是漫長的過程。在今後數年中，他們注定要被固定匯率、高額赤字、無貨可賣、緩慢增長、高失業率所累。加上這個先例帶來的道德風險，歐元的危機還遠沒有終結。

***

一種貨幣誕生的前提，是必須要有一個政權能夠決定貨幣流通境內的各種政策。歐元之所以在這一次金融危機中岌岌可危就證明了這一點；歐元雖然結合，但歐洲的政治體系沒有跟上，歐元背後缺少了一個有著強大執行力的政治體，而且歐元區各國政府還是心懷鬼胎，畢竟他們要向各自的國民交代，而不是對「歐洲國」的子民負責。由於這個致命弱點，歐元根本不能跟美元抗衡，這次風雨欲來，歐元就被打回了原形。

看到歐元統一匯率的問題，我們可以想像，如果真有了世界幣，那會是一件多麼不靠譜的事情了。讓德國為希臘買單他們尚且不願，讓還在奔小康、求溫飽的中國人為阿根廷買單，豈不是更不現實的夢想？相比之下，美元之所以能夠成功，就是因為他們雖然貨幣政策可能不適於所有五十州，但加州人願意無償為阿拉斯加人買單，畢竟他們才真的是同根生。除此以外，美國政府還可以用聯邦撥款、補貼等解決各州的財政問題，而歐洲則沒有這樣一個可以統籌全局的中央政府。

沒有統一的世界政府，不要說建立不了真正可以在全球範圍內流通的世界幣，就是讓特別提取權得到大家的承認也是難上加難。在介紹布雷頓森林體系時我們曾提到，到*20*世紀了*60*年代美元貶值壓力倍增時，歐美曾在國際貨幣基金組織推行特別提取權這種「紙黃金」來緩解美元的壓力。但是，當時特別提取權就因為沒有政權保證，而沒有發揮應有的作用，反而成了美國收取「黑社會保護費」的工具。

在布雷頓森林體系崩潰後，特別提取權幾乎被眾人遺忘。但是，最近中國人民銀行行長周小川又舊話重提，再次提出用特別提取權作為各國儲備貨幣的可能性，這基本相當於憶苦思甜派和天下創世派的結合體。但是，特別提取權也面臨著只有貨幣發行權、沒有政權的窘境。當年特別提取權沒有阻止美元的貶值，今天在換湯不換藥的情況下，估計還是沒法對美元產生約束。再說，國際貨幣基金組織本來就是歐美人說了算，最終也擺脫不了美國的霸主地位。使用了特別提取權等於還是把自己辛苦賺來的錢交在美國人手中，而且其還不如外匯儲備一樣可以相對自由地支配。這種賠本買賣，估計不會有人做。

從近期的國際形勢分析，美國世上最強的地位估計還是沒有人能夠替代；不論是憶苦思甜派還是天下創世派，其體系甚至還不如先行的美元體系，而且兩種建議都破綻極大，本身尚且泥菩薩過江，更不要說取而代之了。

***

現行匯率制度的缺陷是十分明顯的，不然不會一次次地崩潰，也不會一次又一次地給金融小團體們以可乘之機；同時，由美國人把持的美元體系又不免讓人有狼子野心的擔憂。但是，無論是憶苦思甜派還是天下創世派的主張，其實都有紙上談兵之嫌。從匯率制度改革的一次次失敗中我們可以看到，人們總是高估自己的實力，低估未來的風險，把一切都想得太好，卻忘記了「禍兮福之所倚，福兮禍之所伏」，任何體系的優點在情況改變後都可能成為致命的弱點。

如果套用一句邱吉爾的話來說明現在的匯率體系，那就是這個系統毛病多多，但僅就目前形勢而言，卻是最合理的一個。但是，這不代表我們應該放棄對其的改善。然而，我們一定要牢記，不管是什麼樣子的革新和發展，其道路是曲折的。「我們寧肯把困難想得更多一些，有些人不願意多想困難。但是困難是事實，有多少就得承認多少，不能採取『不承認主義』。我們要承認困難，分析困難，向困難作抗爭。世界上沒有直路，要準備走曲折的路，不要貪便宜。」不然的話，我們注定要一次又一次重複同樣的錯誤。

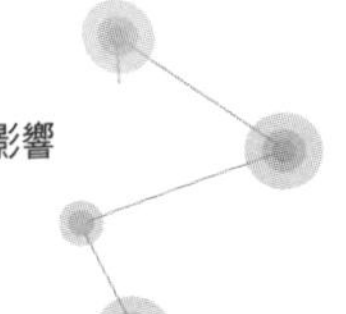

結語 道可道，非常道

奧斯卡最佳編劇威廉·高曼曾說，在好萊塢，所有人都是糊塗蛋，誰也不知道怎麼拍一部好電影，大家都是在撞大運。用這句話來形容匯率也非常貼切，大家都覺得自己知道匯率能有什麼影響、會造成什麼後果；但綜觀歷史，我們發現，誤打誤撞的概率遠比精心設計的概率高得多。

也許，匯率的「道」，注定了不能被解，注定了大家只能磕磕碰碰地躑躅前行。這似乎也注定了，有這麼多角色參與的匯率博弈戰，注定只能是一場一鍋粥的亂戰。但是，匯率並非不可解。事莫明於有效，論莫定於有證，只要我們虛心慢慢觀察和總結，總有瞭解匯率的一天，讓老百姓只獲利、不被害。

總而言之，「前途是光明的，道路是曲折的。我們面前困難還多，不可忽視。我們和全體人民團結起來，共同努力，一定能夠排除萬難，達到勝利的目的。」

參考文獻

[1] Bernstein, Peter L.1965.A Primer on Money, Banking,and Gold.New York: Random House.

[2] Bernstein, Peter L.1996.Against The Gods: The Remarkable Story of Risk.New York: John Wiley & Sons.

[3] Ferguson, Niall.2008.Ascent of Money: A Financial History of the World.New York: The Penguin Press.

[4] Harford, Tim.2006.The Undercover Economist: Exposing Why the Rich are Rich, Why the Poor Are Poor And Why You Can Never Buy A Decent Used Car!.Oxford: Oxford University Press.

[5] Krugman, Paul.2009.The Return of Depression Economics and the Crisis of 2008.New York: W.W.Norton & Company, Inc.

[6] Lowenstein, Roger.2000.When Genius Failed: The Rise and Fall of Long Term Capital Management.New York: Random House.

[7] Mankiw, N.Gregory.2006.Macroeconomics (6th Edition).New York: Worth Publishers.

[8] Russell, Bertrand.1935.In Praise of Idleness.London: George Allen &

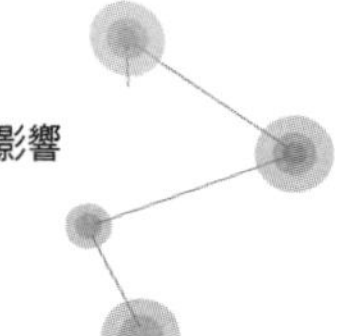

Unwin.

[9] Weithers, Tim.2006.Foreign Exchange: A Practical Guide to the FX Markets.Hoboken: John Wiley & Sons, Inc.

[10] 彭信威*.1958.*《中國貨幣史》.上海.上海人民出版社。

商海巨擘

01	台灣首富郭台銘生意經	穆志濱	定價：280元
02	投資大師巴菲特生意經	王寶瑩	定價：280元
03	企業教父柳傳志生意經	王福振	定價：280元
04	華人首富李嘉誠生意經	禾　田	定價：280元
05	贏在中國李開復生意經	喬政輝	定價：280元
06	阿里巴巴馬　雲生意經	林雪花	定價：280元
07	海爾巨人張瑞敏生意經	田　文	定價：280元
08	中國地產大鱷潘石屹生意經	王寶瑩	定價：280元

文經書海

01	厚黑學新商經	史　晟	定價：169元
02	卓越背後的發現	秦漢唐	定價：220元
03	中國城市性格	牛曉彥	定價：240元
04	猶太人新商經	鄭　鴻	定價：200元
05	千年商道	廖曉東	定價：220元
06	另類歷史-教科書隱藏的五千年	秦漢唐	定價：240元
07	新世紀洪門	刁 平	定價：280元
08	做個得人疼的女人	趙雅鈞	定價：190元
09	做最好的女人	江 芸	定價：190元
10	卡耐基夫人教你作魅力的女人	韓 冰	定價：220元
11	投日十大巨奸大結局	化 夷	定價：240元
12	民國十大地方王大結局	化 夷	定價：260元
13	才華洋溢的昏君	夏春芬	定價：180元
14	做人還是厚道點	鄭 鴻	定價：240元
15	泡茶品三國	秦漢唐	定價：240元
16	生命中一定要嘗試的43件事	鄭 鴻	定價：240元
17	中國古代經典寓言故事	秦漢唐	定價：200元
18	直銷寓言	鄭 鴻	定價：200元
19	直銷致富	鄭 鴻	定價：230元
20	金融巨鱷--索羅斯的投資鬼點子	鄭 鴻	定價：200元
21	定位自己—千萬別把自己當個神	鄭正鴻	定價：230元
22	當代經濟大師的三堂課	吳冠華	定價：290元
23	老二的智慧--歷代開國功臣--	劉 博	定價：260元

24	人生戒律81	魏 龍	定價：220元
25	動物情歌	李世敏	定價：280元
26	歷史上最值得玩味的100句妙語	耿文國	定價：220元
27	正思維PK負思維	趙秀軍	定價：220元
28	從一無所有到最富有	黃 欽	定價：200元
29	孔子與弟子的故事	汪 林	定價：190元
30	小毛病大改造	石向前	定價：220元
31	100個故事100個哲理	商金龍	定價：220元
32	李嘉誠致富9大忠告	王井豔	定價：220元
33	銷售的智慧	趙秀軍	定價：220元
34	你值多少錢？	朱 彤	定價：220元
35	投資大師華倫巴菲特的智慧	隋曉明	定價：240元
36	電腦鉅子比爾蓋茲的智慧	隋曉明	定價：240元
37	世界十大股神	白亮明	定價：249元
38	智謀--中國歷代智庫全集	耿文國	定價：240元
39	有一種堅持叫自信	魏一龍	定價：200元
40	多大度量成多大事	魏一龍	定價：230元
41	黃埔精神--黃埔精神與現代企業管理	劉志軍	定價：200元
42	理財改變你的一生	喬飛雲	定價：240元
43	低調--有一種境界叫彎曲	石向前	定價：240元
44	如何找份好工作	耿文國	定價：240元
45	李嘉誠50年經商哲學	耿文國	定價：280元
46	破壞感情的45句蠢話	婷婷	定價：240元
47	赤壁之戰	張雲風	定價：299元
48	選擇放下，選擇一份淡定從容	秦漢唐	定價：210元
49	謝謝的力量	陶 濤	定價：240元
50	日本人憑什麼	周興旺	定價：280元
51	一句話一輩子一生行	郭達豐	定價：210元
52	匯率戰爭	王 暘	定價：280元
53	改變世界的一句話	張建鵬	定價：220元
54	哈佛校訓給大學生的24個啓示	郭亞維	定價：280元
55	台灣十大企業家創富傳奇	王擁軍	定價：280元
56	香港十大企業家創富傳奇	穆志濱 柴娜	定價：280元

原著作名：《匯率戰爭》

原出版社：化學工業出版社

作者：王暘

國家圖書館出版品預行編目資料

匯率戰爭 / 王 暘 著 作一 版.
-- 臺北市 :廣達文化, 2011.01
; 公分. -- （文經閣）（文經書海 52）
ISBN 978-957-713-459-2(平裝)
1.匯率

563.24　　99023812

匯率戰爭

榮譽出版：文經閣

叢書別：文經書海 52

作者：王暘 著
出版者：廣達文化事業有限公司
Quanta Association Cultural Enterprises Co. Ltd
發行所：臺北市信義區中坡南路路 287 號 4 樓
電話：27283588　傳真：27264126　E-mail：*siraviko@seed.net.tw*
劃撥帳戶：廣達文化事業有限公司　帳號：19805170

印　刷：卡樂印刷排版公司　　裝　訂：秉成裝訂有限公司

代理行銷：創智文化有限公司
台北縣土城市忠承路 89 號 6 樓　電話：02-2268-3489　傳真：02-2269-6560

一版一刷：2011 年 1 月

一版四刷：2011 年 2 月

定　價：280 元

書山有路勤為徑，學海無涯苦作舟。